Allitera Verlag

edition monacensia
Herausgeber: Monacensia
Literaturarchiv und Bibliothek
Dr. Elisabeth Tworek

Oskar Maria Graf

# Mitmenschen

Text der Erstausgabe von 1950

Nachwort von Ulrich Dittmann

Münchner Stadtbibliothek
Monacensia
Literaturarchiv und Bibliothek

Allitera Verlag

Weitere Informationen über den Verlag und sein Programm unter:
www.allitera.de

Mai 2015
Allitera Verlag
Ein Verlag der Buch&media GmbH, München

Deutsche Erstausgabe 1950 erschienen im Aufbau-Verlag, Berlin
Umschlaggestaltung nach einem Bild von Georg Schrimpf:
Porträt Oskar Maria Graf 1927

Herstellung: BoD – Books on Demand
Printed in Germany · ISBN 978-3-86906-705-6

*Die Menschen,
von denen hier erzählt wird,
haben wir gemeinsam erlebt.
Darum schenke ich dieses Buch
meiner geliebten Schwester
Nanndl*

# Inhalt

# Erster Teil

# Menschen aus meiner Jugend auf dem Dorfe

# Ein Denkmal für mein Basl Marei

Jetzt ist mein Basl, die Heimrath-Marie von Schwabruck, auch gestorben. Sie war weitum als die »Schwabrucker-Marie« bekannt und hat ihr Lebtag keinen Feind gehabt. Das will viel heißen in einer Gegend wie der Münsinger Pfarrei, wo die Bauersleute – gleichgültig ob Mannsbild oder Weibsbild – juchtenzäh an ihrem Vorteil hängen und wegen ihrer verschlagenen Habgier, ihrer stockigen Abgeschlossenheit fast gefürchtet sind. Will man – was allerdings nicht recht ratsam ist – einen Münsinger hinauftreiben, dann braucht man nur das Verslein sagen, das einmal irgendein unbekannter Spötter zusammengereimt hat:

»Vor die Münsinger nimm dich in acht,
die haben schon Leut weg'n einem Pfennig
um'bracht.«

Streitereien wegen falscher Grundstücksmarkierung können in der Pfarrei Münsing ein halbes Jahrhundert lang dauern, denn wenn auch endlich der klare Gerichtsentscheid da ist, die Feindschaft geht weiter und überdauert Generationen. Genauso ist's beispielsweise, wenn die Alten den Jungen übergeben. Da wird alles streng advokatorisch geregelt, auf Heller und Pfennig, auf das I-Tüpferl – aber kaum haben die Jungen den Hof, kaum hocken die Alten in der Austragsstube, so geht das Zwicken und Sträuben an. Der Ofen ist im Übergabevertrag vergessen worden. Was kümmert sich der bluteigene Sohn, ob seine Eltern im Winter frieren? Er hält sich mit einer Genauigkeit, die schier erschreckend ist, an den Buchstaben des Vertrages. Der Ofen muß von den Alten erkämpft werden. Wieder fangen die Gerichtsstreitigkeiten an, die Sache zieht sich in die Länge, die Alten haben kein Geld, um sich einen Anwalt zu nehmen, die Jungen siegen; es geht so lange, bis endlich der schwächere Teil sich zermürbt in sein Geschick fügt oder eben – stirbt. Nie wird das Bibelwort: »Verlasse Vater und Mutter und häng dich an dein Weib« auf so drastische und konkrete Art erfüllt als in der Münsinger Gegend, wenn ein Bauernsohn heiratet. Nicht etwa, daß er seinem Weib verfällt, nein, nein, das gewiß nicht. Er nimmt die, welche was mitbringt und bei der Arbeit was taugt. Auch da sieht man nur auf den Nutzen im Münsinger Gau. Und natürlich ganz und gar überflüssig werden die Alten, wenn sie sich zur Ruhe setzen. Das ist die Regel. Und nicht nur in Münsing. Schließlich – man muß gerechtigkeitshalber alle Seiten betrachten – ein Stand, der's wirklich hart hat und nur bestehen kann, wenn alles arbeitet und rackert, so ein Stand kennt wenig besonnene Weichlichkeit.

Eine einzige Ausnahme aber gab es in dieser Hinsicht doch in der Pfarrei Münsing. Und diese war mein Basl Marei.

Laßt euch die einfache Geschichte erzählen. Sie ist ebenso trostreich wie wahr.

Der Schwabrucker Hof ist eine umfängliche Einöde, gutding eine Stunde von jedem der vier Dörfer, die zur Pfarrei gehören, weg. Für einen Fremden ist Schwabruck fast unauffindbar, denn es liegt mitten im dichten, riesigen Forst, auf einer flachgedrückten Anhöhe. Wald und Dickicht bilden gewissermaßen eine schützende Mauer, dann erst kommt in der Tiefe, ebenso rundherum laufend wie das Gehölz, ein Torfstich, durch den kein Weg führt, und endlich fangen die Felder und Äcker von Schwabruck an und ziehen sich hinauf bis ans Haus selber. Ein einziger schmaler Fahrweg führt vom Hof ostwärts ins Holz und mündet in die Staatsstraße, die von Münsing – rechter Hand – nach Wolfratshausen und linker Hand nach Aufkirchen führt. Ansonsten finden nur Schwabrucker auf Fußwegen und kaum befahrenen Waldsträßlein in die umliegenden Dörfer. Einer, der sich verirrt hat, wird sich stets von neuem verlaufen.

Der Schwabrucker war seit jeher einer der größten Bauern im Gau. An die vierzig Stück Vieh stehen in seinem Stall, sechs Rösser und etliche Wurf Ferkel. An Grund wird er ungefähr hundertvierzig Tagwerk Wald- und an die neunzig Tagwerk Wiesen- und Ackergrund haben. –

Der alte Schwabrucker hat eine geborene Blasl von Buchberg geheiratet. Das ist eine Schwester von meiner Großmutter mütterlicherseits gewesen. Daher unsere Verwandtschaft. Gut und recht und schön haben die beiden zusammen gehaust. Zwei Töchter sind auf die Welt gekommen, die Liesl und das Marei, meine Tante also, oder, wie wir sagen, das Basl, von dem ich hier erzähle.

Mein alter Vetter, der Schwabrucker, war ein grundgemütlicher, ruhiger, lustiger Mensch, aber das, daß er keinen Buben gehabt hat, hat ihn geärgert. Die zwei Leute haben Messen lesen lassen für einen »wichtigen familiären Zweck«, Jahr für Jahr sind sie nach Altötting wallfahrten gegangen um einen »passenden Kindersegen«, eine ansehnliche Stiftung für ein Münsinger Kirchenfenster hat der Schwabrucker gemacht, und jedes von den Eheleuten – der Bauer für sich und die Bäuerin für sich – hat insgeheim ein Gelübde getan, aber ein Bub ist einfach nicht zur Welt gekommen. Im Gegenteil, im dritten Kindbett hätte die Schwabruckerin beinahe in die Ewigkeit müssen, so schwer war die Geburt. Und wieder ist es ein Mädl gewesen. Julie hat man sie taufen lassen.

Ganz und gar grantig darüber hat der Bauer zur Hebamme gesagt: »Soso, schon wieder ein Weibert's! ... Hm, da hilft das ganze Beten nimmer! ... Ich weiß nicht, unser Herrgott hat auch schon gar kein Einsehen mehr!«

Und auf das hin ist er auf und zum Lamplwirt nach Münsing hinüber und hat sich in seinem Verdruß einen Brandrausch angesoffen. Das Kind ist nach beiläufig neun Wochen gestorben, und der Bäuerin ist zeitlebens was geblieben davon. Eine Krankheit, die ihr schließlich, als die Liesl schon über die Zwanzig hinaus war und die Marie neunzehn Jahr, das Leben gekostet hat. Das ist genau gewesen fünf Monate, nachdem die Liesl ins Kloster der Karmeliterinnen in Neufahrn eingetreten war. Fromm war man in Schwabruck immer schon, aber nicht bigott, bloß uralt bauernfromm, wie es der Üblichkeit entspricht. Die Liesl war sowieso nie recht gesund, zum Arbeiten zu schwach und zum Heiraten erst recht nichts, also hat man eine solche Lösung wie ihr Ins-Kloster-Gehen als die beste gefunden. Es ist freilich schwer gewesen für die zwei Bauersleute: dahinein mit der Tochter auf Nimmerwiedersehen, denn bekanntlich wechseln Karmeliterinnen ihren Namen und dürfen nicht mehr mit der Welt in Berührung kommen.

Als die Schwabruckerin gespürt hat, daß sie stirbt, hat sie noch einmal mit ihrem Bauern unter vier Augen eine Aussprache gehabt. Alsdann ist der Bauer von der Kammer heruntergekommen und hat zur Marie gesagt, sie soll noch einmal zur Mutter hinaufgehen, die will ihr was sagen. Am Bett hat die Todkranke die Marie ganz zu sich hingezogen und mit ziemlich schwacher Stimme gesagt: »Marei, gib mir deine Hand drauf – ich hab's mit dem Vater schon ausg'macht, er sollt noch einmal heiraten ... So ist's auch nichts auf 'm Hof, Marei! Du bist zu jung, und gesagt hab ich zum Vater, wenn er mit seinem zweiten Weib einen Buben kriegt, nachher ist's gut ... Der soll alsdann den Hof kriegen, gell, Marei, das versprichst du mir, gell! ... Du kommst nicht zu kurz dabei. Über das hab ich mit 'm Vater auch geredet ... Geh weiter, Marei, versprich mir's!« Sie hat dabei mit ihrer abgemagerten, zitterigen, lederbraunen Hand übers Haar der Marei gestrichen, und auf einmal, wie das Mädl genickt und gesagt hat: »Jaja, Mutter, es ist schon recht! Ich versprich' dir's ganz gewiß!«, da ist die Hand auf dem Kopf der Marei stehengeblieben, steif und starr. Aus ist es gewesen mit der alten Schwabruckerin.

Schon beim Mahl nach der Leiche, in der Lamplbräustube in Münsing, als die ganze Verwandtschaft beisammengesessen ist, hat alles vieldeutig auf das Marei geschaut und sich selbstredend allerhand leicht erratbare Gedanken über dieselbige gemacht. Sauber, oder wie man im Hochdeutschen sagt, schmuck und schön ist ja die einzige Erbin vom Schwabrucker nie gewesen. Und auf das, was sie für ein Bild macht, hat ihr der Sinn nie gestanden. Da ist sie gesessen neben ihrem Vater, den runden, grünen, trachtenmäßigen altbayrischen Hut wie auf den Kopf gepappt, ein wenig engbrüstig und klein, mit großen Ohren und Händen. Im etwas langen, hageren, braungebrannten Gesicht, hinter den starken Backenknochen sind zwei kleine, grundgute Augen gesteckt, und alles an ihr hat ungespielt demütig, fast ein wenig hilflos und beinahe alt ausgesehen, wenngleich sie erst zwanzig Jahre alt war.

Wahrscheinlich, weil die Regel unter den Bauern ist, wenn Geld und Sach' genug da ist, übersieht man gern die Mängel einer Hochzeiterin. Deshalb hat auch der Holzhausener Vetter geradeheraus gesagt: »Na ja, Schwabrucker, bei Euch ist's ja nicht gefehlt! Das Marei kann sich ja mit ihrem schönen Sach' die Hochzeiter 'raussuchen ...« Das wirkte freilich ein wenig vorschnell, aber man hat es nicht weiter übelgenommen.

»Jaja, so allein ist's ja auch nichts«, hat wiederum der Blasl von Buchberg gemeint und dabei den Schwabrucker angeschaut, dann das Marei. Die zwei haben hin und wieder genickt, und wahrscheinlich werden sie sich das ihrige gedacht haben. Das Marei hat sich ganz gut gehalten. Nach und nach, wie man schon hübsch Bier gehabt hat, ist die Gesellschaft ein wenig aufgegleimt, und der Weidacher Hans, weitbekannt als Schmuser[1], hat laut gesagt: »Und ich hätt auch schon einen fürs Marei, Vetter! ... Was ganz was Ordentliches! Baumstark ist er, gut in der Arbeit und gut beim Hausen ... Der paßt wie abgemessen für sie.«

»Na, so schnell braucht's das nachher doch nicht!« hat der Schwabrucker leicht ungeduldig zurückgegeben: »Es wird sich schon zeigen ... Und überhaupts, – ich hab' das Übergeben noch lang nicht im Sinn.« Ihm war das Gerede zuwider. Einen guten Spaß zur rechten Zeit hat er immer verstanden, aber jetzt, wo – wie man so sagt – die Schwabruckerin noch warm unter der Erden war, da fand er das nicht schön. Er stand auf und ging mit dem Marei heim.

Auf dem Weg hat alsdann das Marei ihrem Vater das Versprechen, das sie ihrer Mutter am Totenbett gegeben hatte, erzählt. Zärtlich und doch nüchtern auch wieder setzte sie dazu: »Es ist ja auch wahr, Vater, ein Bub wär' besser, wenn er den Hof kriegert ... Ich leg' dir da gar nichts in den Weg, wennst wieder heiraten willst, Vater ... Gar nicht auch!«

Der Schwabrucker hat ein paarmal geschnauft und sich seltsamerweise das Marei nicht anschauen trauen.

»Jaja«, hat er nach einer Weile gesagt, »jaja, Marei ... Zu mir hat sie's auch gesagt, die Mutter selig.« Man hat merken können, daß er's schwer herausbrachte. Alsdann sind sie stumm weitergegangen, den ganzen langen Weg bis heim. –

Es haben sich – was gewiß nicht weiter wundernehmen wird – allerhand Burschen auf dem Schwabrucker Hof sehen lassen. Der Geferlinger von Gelting, der Neuchl-Silvan von Farchach und der Kragerer-Michl. Der eine ist schüchtern gewesen, der andere wieder großsprecherisch, aber das Marei hat gar nicht dergleichen getan und jedesmal geradheraus gesagt: »Nana, Michl, brauchst nicht kommen ... Heiraten tu ich doch nicht! Ich taug' nicht dafür.«

Damaligerzeit wird der Schwabrucker immerhin schon ein guter Fünfziger gewesen sein. Da wird man von selber ruhiger und hat es nicht mehr mit einer Änderung. Etliche Jahre sind verlaufen. Wohl ist

[1] Bäuerlicher Heiratsvermittler

es ihm von Zeit zu Zeit immer wieder drum zu tun gewesen, die Sache mit einem männlichen Erben zu bewerkstelligen – nur, die heiratsfähigen Witwen und Bauerntöchter rundum gefielen ihm alle nicht.

»Geh!« wird er sich wahrscheinlich gesagt haben: »Ich alter Mensch und so ein rasses, junges Weibsbild! So ein Zusammenstand, der führt zu nichts Rechtem.« Einesteils wollte er so was der Marei nicht antun, andernteils aber war er für eine Regelung, die zu seinem Alter paßte und keine Umstände machte.

Ganz treuherzig fragte ihn das Marei hin und wieder: »No, Vater? ... Hast du jetzt schon eine g'fundn? Krieg' ich bald eine neue Mutter?«

Lange Zeit hat ihr der Schwabrucker leicht mürrisch, vielleicht auch über sich selber verdrossen, geantwortet: »Nana, Marei, na! ... Ich glaub', es wird überhaupts nichts mehr! Ich möcht' meine Ruh, und die Weiber übereinander, die möchten bloß lauter junge Kerl!«

Im fünften Jahr aber ist der Hebereinerin in Münsing der Hof abgebrannt. Ein Jammer ist es gewesen. Wittiberin war die Hebereinerin, hat einen sechzehnjährigen Buben gehabt und ist schlecht versichert gewesen. Um es kurz zu sagen, die hat der Schwabrucker alsdann geheiratet, und wieder war es ein guter Zusammenstand. Die ehemalige Hebereinerin hat jeden Tag unserm Herrgott gedankt für diese Fügung, zum Marei ist sie nett und gut gewesen, ihr Bub, der Hans, hat gearbeitet wie ein Knecht, und das Hauswesen ist in die beste Ordnung gekommen. Wie es aber schon oft so ungewünscht geht – auch diese Bäuerin ist dem Schwabrucker vom Hof weggestorben. Offene Füße hat sie gehabt, Rotlauf[2] ist dazugekommen. Einen recht schmerzhaften Tod hat sie sterben müssen, denn das vergiftete Blut hat lange gebraucht, bis es zum Herzen gedrungen ist. Ganz blau ist sie schon angelaufen gewesen, und ihre Augen haben unruhig geflakkert, als der Schwabrucker, das Marei und der Hans vor ihrem Bett standen. Gottesjämmerlich hat sie den Bauern angeschaut und aus sich herausgeklagt: »Jetzt muß ich in die Ewigkeit, und mein Bub hat gar nichts! Gar nichts!«

»Nana, Resl, nana! Der Hans kriegt den Hof, da brauchst du dich nichts kümmern ... Ich überlass' ihm die Sach' schon«, hat auf das hin das Marei gesagt, und dann hat der Schwabrucker dazu genickt.

[2] Blutvergiftung

»Ist denn das gewiß? Ganz gewiß?« fragte die Sterbende. »Jaja, ganz gewiß, Resl! ... Das ist schon geregelt«, hat der Schwabrucker bestätigt, und jetzt ist es auf dem Gesicht der Bäuerin ruhiger geworden. Mit schwacher Stimme, ganz so, als hätte sie danken wollen, hat sie herausgehaucht: »Der Herr, unser Gott, bring euch Glück und Segen!« Mit gefalteten Händen ist sie verschieden. Das E von ihrem letzten Wort ist noch lang in den Ohren der Umstehenden geblieben.

»Der Herr gib ihr die ewige Ruhe!« hat der Schwabrucker zu beten angefangen und den Kopf gesenkt.

»Und das ewige Licht leuchte ihr ... Vater unser, der du bist –«, fielen das Marei und der Hans ein. Langsam hat sich die Ehekammer mit dem traurigen Beten gefüllt.

Etliche Wochen darauf sind die Schwabruckers nach Wolfratshausen zum Advokaten hinübergefahren, und – wie es der ersten Schwabruckerin ihr Wunsch war – so ist's gemacht worden. Ohne geringsten Einwand und ohne jede Zimperlichkeit hat das Marei ihr Einverständnis gegeben, daß der Hans nach seiner Großjährigkeit den Hof bekommen soll. Über die Klausel im Vertrag, daß sie dreißigtausend Mark hinausgemacht bekomme und, im Falle sie nicht heirate, auf Lebenszeit auf dem Hof bleiben könne, war sie fast verwundert. Sie wurde ganz rot dabei und sagte zu ihrem Vater: »Aber soviel brauch' ich doch nicht! Was tu' ich denn mit dem vielen Geld!?« Der Schwabrucker dagegen erzählte ihr bei dieser Gelegenheit, daß es ihre verstorbene Mutter so gewollt habe, und da widersprach sie nicht mehr. Der Hansl stand dabei und hörte alles ruhig an. Vielleicht verstand er's auch noch nicht ganz, denn sein rundes, gesundes Gesicht war ohne Arg.

Hernach, als die drei beim Humpelbräu hockten, sagte der Schwabrucker zum Buben einmal: »Aber gell, Hansei, wenn ich einmal nicht mehr bin, das mußt du mir versprechen – zum Marei mußt du deiner Lebtag gut und recht sein, gell?«

»Ja, Vater, da fehlt nichts«, sagte der Bub darauf.

Es wäre nun alles seinen geregelten Gang gegangen – vier Jahre später aber ist der erste Weltkrieg ausgebrochen, und der Hansl hat fort müssen. Es wird kaum ein Bauer gewesen sein weit und breit, der damals so gelitten hat wie der alte Schwabrucker. Schon nach dem ersten Halbjahr ist er eisgrau geworden und eingegangen wie ein ausgeschundenes altes Roß. Voreh war er immer noch hin und wieder lustig im Wirtshaus und hatte Freude an der Arbeit. Er war stets dabei, wenn ein gemütlicher Tarock zusammenging oder eine sonstige Unterhaltung. Jetzt hockte er da, vergrämt und wortkarg, und er trank und trank.

»Ich möcht' bloß wissen, zu was als der Krieg gut ist«, murrte er hin und wieder für sich. »Wir sind Bauern und müssen arbeiten, und über der Grenz gibt's doch auch Bauern, die genauso rackern müssen ... Wir kennen einander doch gar nicht! Was sollen wir denn eigentlich gegeneinander haben?«

Und das Marei? Mit ihr ging es auch nicht recht viel anders. Sie betete und betete, sie ließ Messen lesen und rackerte und arbeitete für zwei, und sie wurde jeden Tag magerer. Fort und fort stand eine hoffnungslose Angst in ihren Augen, und wenn ihr Vater an den Sonntagen mit einem stumpfen Bierrausch heimkam, dann zog sie ihn geduldig aus und legte ihn ins Bett. Plappern ließ sie ihn und wusch ihm das verschmierte Gesicht ab, und wenn er spie, hielt sie ihm den Kopf wie eine Krankenschwester.

»E-es ist nichts mehr, Marei! Es ist gar nichts mehr! ... Es ist nicht mehr der Müh' wert, daß man lebt, Marei«, kam es oft todverdrossen aus dem Rauschigen. Schier wie ein trockenes Weinen klang es. Er plapperte und stöhnte weiter, und das Marei redete ihm gut zu, legte ihn schließlich auf das Kissen, blieb hocken und sagte: »Der Hansl kommt schon wieder, Vater! ... Dem passiert nichts!« Und dann blieb sie noch eine gute Weile hocken und betete leise.

Vielleicht – niemand kann das ja wissen, aber keiner sollte darüber spotten – vielleicht hat dem Marei diese Glaubensstärke geholfen. Mag's auch wie ein rührendes Märchen klingen, so ist es wahr und wahrhaftig gekommen: Der Hansl hat den Krieg überstanden und ein Jahr darauf geheiratet.

Jedem, der damals bei der Hochzeit war, ist noch erinnerlich, wie lustig der alte Schwabrucker gewesen ist. Getanzt und gesungen hat er wie ein Junger, und noch, wie ihn der Rausch unter den Tisch geworfen hat, war er nicht zu bändigen.

»Ah was! Ah, kümmert euch doch nicht um mich! ... Tanzt's doch, Leutln, seid's doch fidel! ... Es gibt *doch* einen Herrgott! Nur weitersaufen! Seid's lustig, Leutln!« plapperte er in einem fort, als ihn der Hans aus dem Trubel ziehen wollte. Sogar der Marei ist an diesem Tag das Bier in den Kopf gestiegen. »Hansei, ich glaub gleich gar, ich hab einen Rausch ... Gell, sag nur ja keinem was! Gell, Hansei!« wisperte sie dem Hansl einmal zu, und der blinzelte. Hochrot flimmerten dabei ihre Backenknochen, sonderbar kindhaft lachte sie, und als sie ein paarmal tanzte, ist sie schwindlig umgebrochen. Gleich aber ist sie wieder auf, hat sich zusammengenommen und hat in die lachenden Leute hineingesagt: »Ich schäm mich ja soviel! ... Nana, na, so wie ich mich aber schäm ...!« Dann ist sie die ganze Zeit selig lächelnd sitzengeblieben.

Sein Saufen hat der alte Schwabrucker nicht mehr gelassen, im Gegenteil, seit er den Hof übergeben hatte –, was wollte er denn anfangen, wenn ihm doch der Hansl in einem fort zuredete: »Du hast gerackert genug, Vater! Laß die Arbeit bleiben, laß sie bleiben! Wir zwingen sie schon!« Und jede Woche – da gab's kein Streiten und Sträuben – hat er ihm zehn Mark gegeben. Was aber ist ein alter Bauer, den man nicht mehr arbeiten läßt. Wie ein Trumm altes Eisen kommt er sich vor, wie ein verrostetes, ausgelargtes Wagenrad, das beständig geschmiert werden muß, um überhaupt noch umzugehen. Ja, ganz wie so ein Rad, das man schließlich nicht mehr brauchen kann!

Lustig, spaßig und zufrieden hat sich der alte Schwabrucker in das Grab hineingesoffen.

Der Hans haust seither so gut mit seinem Weib wie kaum ein anderer in der ganzen, weiten Umgegend. Ihrer neun Kinder sind im Laufe der Zeit dahergekommen, und alle hat sie das Marei, mein Basl, großgezogen. Ich sehe sie noch stehen vor mir, ganz so als wär's gestern gewesen: Gebückt ist sie schon, der Spenser[3] macht viele Falten auf der engen Brust, sie hüstelt hin und wieder und ist zahnlos und blaß. Die kleinsten Kinder rebellieren in der rußigen, geräumigen Kuchl herum oder hängen an ihrem weiten, vielfaltigen, schleppenden Rock und bedrängen sie unausgesetzt mit ihren Wünschen. Und ein Kopftuch hat sie beständig um, daraus schauen an den Schläfen die wenigen grauen Haare. Ganz lebendig ist sie, weil unverhofft Besuch gekommen ist, und hat wieder die verdächtigen roten Flecken auf den Backenknochen.

»Jaja, das ist aber schön, Vetter, daß du hergeschaut hast zu uns! Ja, jetzt setzt's Euch nur gleich hin, nachher mach' ich einen Kaffee«,

[3] Bäuerliche Bluse

haspelt sie ganz aufgeregt vor Freude heraus: »Die andern sind alle im Feld draußen … Auf so einem Hof gibt's ja alleweil Arbeit grad genug, weißt schon, Vetter! … Jaja, da muß ich aber jetzt gleich einen Kaffee machen!«

Und sie macht sich hurtig zu schaffen, wehrt dazwischen die Kinder ab, kocht den Kaffee, bringt einen großen irdenen Teller mit Schmalznudeln daher, sagt, daß der Hans und sein Weib halt so gut zu ihr sind, und alsdann geht sie wieder über die Kinder.

»Ja, rechte Fratzen sind's jetzt schon! Recht unbändige! … Jetzt da schau her, ja, jetzt da schau her, jetzt hat er schon wieder einen Taler, der Lausbub! Da gibst ihn her! Gleich gibst du ihn her, du Lauser!« schimpft sie gutmütig, denn wirklich, der kleine Xaverl hat einen silbernen Fünfmarktaler, einen echten, blanken Taler, als ob das Geld in Schwabruck bloß so herumliegen täte. –

Es liegt auch wirklich so herum – es ist das Geld vom Marei! Jede Woche nämlich gibt ihr der Hans so einen Taler, aber was soll sie denn mit all dem Geld anfangen in diesem einödigen Weltwinkel? Wo sie doch außerdem ihre baren dreißigtausend Mark in Wolfratshausen auf der Genossenschaftssparkasse hat?

Aber sie nimmt den Taler jedesmal, weil es der Hans eben so haben will, und sie legt ihn jedesmal in den Glaskasten oben, in irgendeine porzellanene Nippsache, die da drinnen steht von Generation zu Generation und verstaubt. Ja, wenn in Münsing oder in Aufkirchen Jahrmarkt ist, dann kauft sie den Kindern allerhand – aber sonst?

»Und ob du's glaubst oder nicht, Vetter – die Lauskinder kommen überall hin, und nachher verschleppen sie das Geld … Wenn die Akkordmäher von Allmannshausen kommen, da hat schon oft einer gleich drei und vier solche Taler auf 'm Feld gefunden … Naja, Kinder haben eben keinen Verstand … Da spielen sie und spielen sie und laufen aufs Feld naus und verlieren das Geld … Jaja, jetzt trink nur, Vetter, ich hab' den Kaffee extra frisch gemacht!« sagt das Basl. Und wie sie den Taler weglegt, das verrät, sie braucht kein Geld, sie hat alles! Ihr Leben läuft glücklich und unberührt dahin, ganz einfach und gut.

Ihre dreißigtausend Mark Vermögen hat sie nach ihrem Hinscheiden der Münsinger Pfarrei vermacht. In Schwabruck hat man das ganz in der Ordnung gefunden. Für die dreihundertzwanzig Mark in Silbertalern, die man von ihr noch im Glaskasten gefunden hat, hat ihr der Hans, der jetzige Schwabrucker, einen wunderschönen Grabstein setzen lassen.

Das ist also die fast märchenhafte, schlichte Geschichte meines seligen Basls, der »Schwabrucker-Marie«. Mag es auch zugleich ein Denkmal für sie sein, denn es scheint mir, als liege grad in diesem kleinen Leben das ganz Große …

# Der Schmalzerhans

Seht, da kommt der Schmalzerhans! Ah, der Schmalzerhans, der Johann Baur, unser Gemeindediener und Nachtwächter?! Das heißt – nein, nein! – er kommt nicht mehr so daher, er ist schon lang gestorben, aber er geht mir nicht aus dem Sinn. Ich sehe ihn ewig und ewig aus dem niederen Gemeindehaus am Bergrand herausgehen. Seine Holzschuhe klappern über die paar abgetretenen Ziegelstufen herab, er bleibt hüstelnd stehen, schaut über den See nach Starnberg hinüber, prüft das Wetter am Himmel, stößt seinen knorpeligen Gehstecken fester auf den Boden und trottet gemütlich das schmale Fußweglein entlang, auf die Straße hinunter. Da hält er wiederum inne und schnauft rasselnd. Wie immer, fängt er mit sich zu reden an.

»Der Hans geht jetzt zum Beck aufi! ... Der Hans geht jetzt aufi zum Beck und kauft sich ein paar Glasl Schnaps ... Jajaaa, der Hans kauft sich ein paar Glasl Schnaps beim Beck drobn«, sagt er brümmelig: »Der Hans wird jetzt aufigehn zum Beck und wird sich ein paar Glasl Schnaps kauf'n ...«

Die Straße nach Oberberg hinauf steigt ziemlich steil an. Bei jeder Wasserrinne rastet der Schmalzerhans, stützt sich auf seinen Stecken, und alles wiederholt sich: das Schnaufen, das Reden, das Hinüberschauen nach Starnberg und das Wetterprüfen am Himmel. – Es hat eine Zeit gegeben – ich weiß es nicht mehr, aber mein Vater und meine Mutter selig haben es oft erzählt –, da war der Schmalzerhans sehr gut gestellt. Seine Vatersleute, wie sie gestorben sind, haben ihm das Anwesen neben unserer Bäckerei hinterlassen, das jetzige Windlhaus. Er ist der Älteste gewesen, seine Brüder haben hinausgeheiratet, der Schmalzerhans aber verwirtschaftete langsam das schöne Sach'. Mein Vater schimpfte ihn, das Dorf schimpfte ihn, der Hans regte sich absolut nicht auf darüber.

»Der Hans hat's noch nie mit dem vielen Zeug g'habt! ... Der Hans hat's nicht g'habt damit ... Der Hans mag nicht soviel! ... Der Hans kommt schon weiter!« sagte er damals schon, wenngleich er erst fünfundzwanzig Jahre alt war.

Dazumal ist gerade der König Ludwig II. nach Berg gekommen, welcher durch sein Hiersein und hauptsächlich dadurch, daß er sich in unserem See ertränkt hat, unser Dorf zu einem vielbesuchten, erfolgreichen Fremdenort gemacht hat. Und – wie es schon heißt: »Die dümmsten Bauern haben die größten Kartoffeln!« – dieses Ereignis zog ein anderes Ereignis im Leben des Schmalzerhans mit sich. Nämlich unser unvergeßlicher König hat schmucke, junge Mannsbilder für sein Leben gern gehabt. Einmal geht er durch das Oberdorf von Berg, alles grüßt ihn devot, macht Kniefälle und küßt ihm die Hand. Er sieht den Schmalzerhans, geht schnurstracks auf ihn zu und – was ist's?

Der Hans ist daraufhin Hilfskammerdiener im königlichen Schloß geworden. Von dieser schönen Zeit hat er noch die vielgeflickte, blaue Litewka, die er Tag für Tag trägt. Lang war er nämlich nicht Hilfskammerdiener, gar nicht lang. An einem Tag, als der König mit seiner engeren Leibdienerschaft nach Hohenschwangau gefahren war, hat sich der Schmalzerhans in das Bett von Seiner Majestät gelegt. Bloß so aus Neugier, um herauszubringen, wie sich's da liegt. Wie aber der Teufel sein will, bald hat er rasselnd geschnarcht, und plötzlich wurde die breite Schiebetür aufgestoßen – der König war unverhofft zurückgekommen. Es läßt sich denken, wie alles endete. Mein Großonkel, der Kastenjakl, hat selbiger Zeit eine lustige Zeichnung gemacht, die insgeheim im Dorf von Hand zu Hand ging: Der Schmalzerhans fliegt in großem Bogen aus dem Schloß heraus. So ungefähr wird es schon gewesen sein.

Indessen, der Hans ist seltsamerweise nicht bestraft worden und ging durch diesen Vorfall auch nicht unter. Er logierte wieder in seinem verkauften Haus, auf dem Juchhe[4] droben, in einer elendig kleinen Kammer, kam als Taglöhner in die Hofgärtnerei und mußte bloß aufpassen, daß er dem König nie zu Gesicht kam.

Mit der Zeit wurde er alt und älter, zum Schluß bekam er die Invalidenrente, und die Gemeinde mußte ihn erhalten. Soviel mir erinnerlich ist, hat er bald in dem, dann wieder in jenem Haus das Mittagessen bekommen, und, weil sich's grad so traf, gab man ihm im Gemeindehaus freies Logis, wofür er Nachtwächter und Gemein-

[4] Speicher

dediener wurde. Dieser Beruf war wie für ihn geschaffen. Hin und wieder etwas ansagen, während der Nacht mit dem verrosteten Spieß herumgehen, und sonntags, zur Hochamtszeit, aufpassen, daß kein Strolch in die verlassenen Häuser einbrach – das besorgte er mit der unwandelbaren Gleichgültigkeit, die ihm angeboren war. Einbrüche und Brandlegungen ereigneten sich oft, der Hans aber hat nie so etwas gesehen oder gar verhindert. Selbstredend schimpfte ihn der Bürgermeister alsdann, aber das rutschte alles an ihm ab. Er hörte bloß das und sah bloß das, was ihm recht war.

»Der Hans tut seine Pflicht und Schuldigkeit! ... Der Hans laßt sich da durchaus nicht anschaun! ... Der Hans tut allweil seine Pflicht und Schuldigkeit«, erwiderte er auf die wütenden Ausfälle des Bürgermeisters und der Leute. Keine Falte in seinem Gesicht änderte sich dabei.

Johann Baur, der Schmalzerhans, kümmerte sich um nichts und niemanden. Für ihn lief die Welt allein und er allein, basta. Auch für Guttaten war er nicht sonderlich eingenommen. Ja, er ließ sich schließlich von meiner Mutter schon die Litewka, den davor gebundenen blauen Leinenschurz oder die Hose flicken und waschen – wär's aber nicht geschehen, hätte er auch nichts dagegen gehabt. Alljährlich zu Weihnachten stiftete ihm die Gemeinde neue Holzschuhe, ein Hemd und einen frischen Schurz. Er legte all diese Geschenke in seine verstaubte Schublade. Dort vermoderten sie.

Es gab auch Leute, die ihn »richten« wollten, ihm gut zuredeten. Die konnte er schon gar nicht leiden. Er ließ sie ruhig reden, stimmte ihnen sogar zu, indem er allerhand übliche Redensarten machte. Aber all das half nicht das mindeste bei ihm. Er blieb wie er war. Er war sich vollauf genug. Er ging herum, hockte herum, er unterhielt sich am liebsten mit sich selbst.

»Jeder Mensch hat eine Seele«, haben wir alle gelernt. Wenn man all die Menschen anschaut und so etwas glaubt, kann man manchmal erschrecken. Infolgedessen aber muß auch der Schmalzerhans eine Seele gehabt haben, sicher, ganz sicher.

»In der Seele wohnen all unsere Wünsche und Hoffnungen«, pflegte unser Lehrer zu sagen.

Inwendig im Schmalzerhans wohnten auch zwei Wünsche und Hoffnungen: Erstens, daß er nur ja jeden Tag seine zehn bis fünfzehn Gläser Kornschnaps und stets eine volle Schnupftabaksdose haben möchte. Und zweitens, daß, wenn sein bißchen Geld zu Ende war, die »Beckin« – meine Mutter – ihm doch ewig borgen möchte. Mit dieser »Seele« wurde der Schmalzerhans ungewöhnlich alt. So alt, daß man ihn auch nicht mehr als Nachtwächter und Gemeindediener brauchen konnte. Er trank jetzt überhaupt nur noch Schnaps und schnupfte.

Bauern im schönsten Leben, junge, hoffnungsvolle Menschen, gut verheiratete Bäuerinnen, geachtete, wertvolle Leute mußten sterben. Hätte es da nicht besser den Schmalzerhans treffen können? Keiner wär' darob in Trauer versetzt worden. Niemanden hätte das geschadet, und die alte Pauligen mußte auch schon von der Gemeinde erhalten werden, das Kammerl im Gemeindehaus drunten wäre dann frei geworden für sie.

Ärgerlich so was: Ewig ein Mensch da, zu nichts nutz und jeden Tag mit einem halben oder ganzen Rausch!

Der Schmalzerhans spürte dies wohl. Jeden Tag in der Frühe ist er zu uns in die Stube gekommen.

»Guten Morgen, Beckin! Guten Morgen, Beck!« sagte er. Er setzte sich auf den Stuhl am kleinen Nebentisch in der Ecke, über das Wetter redete er und seinen Kornschnaps trank er. Für und für, Jahre und Jahre.

»Jaja, der Hans sollt' halt jetzt verrecken ... Der Hans sollt verrekken«, murmelte er oft und oft: »Aber der Hans verreckt nicht ... Der Hans verreckt nicht ... Nana, verrecken tut der Hans absolut nicht! ... Der Hans verreckt ganz einfach nicht!« Pudelwohl war ihm. Sein vielzerfaltetes, stubenfarbiges Mopsgesicht hatte etwas Grundzufriedenes.

»Der Hans mag nicht verrecken ... Nana, grad nicht! ... Der Hans verreckt nicht, wenn sie's gleich noch so gern sehn täten ... Der Hans verreckt nicht«, wiederholte er ohne jeden Groll auf die Leute, die so sehr seinen Tod herbeiwünschten. Es war bloß so, als sage er sich's immer und immer wieder ein, daß er nicht sterben müßte.

Die Leute warteten und warteten, ärgerten und ärgerten sich, aber der Schmalzerhans lebte unverändert weiter. Mein Vater mochte ihn gern, wir konnten ihn alle gut leiden. Er gehörte schon fast zu unserem Haus.

Der Bürgermeister kam einmal daher und verbat sich, daß dem Schmalzerhans weiterhin Schnaps gegeben werde. Mein Vater, den solche Einmischungen, insbesondere wenn sie von Amtspersonen kamen, sofort in Rage brachten, schimpfte wie ein Rohrspatz.

»Ich bin ich!« schrie er zuletzt fluchend: »Und wem ich meinen Schnaps ausschenk', das geht Euch ein' Dreck an! Kreuzkruzifix-Herrgottsakramentsakrament!«

»Wenn er wirklich einmal in seinem Rausch tot umfallt, der Hans, nachher fällt jede Verantwortung auf dich!« rief der Bürgermeister. Das brachte meinen Vater ganz außer Rand und Band.

»Oh, du scheinheiliger Tropf, du! ... Ihr seid's doch froh, wenn er stirbt!« bellte er bissig und fing derart zu fluchen an, daß der Gemeindevorstand einfach davonging, denn fluchen konnte mein Vater wie kein anderer weitum. Meine Mutter war sehr betrübt über die Verfeindung. Sie mochte das Streiten nie. Das sündhafte Fluchen ängstigte sie. Insgeheim bekreuzigte sie sich und flüsterte auch ab und zu ein schnelles Gebet.

Und – grad als wie wenn sich Warnung und Unheil plötzlich die Hand gereicht hätten – wirklich, der Hans kam etliche Tage darauf nicht mehr zu uns. Schwerkrank lag er in seinem dreckigen Bett, fieberte und phantasierte schon. Die Reindlin, die neben ihm wohnte, kam zum Bürgermeister. Der fuhr den Hans ins Krankenhaus nach Starnberg hinüber. »Schwere Influenza und Altersschwäche«, war der Befund und – die Gemeinde mußte die Kosten für die Behandlung aufbringen. In Gottesnamen aber, dachte man getröstet, jetzt wird er doch endlich einmal in die Ewigkeit hinübermüssen, der überflüssige Schnapssäufer. Und im ganzen Dorf hieß es, schuld sei bloß der Bäkker Graf, weil er dem Hans ewig Schnaps gegeben habe. Mein Vater machte ein ärgerliches Gesicht. –

Aber – warte auf nichts, es wird immer anders!

Volle dreiviertel Jahre verbrachte der Schmalzerhans im Krankenhaus Starnberg – und gesund wurde er wieder, gesund wie ehedem! Alle Gesichter im Dorf wurden lang und trübselig. Mein Vater freute sich. Der Hans kam heim und sein erster Gang war zu uns.

»Hans?! ... Schmalzer?! ... Dies hast du gut gemacht!« empfing ihn mein Vater und wollte ihm zur Feier des Tages gleich einen doppelten Kornschnaps spendieren. Doch – wunderbar ist nichts dagegen! – der Hans lehnte zum erstenmal in seinem ganzen Leben ab.

»Wa-was? Du magst keinen Schnaps nimmer? ... Du –?« fragte mein Vater bestürzt.

»Der Hans hat sich das im Krankenhaus abg'wöhnt ... Der Hans mag jetzt bloß noch Milli[5] ... Der Hans sauft jetzt Milli! ... Milli sauft er, der Hans!« sagte der Schmalzer und – auch zum erstenmal! – sein Gesicht faltete sich zu einem unhörbaren, boshaften Lächeln: »Milli sauft der, der Hans, nichts als wie Milli! ... Grad mit Fleiß verreckt er nicht, der Hans, weil sie's gar so gern sehn tätn ... Der Hans sauft Milli ... Der Hans verreckt noch lang nicht ... Nana, der Hans tut das nicht ... Weiterleben tut er, der Hans! ... Der Hans lebt weiter ...«

Mein Vater begriff nicht gleich, vermutete einen Witz. Meine Mutter, die auch ungläubig lachte, brachte eine Halbe Milch, und der Schmalzerhans trank sie mit vollstem Behagen. Jetzt lachten wir allesamt aus vollem Hals.

Etliche Tage darauf schickte der Bürgermeister durch uns Schulkinder ein Schreiben an meinen Vater, das besagte, daß »laut bezirksärztlicher Anordnung und gemeindlicher Befürwortung dem derzeitig aus dem Krankenhaus als geheilt entlassenen Gemeindearmen Johann Baur, Schmalzerhans in Berg, weder Schnaps noch sonstige alkoholische Getränke verabreicht werden dürften.«

»Da schau, Hans, da schau!« sagte mein Vater zu dem, der jetzt täglich statt vor dem Schnapsglas vor seiner Halben Milch am Ecktisch hockte. »Da schau, wie die hohe Obrigkeit um dich bekümmert ist!« Er las das Schreiben vor, und beide lachten.

»Wie hart ihnen das ankommt«, höhnte mein Vater. »Am liebsten tät'n sie dich doch gleich wieder Schnaps saufen lassen, Schnaps, so viel, daß du morgen verreckst ... So was Scheinheiliges, haha!«

»Nana, sie brauchen da durchaus keine Angst haben ... Der Hans mag bloß noch seine Milli ... Der Hans verreckt nicht!« brümmelte der Hans ebenso.

Zwei volle Jahre hielt er sich daran. Keinen Tropfen Schnaps trank er mehr. Pumperlgesund ging er jeden und jeden Tag aus dem Gemeindehaus zu uns herauf. Einige Wochen, nachdem er aus dem Krankenhaus gekommen war, war er noch sauber, dann fing seine alte Schlampigkeit wieder an.

Die Dorfleute kochten insgeheim vor Wut. Himmelherrgott, nicht starb er! Die bezirksärztliche und von der Gemeinde befürwortete Verordnung wurde langsam vergessen. Wenn sich schließlich einer

[5] Milch

zwei Jahre daran hält, dann ist anzunehmen, daß er so leicht nicht mehr davon abweicht.

Der Schmalzerhans hatte an einem Tag wieder einen Schnapsrausch, am zweiten abermals, er soff wieder, soff wie ehedem. Die Leute sahen es wohl, aber sie sagten nichts mehr, sie hofften nur noch.

»Jetzt tut er mir wieder wohl, der Kornschnaps ... Der Hans mag jetzt die Milli nimmer ... Jetzt tut dem Hans der Schnaps wieder gut«, konstatierte der Schmalzerhans. Es kam auch keine Beschwerde mehr zu uns.

Erst volle sieben Jahre darauf starb der Schmalzerhans ganz plötzlich, aber eines natürlichen Todes. Er legte sich ins Bett und schlief ein für immer. Er lag drinnen in den muffigen Decken und Kissen mit einem friedlichen Gesicht. Eine einsame Fliege saß auf seiner blaßroten Nase und summte. –

Arm wurde er begraben. Wenig Leute gingen mit im Leichenzug. Im Gottesacker zu Aufkirchen liegt sein Grab. Es ist verwachsen, und die umliegenden Grabstätten der Vermöglichen verdrängen es. Stünde nicht immer noch das schiefe, ganz und gar verrostete eiserne Kreuz, niemand würde es erkennen. Zu ihren Lebzeiten hat unsere selige Mutter vor jedem Allerseelentag immer Tag- und Nachtschattensträucher draufgepflanzt, und nach dieser Arbeit besprenkelte sie das kleine Stück Erde mit Weihwasser und betete ein paar stille Vaterunser ...

# Der Lehrer Männer

Erziehung ist wohl nichts als Umgang ... Der Unterricht ist viel leichter als die Erziehung. Zu ihm darf man nur etwas wissen und es mitteilen können, zur Erziehung muß man etwas sein. Wenn aber einmal jemand etwas ist, dann, glaube ich, erzieht er auch leicht.«

*Adalbert Stifter im »Nachsommer«, Bd. III.*

## I

Als ich 1934, nach dem Aufstand der österreichischen Arbeiter gegen die Dollfuß-Regierung, mein Wiener Exil verlassen mußte und in die Tschechoslowakei kam, sah ich zum erstenmal Bilder von Thomas G. Masaryk in jedem Gastlokal, in jeder bürgerlichen und Arbeiterwohnung, in den Amtsstuben, auf Postkarten und Briefmarken. Ich war bestürzt und gerührt, und als ich in den folgenden Jahren den bedeutenden Mann ein paarmal leibhaftig zu sehen und zu hören bekam, wurde meine Bestürzung und Rührung noch stärker. Genau das gleiche gemeißelte Denkergesicht, genau dieselben uneitlen, gefaßten, ruhigen Augen, denselben Schnurr- und Spitzbart und den gleichen altmodischen, wackelnden Zwicker hatte unser Lehrer Karl Männer in dem kleinen Pfarrdorf Aufkirchen am Starnberger See, wo ich zur Schule ging. Noch mehr, sogar die gleichen Gesten und denselben Stimmfall! Ich kam mir zeitweise wie verzaubert vor, ich wußte nicht mehr, stand nun da Thomas G. Masaryk oder Karl Männer. Und es durchzog mich in solchen Augenblicken eine anheimelnde, fast kindlich freudige Dankbarkeit, denn der unbeachtete Dorfschullehrer und der stets um Wahrheit und Gerechtigkeit bemühte Staatsphilosoph erschienen mir, wenn unmittelbare Begegnung und nachdenkende Erinnerung diese beiden Menschen gleichsam zu einer Einheit werden ließen, mein Leben lang als ein personifiziertes Idol wahrhafter Lauterkeit und beispielgebender Menschenwürde. –

Man weiß von Masaryk, daß er in seinen Professorenjahren Tolstoj sehr oft in Jasnaja Poljana besuchte, um sich mit ihm grundsätzlich auseinanderzusetzen. Dem dumpfen Tolstojischen »Widerstrebe nicht dem Übel« setzte er stets seine aktive These entgegen, daß es nicht nur das Recht, sondern auch die Pflicht aller Menschen sei, das einmal erkannte Gute gegen das Schlechte zu verteidigen. Davon wich er nicht ab. Er nahm das einfache Wort sehr ernst, er glaubte gewissermaßen noch daran, daß verständiges Zureden bei den Menschen wirkt, und er ging in allem vom Erzieherischen aus. Das entsprach seiner innersten Natur, und daraus floß seine menschliche und staatsmännische Überzeugungskraft. Dieser Sohn eines armen Dorfschmiedes, der nach schweren Jahren Professor, schließlich Staatsgründer und Präsident geworden war, blieb bis an sein irdisches Ende Lehrer. Er lehrte seinem Volk weit mehr, als er es regierte. Darum vertraute es ihm so unbedingt, darum brachte es ihm soviel ehrfurchtsvollen Respekt entgegen. Als er starb – niemand hatte es etwa »angeordnet« –, brannten im kleinsten und ärmsten Fenster zwei Kerzen rechts und links vom umflorten Bild des Verblichenen, eine beklemmende Stille herrschte im ganzen Land, und gleicherweise weinten arm und reich erschüttert um diesen unwiederbringlichen Mann. Es war, als trauerten sie alle wie um ihren Vater, ja, wie um einen Heiligen.

Ich weiß nicht, wo unser Lehrer Karl Männer herstammte. Er wurde nach fünfzigjähriger Lehrtätigkeit zum Hauptlehrer ernannt und starb bald darauf an einem Magenkrebs, und selbst da, glaube ich, wußte noch niemand recht viel mehr über ihn. Das war merkwürdig, denn wer so eine bayrische Bauerngegend, eine ausgedehnte Pfarrei mit vielen Dörfern und Einödhöfen kennt, der weiß, wie neugierig die Leute in dieser Hinsicht sind. Viel auffälliger aber war, daß sich zu Lebzeiten Männers nie jemand um dessen Alltagsleben kümmerte. Er war Junggeselle und stand damals, als ich von der sogenannten »kleinen Schule«, welche die erste, zweite und dritte Klasse in einem Raum beherbergte, in seine »große Schule« mit der vierten bis zur siebenten Klasse hinüberwechselte, schon in den besten Mannesjahren. Er mochte ungefähr Mitte der Fünfzig sein, hatte eine hochgewölbte Glatze und graumeliertes Schläfenhaar, sah also weit älter aus, und außerdem, daß er schließlich völlig ergraute, änderte er sich eigentlich nicht mehr. Er wohnte mit seiner etwas jüngeren Schwester, die ihm den Haushalt führte und außerdem in den Wintermonaten, nach dem Unterricht für die Mädchen einen Handarbeitskurs im Nähen, Strikken und Häkeln gab, in vier oder fünf schön eingerichteten Zimmern im Erdgeschoß des Schulhauses, das auf dieser Wohnseite von einem gepflegten, ziemlich umfänglichen Gemüse- und Blumengarten umgeben war. Die andere Hälfte mit den alten, dichtkronigen Kastanienbäumen und mageren Grünflächen bildete unseren Spielgarten, wo wir während der Mittagspause herumtummelten. Auch ein Kind war bei den Männers da, ein rundliches, blondes Mädchen mit langen Zöpfen, die »Lehrerelsa«, die immer so adrett und etwas herrschaftlich aussah in ihrem blauen Matrosenkleid. Sie ging mit uns – Knaben und Mädchen waren nicht getrennt – in die Schule, aber nur einige Mädchen hatten einen mehr zufälligen Verkehr mit ihr. Auf der Gasse sah man sie nie. Im Obergeschoß des Schulhauses, wo sich die zwei hohen, hellen Klassenzimmer befanden, war noch ein Zimmer, in welchem der jeweilige Hilfslehrer, meist ein blutjunger Mensch, der eben das Lehrerseminar verlassen hatte, untergebracht war. Dieser Hilfslehrer aß auch bei den Männers zu Mittag und Abend, sonst aber blieb er ganz für sich. Meist wurde er ja schon nach einem Jahr oder zweien wieder woandershin versetzt. Die Männers pflegten weder mit ihm einen Verkehr noch mit dem Pfarrer, noch mit sonst irgendwem. Sie lebten äußerst zurückgezogen, wie kaum vorhanden, eigentlich sehr einsam zwischen uns und allen sonstigen Leuten und doch urgewohnt, als gehörten sie seit ewiger Zeit dazu. Darum blieben sie auch für jedermann undurchschaubar, und etwas leicht Vornehmes, fast Geheimnisvolles umwehte sie. Bei Festlichkeiten, die sie schicklichkeitshalber besuchen mußten, blieben sie stets steif, unnahbar und schweigsam. Der Lehrer trank höchstenfalls ein oder zwei Glas Bier, und es schien ihm gar nicht zu schmecken. Es hieß allerdings, er habe schon lange ein schweres Magenleiden, vielleicht sogar den Krebs. Er und seine Schwester saßen verschlossen, mit leicht gelangweilten, etwas mißvergnügten Gesichtern da, sie gaben gleichgültig Antwort auf zufällige Fragen, und hin und wieder schnupfte der Männer. Schließlich verabschiedeten sie sich, freundlich-korrekt und gingen. Möglicherweise waren sie sich selbst genug, vielleicht hatten sie eine unergründliche Abneigung gegen alles sinnlose Zusammensitzen mit den Leuten, gegen alles Sich-sehen-Lassen und Auffallen, ja, gegen Menschen überhaupt – jedenfalls verschaffte ihnen dieses hagestolzenhafte Verhalten einen hohen, gleichsam gewappneten Respekt. Respekt, aber nur wenig oder gar keine Liebe. Ich weiß nur einen einzigen Fall, wo dieser Respekt ganz grob und verletzend durchbrochen worden ist, und zwar von unserem hitzigen, immer kampflustigen Vater.

Mitten im Winter, am sechsten Dezember, dem heiligen Nikolaustag, der hin und wieder auf einen schulfreien Mittwoch fiel, hielten unsere Verwandten, die Hintermeierbauern von Deining, welche etwa drei Stunden weit entfernt auf der anderen Seite der Isar einen großen Einödhof hatten, ihre sogenannte »kleine Kirchweih«. Da fehlte unser Vater nie, denn dort wurde es stets sehr lustig, es gab neben dem guten Essen viel Bier, und er mochte die Hintermeiers gern. Meistens nahm er meine jüngere Schwester Anna und mich zu dieser Deininger Kirchweih mit, aber diesmal war der Nikolaustag nicht an einem Mittwoch. Unser Vater, der andere Leute nicht gern um etwas bat und aus einem unbekannten Grund den Lehrer für sehr hochnäsig hielt, spannte den Rappen vor den Schlitten und fuhr Aufkirchen zu. Er ging ins Schulhaus und klopfte an die Türe des Klassenzimmers der »großen Schule«. Der Lehrer Männer kam heraus, unser Vater grüßte und sagte ganz ruhig und freundlich: »Geh, Herr Lehrer, ich möcht gern meine Nanndl und den Oskar zu der Deininger Kirchweih mitnehmen. Sind S' so gut, lassen Sie die Kinder gehen ...«

Weiß Gott aber, vielleicht plagten an diesem Tag die Magenschmerzen den Männer besonders stark, der stets beherrschte Mann war äußerst mißlaunisch und lehnte schroff ab: »Papperlapapp, für Sie gibt's auch keine Extrawurst!« Das versetzte unseren Vater im Nu in einen wilden Zorn. »Was? Wass?!! Papperlapapp, sagen Sie?« schrie er gellend auf und zitterte schon: »Papperlapapp?! ... Ja, Himmelherrgottsakramentsakrament, ist das vielleicht eine Antwort für einen zahlenden Bürger, Sie windiger Federfuchser, Sie! ... Papperlapapp –«

Der Männer hingegen schlug ihm einfach die Türe vor der Nase zu und fuhr uns abweisend an: »Graf, Anna! Graf, Oskar! Packt eure Sachen zusammen und macht, daß ihr weiterkommt!« Beschämt und erschrocken folgten wir, während unser Vater draußen immer bellender fluchte. Wir liefen wie furchtgepeitscht aus dem Schulzimmer, starrten unseren blindwütigen Vater an, und der zog uns schimpfend weiter. Es dröhnte wie scheppernd im hohen Stiegenhaus, es hallte zurück von den weißgestrichenen Wänden: »Der hochnasige Kerl, der! ... Der unverschämte Tropf! ... Das bißl Schullehrer! Sein Glück ist's gewesen, daß er euch hat gehn lassen, der Hammel, der ungehobelte! Ich werd ihm ein Papperlapapp geben, dem langen Elend, dem langen!« So ging das weiter, bis wir auf der Straße in den Schlitten stiegen. Verängstigt und verwirrt wickelten wir uns in die dicken Decken. Der Rappe griff aus, der glattgefahrene Schnee stäubte auf, und hinaus ging es in raschem Trab aus dem Pfarrort, aber der Vater schimpfte und fluchte immer noch weiter, und uns war sehr unbehaglich zumute. Denn für uns Kinder war der »große Lehrer«, wie der Männer geheißen wurde, unbedingte, makellose Autorität, und die zerfetzte jetzt unser aufgebrachter Vater gleichsam mit jedem lästerlichen Fluchwort. Er war ungemein erfinderisch in Flüchen und herabmindernden Beleidigungen und erregte sich immer wieder von neuem. So lange tobte er, bis er fast heiser war. Wir hörten ihm nicht zu. Ganz eingeschüchtert, wagten wir nicht einmal, uns zu rühren, obgleich unsere Füße bereits empfindlich zu frieren begannen. Reglos hockten wir im Deckenberg und schauten fröstelnd in den weiten weißen Schnee ringsherum. Wir freuten uns diesmal gar nicht auf die Deininger Kirchweih, und wir tauten auch dann noch nicht auf, als sich unser Vater endlich beruhigt hatte und zärtlich sagte: »So, Kinder, jetzt dauert's gar nimmer lang! Jetzt sind wir gleich da ... Der Vetter und 's Basl werden sich aber freuen.« Gutding an die zwei Stunden waren wir schon gefahren, und wir sahen vom hochgelegenen Wallfahrtsort Icking hinein ins weitgedehnte Isartal. Stahlgrau hob sich der riesige Himmel vom Schnee, von den vereinzelt herumstehenden, kahlen Häusern und den dunklen Tannenwäldern ab, wintersteif und fast drohend.

»Der kindische, eingebildete Kerl, der!« knurrte der Vater, noch einmal an den Lehrer denkend, heraus und trieb den Rappen belebter an. In uns aber sah es grau aus wie droben am Himmel. Wir bangten davor, wie uns der Lehrer nach diesem häßlichen Zwischenfall begegnen würde. Er verstand sich sehr fein aufs Strafen. Heute will es mir fast scheinen, als habe er sich mitunter für so unberechtigte Beleidigungen durch uns Kinder an den Eltern gerächt. Dennoch empfanden wir nie, daß er uns je zu Unrecht strafte. Aus dem Nachsitzen oder – wie wir es nannten – »Drobenbleiben« machten wir uns gar nichts. Es war nur sehr langweilig, mit irgendeiner eintönigen Aufgabe beschäftigt, einsam im leeren Schulzimmer zu sitzen und zu wissen, daß die anderen schon längst daheim waren und spielen konnten. Der Männer schloß die Türe nie ab, doch keiner lief jemals weg. Ärger waren die »Tatzen«, das heißt scharfe Hiebe mit dem spanischen Rohr über die ausgestreckte Handfläche, die der Lehrer bei wiederholter, absichtlicher Faulheit oder schlechtem Betragen austeilte. Selbst die Frechsten fürchteten ihn, denn wenn er – was allerdings nur selten vorkam – so einen Burschen aus der Bank rief, ihn über das Knie legte und ihm oft zehn und mehr Hiebe auf den Hintern versetzte, das tat fürchterlich weh. Der Männer zielte gut und schlug unbarmherzig, und wenn wir schwätzten oder unaufmerksam waren, sauste sein Stock leicht surrend über unseren Rücken, daß der Getroffene oft laut aufschrie. Aber das alles verschmerzte sich, es ging schnell vorüber. Weit beschämender dagegen wirkte auf jeden, wie er gerade heute wieder, kurz bevor unser Vater angekommen war, mit der stumpfen, beschränkten Hölch-Marie von Mörlbach verfahren war. Nichts nämlich verabscheute er mehr als Vergeßlichkeit und jene Dummheit, die sich nicht einmal Mühe gab, durch eifrigen Fleiß diesen Fehler einigermaßen wettzumachen.

»Wie heißt die Hauptstadt von Deutschland?« hatte er die Hölch-Marie gefragt.

»Die Vogemsen«, antwortete das rundköpfige Mädchen mit dem sommersprossenübersäten Gesicht nach einigem Stocken. Viele kicherten leicht.

»Vogemsen?« staunte der Lehrer kurz. »Wie soll das heißen? Sag es noch einmal.«

»Die – die Vogemsen«, wiederholte die Hölch-Marie unsicher und sah begriffsstutzig auf ihn. Das seltsame Wort war belustigend, doch der Männer wies die Kichernden streng zurecht. Es fiel ihm ein, daß wir gestern etwas über das *Vogesen*gebirge durchgenommen hatten.

»Die Vogemsen gibt es doch gar nicht, du dummes Ding!« sagte er geärgert. »Es heißt – die Vogesen! Das ist ein Gebirge zwischen Deutschland und Frankreich! Weißt du denn das nicht mehr? ... Paß in Zukunft besser auf! ... Die Hauptstadt von Deutschland heißt Berlin. Dort lebt der deutsche Kaiser und regiert das Land ... Hast du mich verstanden?«

»J-ja, Herr Lehrer«, stotterte die Marie verstört.

»Wie heißt also die Hauptstadt von Deutschland?« fragte der Lehrer abermals. Das Mädchen stockte wiederum und starrte ihn blöde an. Einige wisperten ihr unbemerkt den Namen »Berlin« zu, und sie stammelte ihn endlich aus sich heraus.

»Und wie heißt der deutsche Kaiser, der dort lebt?« fragte der Männer weiter.

»Pius der Zehnte!« antwortete die Marie, denn beim Hölch galt nur die Frömmigkeit und was dazugehörte.

»Das ist doch der Papst! Der lebt doch in Rom, du denkfaule Gans, du!« fuhr sie der Lehrer ungeduldig an, und zur Strafe mußte sie eine halbe Stunde lang die beiden Sätze »Die Hauptstadt von Deutschland heißt Berlin« und »Der deutsche Kaiser heißt Wilhelm der Zweite« auf die Schiefertafel schreiben, während unser Unterricht weiterging. Das an sich war nicht so schlimm. Wahrhaft bedrückend, geradezu niederschmetternd hingegen wirkte, wenn der Männer, wie jetzt bei der Marie, abweisend finster auf den Zurechtgewiesenen niederschaute und so, als richte er diese Aufforderung an uns alle, grollend sagte: »Dich kann man nur noch mit Verachtung strafen!« Von da ab nämlich behandelte er das betreffende Kind, als sei es überhaupt nicht mehr da, als sei es plötzlich weggewischt, und unwillkürlich benahmen wir uns zu diesem Mitschüler ebenso. Dieses jähe Stehengelassen-Werden, Nicht-mehr-gefragt-, Nicht-mehr-angeblickt- und vom ganzen weiteren Unterricht Ausgeschlossen-Werden erträgt ein Kind am schwersten. Und, wohlgemerkt, diese Art eisiger Verachtung setzte der Männer oft tage-, ja wochenlang fort.

Davor fürchteten meine Schwester und ich uns, als wir jetzt vor dem Hintermeierhof anhielten. Das ging uns während der ganzen Kirchweihfeier nicht mehr aus dem Kopf. Wenn Vater, Vetter oder Base uns schmeichelten, blieben wir unfroh und schauten einander verstohlen an, und immer sprach diese gleiche, ahnende Angst aus unserem Blick.

Sonderbar indessen – nichts Ähnliches widerfuhr uns, als wir am übernächsten Tag beklommenen Herzens wieder zur Schule kamen. Der Lehrer sah uns nur einmal flüchtig an, und wir bekamen schuldbewußte Mienen. Im Laufe des Unterrichts – ich weiß nicht mehr in welchem Zusammenhang er darauf kam – erzählte er uns eine kleine Geschichte. Er erfand, wie mir schien, oft solche beispielhaften Fabeln, um etwas, das er uns gerade lehrte, lebendiger zu verdeutlichen. Im ungefähren fällt mir jene Geschichte noch manchmal ein, wenn ich mir den Männer vergegenwärtige, denn sie sagte viel über ihn und seine ganze Lebenshaltung aus, über seinen verschwiegenen, fast frostigen Stolz sowohl als auch über sein hartnäckiges Nichtvergessen einer einmal erlittenen Kränkung.

»In einem Dorf lebten zwei Bauern als beste Freunde schon viele Jahre Haus an Haus nebeneinander«, erzählte der Männer und malte behaglicher aus: »Der eine Bauer hatte einen großen Hof, viel Vieh und noch mehr Äcker und Wiesen. Die Leute im Dorf beneideten ihn, weil er so reich war. Der andere Bauer hatte ein kleines Haus, nur einige Stück Vieh und weit weniger Wiesen und Äcker, aber er beneidete seinen Nachbarn nicht. Im Hochsommer, wenn dieser kleine Bauer seine Ernte bereits unter Dach und Fach hatte, sagte er oft zu seinem Sohn und zum Knecht: ›Geht weiter, beim Nachbarn sind sie noch nicht fertig, wir wollen ihnen helfen.‹ Und ein anderes Mal, wenn es notwendig war, halfen die vom reichen Bauern wieder dem kleineren Nachbarn. Sie hielten fest zueinander. Nach Feierabend oder im Winter, wenn weniger zu tun war, saßen die zwei Bauern oft gemütlich beisammen, rauchten ihre Pfeife, unterhielten sich freundlich und tauschten Erfahrungen aus. Einmal nach Feierabend kam der kleine Bauer zu seinem reichen Nachbarn, und bei dem war kurz zuvor der Getreidehändler dagewesen. Das Geld, das der Händler für den Weizen bezahlt hatte, lag noch auf dem Tisch. Es waren eine Menge Goldstücke und Silbertaler. Der reiche Bauer zog die Tischschublade auf und schüttete das Geld hinein.

›Ich muß noch schnell in den Stall hinüber und nachschauen, ob der neue Knecht auch seine Arbeit richtig tut‹, sagte der reiche Bauer und ging aus der Stube. Eine ganze Weile blieb er aus, und der kleine Bauer saß währenddem allein in der Stube. Als sein reicher Nachbar aus dem Stall zurückkam, unterhielten sie sich wie immer und gingen endlich auseinander. Es war ja auch schon Zeit zum Schlafengehen. Nachdem sein Nachbar gegangen war, zog der reiche Bauer wieder die Tischschublade auf, nahm das Geld heraus und zählte es. Es fehlten fast fünfzig Taler. Der reiche Bauer zählte noch mal und noch mal, aber die fünfzig Taler fehlten. Er suchte die Tischschublade durch, suchte auf dem Boden, überall; die fehlenden Taler fanden sich nicht. Er rief seine Frau, seinen Sohn, den Knecht und die Magd. Er fragte und forschte sie genau aus, aber von diesen war überhaupt keins in der Stube gewesen, als der Getreidehändler zahlte. Im reichen Bauern stieg ein Verdacht auf, den er zuerst gar nicht wahrhaben wollte. Aber wer war allein in der Stube gewesen und hatte das Geld gesehen? Wer wußte, daß es in der Tischschublade lag? Der Nachbar.

Als der am anderen Feierabend wieder herüberkam, benahm sich der reiche Bauer ganz anders als sonst. Er konnte seinem Freund kaum mehr in die Augen schauen, er war auch mißlaunisch, und als der kleine Bauer ihn zur Rede stellte, gab ein Wort das andere.

›Ich kann und kann es einfach nicht glauben!‹ beteuerte der reiche Bauer und sagte endlich doch verdächtigend: ›Aber du bist der einzige, der das Geld gesehen hat und bist lang allein in der Stube gewesen, ganz allein.‹ Sein Nachbar, der immer ein grundehrlicher Mann gewesen war, stand nur auf, schaute seinen reichen Freund fest an und sagte kurz und bündig: ›Du sollst dich schämen ... Gute Nacht!‹ Und darauf ging er und kam nie wieder. Er zeigte den reichen Mann, der ihn so ungerecht verdächtigt hatte, nicht an wegen Beleidigung. Er gab den Nachbarsleuten auch sonst keinen Anlaß, die Feindschaft, an der er nicht schuld war, weiterzutreiben. Er hörte auch nicht auf das Geschwätz der Dorfleute, die natürlich gleich zu ihm kamen und über den reichen Bauern schimpfen wollten. Kurzerhand wies er sie aus seiner Stube. Er grüßte die Nachbarsleute sogar stets, wie es sich gehört, und hielt auch seine Frau, seinen Sohn und Knecht dazu an. Mehr aber wurde nicht mehr geredet. Der Zufall wollte es nach einiger Zeit, daß der Getreidehändler im Wirtshaus, nachdem er zuviel Bier getrunken hatte, sich rühmte, wie er den reichen Bauern beim letzten Weizenkauf um fünfzig Taler geprellt habe. Das erfuhr der reiche Bauer sehr schnell, und jetzt überkam ihn eine bittere Reue, weil er seinem ehrlichen Nachbarn und Freund so Unrecht getan hatte. Ganz kleinmütig ging er zum kleinen Bauern hinüber, kam in dessen Stube und wollte ihm Abbitte leisten.

›Lieber guter Freund!‹ sagte er und streckte seinem beleidigten Nachbarn die Hand entgegen, aber der gab ihm die seine nicht mehr. Der reiche Bauer beteuerte immer mehr, er schämte sich, er bettelte zuletzt, der Nachbar sollte ihm doch verzeihen und wieder gut sein, ja, noch mehr, er erzählte sogar, daß er den betrügerischen Getreidehändler bei Gericht verklagt habe und die fünfzig Taler, sobald er sie bekomme, dem Nachbarn schenken wolle. Der kleine Bauer, seine Frau, der Sohn und der Knecht aber schauten ihn nur an und sagten kein Wort.

›Aber ich hab mich doch geirrt! Das kann doch vorkommen! Verzeihe mir doch! Sei mir doch wieder gut, sei doch wieder mein Freund!‹ rief der zerknirschte reiche Bauer bittend.

›Nein‹, sagte sein Nachbar, ›das geht nicht mehr.‹

›Ich will alles gutmachen, alles!‹ bettelte der reiche Bauer wiederum. ›Ich bitte dich nur um eins, bloß keine Feindschaft mehr!‹

Da stand der kleine Bauer auf und sagte: ›Ich bin nicht dein Feind, aber dein Freund kann ich auch nicht mehr sein. – Da ging der reiche Bauer traurig davon. Das wurde schnell bekannt im Dorf, und von jetzt ab mochte ihn keiner mehr, jeder verachtete ihn. Sein Nachbar dagegen, der kleine Bauer, grüßte ihn wie immer und so eben, wie es sich gehört, aber ein herzliches Wort fand er nicht mehr für ihn. Ohne Feindseligkeit, ganz ruhig zeigte er seinem gewesenen Freund, daß man nicht leichtsinnig und denkfaul einen friedlichen ehrlichen Menschen verdächtigen und beschimpfen darf. Das nahm sich der reiche Bauer so zu Herzen, daß es ihm im Dorf auf einmal nicht mehr gefiel. Er verkaufte seinen schönen Hof und zog woandershin. Er soll aber nirgends mehr Glück und einen Freund gefunden haben, denn überall wußten die Leute, wie unrecht er mit seinem Nachbarn umgegangen war, und mieden ihn.«

Der Männer hielt inne, schneuzte sich und schnupfte.

»Denkfaul« – dieser Ausdruck, den er sehr oft gebrauchte, war höchst bezeichnend für ihn. Er liebte so präzise Worte.

»Die meisten Menschen sind denkfaul und überlegen nicht, was sie sagen und tun. Nur deswegen kommen soviel Streitigkeiten und Feindseligkeiten vor«, kehrte oft und oft in all seinen Unterrichtsthemen wieder, und einmal vor dem Abfassen des Neujahrsbriefes, nachdem er uns eingeschärft hatte, daß wir das, was wir unseren Eltern nun in diesem Brief versprechen würden, auch halten müßten, belehrte er uns folgendermaßen: »Überlegt also und denkt nach, was ihr versprecht ... Weil die meisten so denkfaul sind, darum lügen sie soviel! Das sieht man zum Beispiel am besten an unserem ›Vaterunser‹. Da heißt eine Stelle ›Vergib uns unsere Schuld, wie auch wir vergeben unseren Schuldigern‹ ... Alle beten sie, aber ich habe noch nie gesehen, daß einer darnach zu seinem Feind hingegangen ist, ihm die Hand gegeben und gesagt hat: ›Ich bin dir wieder gut, weil ich's dem Allmächtigen eben versprochen habe‹ ... Wer so betet und so verspricht, der soll's am liebsten bleiben lassen, denn so ist es nur eine Lüge und eine Sünde ...« Das nahm ich mir damals sehr zu Herzen. Wäre ich aber nach dem ›Vaterunser‹ zu meinen jeweiligen Feinden, etwa zum Müllersteffl oder zum Schreinermichl, hingegangen und hätte so etwas gesagt, mein Gott, wie schrecklich würden sie mich ausgelacht haben. Womöglich hätten sie alles als Feigheit ausgelegt und sofort wieder zu raufen angefangen. Um nun über diese innerliche Bedrängnis hinwegzukommen, habe ich von da ab den betreffenden Satz im ›Vaterunser‹ einfach ausgelassen.

Kurzum, nachdem der Männer seine Erzählung beendigt, sich geschneuzt und geschnupft hatte, schaute er wieder auf meine jüngere Schwester und mich, aber diesmal war sein Blick weit vielsagender. Ich begriff dunkel, daß er mit dem kleinen Bauern sich und mit dem reichen unseren Vater gemeint hatte und daß er sich diesem oder uns gegenüber so verhalten wollte. Er schien auch zu wissen, daß wir solche Geschichten beim Heimkommen unserem Vater meistens weitererzählten, und hatte es offenbar darauf angelegt, aber diesmal schwiegen wir uns wohlweislich darüber aus, denn betroffen und ganz tief in uns drinnen gaben wir unserem Vater unrecht. Der Lehrer stand uns über allem. Wir hingen mit einer rätselhaften, furchtuntermischten Bewunderung an ihm. So war es in der Schule und außerhalb. Wenn wir ihm auf der Straße begegneten oder im Wald auf ihn stießen, erschraken wir fast jedesmal leicht. Scheu zogen wir den Hut oder senkten den Kopf und grüßten irgendwie beklommen. Dem grundgemütlichen Pfarrer Jost zum Beispiel gaben wir die Hand, sagten uneingeschüchtert und freundlich unser »Gelobt sei Jesus Christus«, dann streichelte er mit seiner weichen Hand über unseren Kopf und antwortete mit seinem gelassenen »In Ewigkeit, Amen«. Dem Lehrer Männer gaben wir nie die Hand. Kurz stehenbleibend sagten wir sehr förmlich und wie eingelernt: »Grüß Gott, Herr Lehrer!« und hatten dabei unbegreiflicherweise stets schuldbewußte Mienen. Er erwiderte den Gruß ebenso unherzlich, sah uns flüchtig, aber durchdringend an und ging weiter. Erst wenn er weit weg war, wagten wir manchmal, ihm verstohlen nachzuschauen.

Einmal in den Sommerferien – die Männers verreisten nie, sie beschäftigten sich in ihrem Garten oder der Lehrer probte mit den Sängern und Sängerinnen einen neuen Chorgesang ein – einmal an einem trägen, heißen Augusttag, als ich auf dem Heimweg vom Brotaustragen mein Fahrrad auf der ziemlich ansteigenden Waldstraße vom Starnberger Forst dahinschob, kam mir der Lehrer unverhofft entgegen. Ich richtete mich auf der Stelle gerader auf, gewissermaßen, um mich auf den Gruß vorzubereiten. Er kam gemessenen Schrittes näher, hatte, wie immer, einen Spazierstock, tadellos gerade saß sein schwarzer, steifer, halbrunder Hut – eine sogenannte Melone – auf dem langgesichtigen Kopf, sein solider, winzig karierter, grauer Anzug war sauber gebürstet, der hohe, steif gestärkte, weiße Kragen mit den ausgebogenen, plattgebügelten, scharfen Ecken ließ den langen Hals noch länger erscheinen, obgleich ihn der schmale Spitzbart vorne verdeckte, und wie gewöhnlich zierte die sorgfältig gebundene, blau-schwarze Krawatte eine winzige, mattglänzende Perlennadel. Selbst unter dem feinen Staub merkte man noch, daß seine schwarzen Schuhe blank gewichst waren. Die immer ernsten, blaugrauen Augen und der wackelnde Zwicker davor, Schnurr- und Spitzbart und seine hochaufgerichtete Figur gaben ihm etwas leicht Imposantes, aber doch tief Ziviles. Gar nichts an ihm hingegen war sommerlich-lässig. Auf seinem altersblassen Gesicht mit den von ganz dünnen, blauen Äderchen durchzogenen Wangenwinkeln lag nicht die Spur eines Schweißes. Alles an ihm machte den Eindruck, als passe dieser Mensch gar nicht zur lieben, ewig schönen Sonne, zum lachenden Tag, zu den bienenumsummten, blumigen Wiesen und zum vogellieddurchsungenen, schattigen Wald. Er gehörte in gepflegte, abgedämpfte Zimmer oder in seinen Schulraum, er war ein Zimmermensch durch und durch, von außen und wahrscheinlich noch mehr von innen.

Ich grüßte, und er grüßte. Ohne weiteres Wort ging er an mir vorüber, und erst nach einer Weile wagte ich wieder, meinen Oberkörper phlegmatischer auf mein Fahrrad zu legen. Weiß Gott aber wieso – auf einmal kam eine undefinierbare Neugier über mich. Gespannt lauschte ich den Schritten des Weitergehenden, und mein Herz schlug plötzlich schneller. Ich beschloß, dem seltsamen Lehrer diesmal unauffällig nachzuschleichen. Ich hatte ein Gefühl, als müsse dabei irgend etwas Geheimnisvolles herauskommen. Kurzum, ich hörte genau, daß Männers Schritte jetzt abbrachen, ein Zeichen, daß er in den mir wohlbekannten Fußweg, der quer durch den Wald auf das Seeufer hinunterführte, eingebogen war. Vorsichtig-zögernd drehte ich mich um und merkte, daß meine Annahme richtig war. Rasch schob ich mein Rad ins Gebüsch, nahm den leeren Tragkorb vom Rücken und stellte ihn dazu. Ich hielt den Atem an und wartete noch ein paar Augenblicke lang lauschend. Dann endlich schlich ich behutsam von Baum zu Baum, von Busch zu Busch, in die Richtung des Fußweges, der sich unterhalb einer kaum mannshohen Böschung dahinzog. Bald hatte ich den Männer erspäht und blieb stehen. Auch er stand, steckte eben sein Schnupftuch ein, schnupfte und ging wieder weiter. Er sah nicht nach links und nicht nach rechts, nicht zu Boden und nicht gen Himmel, nur geradeaus. Geräuschlos tappte ich auf dem laubüberdeckten Moos weiter und ließ den Männer nicht aus den Augen. Irgendwann, hoffte ich, macht er vielleicht doch eine mir unbekannte Bewegung, vielleicht redet er auch einmal vor sich hin oder er tut sonst etwas Sonderbares, das er in der Schule und vor den Leuten nie tut. Jetzt kam eine Lichtung. Von da aus hatte man einen wunderbaren Blick auf den besonnten, spiegelglatten See mit den wenigen, geruhigen Segelbooten und Schiffchen. Die leicht gewellten, freundlichen Ufer auf der anderen Seite hoben sich farbenbelebt vom wolkenlosen Himmel ab. Drüben war Starnberg, dessen umgrünte Häuser sich lieblich hügelan zogen. Und der Wald duftete satt, Vögel sangen, Bienen und Käfer summten um die Himbeer- und Brombeersträucher, ein aufgeschreckter Fasan zirpte jäh aufflatternd aus einer Gebüschgruppe. Der Lehrer blieb nicht stehen, er veratmete nicht und hielt wohlige Ausschau, er ging, wie unberührt von alledem, seinen gemessenen Gang weiter. Ich hoffte vergeblich.

Nun ist's ja wahr, der Landmensch beachtet die friedliche Herrlichkeit, die ihn jahraus, jahrein umgibt, nicht. Ihm ist dieser füllige Reichtum gewissermaßen bis ins kleinste geläufig, gewohnt von Kind auf. Indessen sogar der stumpfste Bauer bleibt manchmal stehen, wenn er sonntags gemächlich von der Kirche heimgeht, und schaut zufrieden über einen sanften Hang, über die gesegneten Felder. Man merkt, daß ihm das gefällt, daß es ihm wohltut, so Ausschau zu halten in der eigenen, schönen Welt. Auch im Wald, wenn er ein aufgescheuchtes Eichkätzchen possierlich von Baum zu Baum hüpfen sieht, freut sich so ein Bauer. Er lächelt belustigt und pfeift ein wenig. Den Männer verfolgte ich noch eine ganze Weile, doch es blieb immer das gleiche. Er verschwand schließlich drunten am Seeufer, und ich sah nur noch seinen runden, steifen schwarzen Hut schnurgerade über dem Gebüsch dahinwandeln. Enttäuscht kehrte ich um. Rätselhaft – dieser Mensch hatte gar kein Geheimnis! Er besaß nicht einmal eine intime Angewohnheit oder eine bezeichnende Schrulle, die man in solchen alleinigen Augenblicken meistens gleichsam selbstgenießerisch auskostet, weil man weiß, daß man jetzt ganz für sich ist. War er denn überhaupt nie »für sich«?

Ich war damals elf Jahre alt und ging in die sechste Klasse. Meine zwei älteren Brüder, der Lorenz und der Maurus, waren bereits aus der Schule. Ihr Einfluß auf mich, den sie mir – jeder auf seine etwas gewaltsame, eifersüchtige Weise – beständig aufzwangen, war groß gewesen. Nun aber erlernte der Maurus in Karlsruhe die Konditorei, und der Lorenz oder der Lenz, wie wir ihn hießen, schlief den Tag über und mußte nachts in der Bäckerei mithelfen. Ich war ihrem Einfluß ziemlich entzogen und mir mehr und mehr selber überlassen. Es zeigte sich langsam, daß der Maurus, der seit jeher viel gelesen hatte und sonderbarerweise immer unkindlich und etwas altklug gewesen war, weit nachhaltiger auf mich gewirkt hatte als der phantastisch-vulgäre, abenteuerliche Lenz, obgleich wir mit diesem – etwa drei oder vier Buben in meinem Alter – noch jeden Sonntag in den Wäldern herumstreunten, mit heimlich gekauften Gewehren Fasanen und Hasen schossen und in die verlassenen Sommervillen einbrachen, was uns immer von neuem begeisterte, weil wir uns alle als eine überaus gefährliche, verschworene Räubergesellschaft betrachteten. Das war schon deswegen spannend, weil wir beständig gewärtig sein mußten, daß uns eines Tages der Jäger auf die Spur kommen konnte und weil öfter der Gendarm in die Häuser kam und drohend nachforschte. Da mußte jeder von uns beständig zeigen, wie kaltblütig er ableugnen, wie unschuldig er lügen und wer die frechsten Ausreden erfinden konnte. Dennoch war es mir schon seit längerer Zeit viel lieber, wenn ich auf meinen Brotgängen in die umliegenden Dörfer und entfernten Villen die Bücher, die der Maurus manchmal heimschickte, ungestört lesen konnte. Zeitungen, illustrierte Zeitschriften, Monatshefte, die am Ende des Jahres gebunden wurden, Geschichts- und Reisewerke und auch einige Indianergeschichten gab es bei uns im Haus immer schon, aber die waren zu gewohnt, auch zum Teil sehr langweilig und längst ausgelesen. Der Maurus aber schickte ganz andere, viel anziehendere Bücher, die mich schon deswegen neugierig machten, weil sie manchmal sehr schön gebunden waren oder auf dem Umschlag eine fremdartige Zeichnung zeigten: Novellen von Maupassant und Gorki, etliche Bände von Schiller, Heine, Hauff und E. T. A. Hoffmann, Longfellows »Evangeline«, Erzählungen von Bret Harte und einige Reclam-Bändchen mit Theaterstücken von Ibsen. Was mich aber besonders reizte, war, daß der Maurus viele Stellen in diesen Büchern angestrichen und mit einer Anmerkung bekritzelt hatte, wie etwa:

»Sehr gut« oder »tiefsinnig, noch mal lesen« oder »wunderschön«. Und fast immer – am Anfang oder auf der Schlußseite – stand ein stichwortartiges, mit Bleistift geschriebenes Resümee von ihm, ganz kurz oft, doch um so neugieriger machend: »Eine grausige Geschichte, sehr spannend« oder »Melancholisch, aber unvergeßlich, sehr gut« und so fort.

In diesen Büchern kamen Menschen vor mit vielen Eigenheiten, Charaktere, die teuflisch, gutmütig oder lustig waren, und die Handlung war folgerichtig, der Leser wurde für diesen oder jenen Helden eingenommen oder er haßte ihn, gleichgültig konnte er nicht bleiben. Oft, wenn meine jüngere Schwester Anna mich beim Brotaustragen begleiten mußte, versuchte ich, eine solche Geschichte nachzuerzählen, und um ihr alles recht nahezubringen, verglich ich die Gestalten mit Menschen in unserem Dorf, in der Pfarrei oder aus unserer Verwandtschaft, indem ich sagte: »Weißt du, der ist genauso gewesen wie der Schmalzerhans ... Ganz verschlampt und versoffen, aber recht pfiffig ...«

Jetzt, nachdem ich im Wald langsam und nachdenklich von der ergebnislosen Verfolgung Männers zurückging, kam mir auf einmal in den Sinn, daß ich einem Menschen wie ihm eigentlich noch nie begegnet war, weder im Leben noch in den Büchern vom Maurus. Das verblüffte mich. Der frostignüchterne Lehrer kam mir fast unheimlich vor.

»Hm, seltsam!« machte ich vage erschauernd: »Der versteckt sich sogar, wenn er ganz allein ist ... Bei dem ist's grad als wie wenn er Angst hat, was zu verraten ... Nicht bringt man heraus, wie er vielleicht wirklich ist ... Hmhm, seltsam ...« Von da ab sah ich den Männer mit anderen Augen an.

## II

Die vier Klassen in dem Schulraum vom Lehrer Männer wurden folgendermaßen unterrichtet: Die vierte und fünfte lernten stets das gleiche, die sechste und siebente ebenso. Demnach hätte also ein Schüler aus der vierten Klasse nach vollendetem Schuljahr ohne weiteres in die sechste aufsteigen können, aber wahrscheinlich sagte man sich: »Doppelt gelernt hält besser.« Im übrigen kostete es auch viel Mühe und unendliche Geduld, den zahlreichen, oft erschreckend zurückgebliebenen, stumpfen Bauern- und Häuslerskindern, die daheim zu nichts anderem angehalten wurden als zur Arbeit und zur Religion, auch nur halbwegs den gewiß nicht umfänglichen Unterrichtsstoff beizubringen. Sie kamen aus entlegenen Dörfern und Einödhöfen, die meist noch nie ein Fremder betreten hatte, während wir aus Berg und vom Seeufer, wo viele vornehme Herrschaftsvillen standen und ein reger alljährlicher Sommerfrischlerverkehr herrschte, doch immerhin mit der größeren Welt in Berührung standen und manches annahmen. Wie es bäuerliche Art ist, hielten die Eltern jener Kinder überhaupt nicht viel vom Lernen. Der gewohnte Gott und die ewiggleiche Ackererde schienen ihnen das wichtigste für einen heranwachsenden Menschen. Wenn er obendrein oder nebenher noch einigermaßen lesen, schreiben und rechnen konnte, war das schon übergenug, ja, fast erstaunlich. Alles andere galt für das spätere Leben als ziemlich zwecklos. Es will also wenig besagen, daß wir, die leicht und zum Teil auch gern lernten, dem Lehrer in dieser Hinsicht nur wenig Ärger bereiteten, aber ich müßte lügen, wenn ich behaupten würde, daß der Männer uns Kinder vom Bäcker-Graf schätzte. Und seitdem ihn unser Vater so grob beleidigt hatte, verhielt er sich natürlich noch um einige Grade kühler zu uns. Er trug uns auch noch etwas anderes nach. Er sah es zum Beispiel besonders gern, wenn sich am Prüfungstag, nachdem das übliche Pensum durchgenommen war, noch Schüler oder Schülerinnen meldeten, um ein Extragedicht vorzutragen. Freilich war das meistens nur ein mechanisch auswendig gelerntes Geleier mit lauter falschen Betonungen, bei dem man merkte, daß Kopf und Herz die Worte, die der Mund aussprach, überhaupt nicht erfaßt und begriffen hatten, aber so eine Probe bewies doch den Lerneifer des betreffenden Schülers. Der Männer liebte Gedichte!

Wenn er uns gelegentlich eines vorlas, wurden wir zuweilen bewegt. Er las langsam, leicht getragen und sehr schön, gleichsam sich selbst zum Genuß. Am Schluß hielt er einige Sekunden inne und schaute forschend und ein ganz klein wenig feierlich in unsere Reihen, als wolle er die Wirkung feststellen. Dann fing er an, uns sehr einfach und ungemein eindringlich die Wortschönheiten und den Sinn der Verse begreiflich zu machen. Dabei bekamen seine blassen Wangen unverhofft etwas Farbe, seine blanke Glatze schien mehr als sonst zu glänzen, und seine innere Anteilnahme war so sichtbar, so spürbar, daß man glauben konnte, er spräche gar nicht zu Kindern, sondern zu Menschen seines Sinnes. Auch ich hatte Gedichte gerne und las viele davon in den Zeitschriften und Büchern daheim, aber ich las sie immer stumm und behielt sie für mich. So etwas in Gegenwart von anderen Menschen laut vorzutragen, kam mir damals sehr kindisch, exaltiert und lächerlich vor. Und bei meinen anderen Geschwistern war es noch weit ärger. Wir meldeten uns nie zu einem freiwilligen Gedichtvortrag. Wir hatten eine unbegreifliche Scheu und Scham davor, ja, noch mehr! Wenn wir für ein darauffolgendes Aufsatzthema irgendein Gedicht aus dem Lesebuch vorlesen mußten, lasen wir es zum Mißvergnügen Männers ganz besonders teilnahmslos und mechanisch vor, nur um bei unseren Mitschülern ja nicht in den Ruf zu kommen, als seien wir »spinnert und eingebildet«. Für uns Berger Kinder hatte eine ungenannte, reiche, romantische Dame zum Andenken König Ludwigs des Zweiten, der sich bei uns im See ertränkt hatte, eine Stiftung gemacht, damit alljährlich eine Christbaumfeier mit anschließender Bescherung für uns abgehalten werden konnte. Da war es üblich, daß viele von uns Gedichte nach freier Wahl vortrugen. Dafür bekam der Vortragende jedesmal fünfzig Pfennig extra. Einmal, als mein älterer Bruder Lenz noch in die letzte Schulklasse und ich eben in die vierte gekommen war, wandte sich der Männer ziemlich verärgert an uns und sagte: »Ihr Grafs, ihr Faulpelze, schämt ihr euch denn gar nicht! … Warum wollt ihr kein Gedicht zur Berger Christbaumfeier sagen?« Er fragte erst den Lenz, und dann, als dieser sich ruhig beschimpfen ließ, aber nicht dazu zu bewegen war, redete der Männer auf mich ein. Ich war, wie das üblich war, in meiner Bank aufgestanden, hatte einen roten Kopf und wußte mir nicht zu helfen. Der Lenz stand weit vorne in der Bankreihe, schaute schließlich um und sagte zum schimpfenden Lehrer: »Ich sag schon ein Gedicht, Herr Lehrer, wenn der Oskar auch mitreden darf …«

Der Männer stutzte kurz.

»Ihr wollt also zu zweit ein Gedicht sagen?« fragte er nach einigem Überlegen.

»Jawohl, Herr Lehrer«, antwortete der Lenz. Offenbar fand der Männer das originell. »Gut«, sagte er und notierte uns: »Lernt also fleißig … Bei der Christbaumfeier werde ich euch aufrufen.«

Alles andere war uns selbst überlassen. Gefragt, *was* für ein Gedicht man vortragen wolle, wurde nicht. Auch geprobt wurde nicht.

Der Männer fand es wahrscheinlich schön, sich überraschen zu lassen. Die Christbaumfeier kam. Wir saßen mit unserer Mutter im festlich erleuchteten Saal der Wiesmaierschen Wirtschaft und bestaunten den hohen Christbaum. Schon hatten die meisten ihr Gedicht gesagt und waren beklatscht, belohnt und belobigt worden.

»Graf, Lorenz! Graf, Oskar!« rief der Lehrer vom Podium her, und alle wunderten sich, daß wir zwei gleichzeitig gerufen wurden. Ganz verblüfft aber war unsere Mutter, als wir jetzt ruckhaft aufsprangen, denn wir hatten daheim von alledem nichts gesagt, und lernen sah man uns auch nie. Wir gingen also ziemlich aufgeregt nach vorne und bestiegen das Podium. Breitbeinig stellten wir uns nebeneinander, schluckten trocken und wußten den Anfang nicht gleich. Das gespannte Anschauen der Leute irritierte uns, und da durch unser verlegenes Zögern schon einige leicht kicherten, wurden wir noch verwirrter.

»Na, was ist's denn?« flüsterte der Männer stirnrunzelnd, und da riß sich mein älterer Bruder zusammen und begann gewaltsam laut aus sich herauszustoßen:

»Ich hatt einen Kameraden –«

»– einen bessern find'st du nicht!« fiel ich ein, ich sagte aber die Worte dieses uns geläufigen, altbekannten Schulliedes nicht, ich *sang* sie, und gleich schmetterte auch der Lenz etliche Töne heraus. Der ganze Saal lachte jäh auf. Der Lehrer wurde krebsrot und schob uns wütend vom Podium herunter, indem er zornig herausstieß: »Macht daß ihr wegkommt, ihr Faulpelze!« Wie vernichtet tappten wir auf unsere schrecklich genierte, um und um rot gewordene Mutter zu, die kopfschüttelnd in einem fort bekümmert aus sich herausmurmelte: »Tjajaja, ja, jetzt so was! ... Schämen muß man sich vor allen Leuten! ... Warum habt ihr denn wieder nichts gelernt?« Und sie schaute wie um sich zu entschuldigen auf die Umsitzenden: »Die Lausbuben, allweil hat man bloß Verdruß mit ihnen!« Bald ging sie heim mit uns, und auf dem ganzen Weg über den Berg zum Oberdorf hinauf machte sie uns Vorwürfe. Wir ärgerten uns auch und beteuerten fortgesetzt: »Wir haben ja gar nicht wollen! Du weißt doch, daß wir das kindische Zeug nicht mögen, aber der Lehrer hat ja in einem fort so in uns hinein'benzt!«

Das vergaß uns der Lehrer nie. Offenbar hatten wir ihn damit innerlich irgendwie schwer verletzt, denn stets, wenn er jetzt ein Gedicht vortrug, sah er verächtlich strafend auf uns, ja, mir kam es sogar vor, als hätten seine geliebten Worte nicht mehr den schönen, gewohnten Klang. Das tat mir ein wenig weh, es machte mich flughaft traurig, und ich schämte mich insgeheim. Ich liebte ja Gedichte auch und hörte den Männer gerne, doch ich hatte stets ein Gefühl, als entblöße der Mensch, indem er sich ganz der Empfindungstiefe solcher Worte hingebe, etwas von seinem Innersten, und davor fürchtete ich mich fast.

Der Lenz kam bald darauf aus der Schule, und nur meine jüngere Schwester Anna und ich saßen noch in den Bänken.

Um jene Zeit fing der Männer mehr und mehr zu kränkeln an. Manchmal sah sein eingefallenes Gesicht ganz erdfarben und verbraucht aus. Matt und vergrämt tappte er zwischen den Bankreihen auf und ab und sagte nur selten ein Wort. Manchmal blieb er an einem der hohen Fenster stehen und sah traurig hinunter in seinen von hohen, dichten Buchsbaumhecken umgebenen Garten. Seit jeher war er ein interessierter, liebevoller Gärtner und werkelte zu jeder Freizeit auf den sorgfältig bepflanzten Beeten herum. Mitunter mußten wir ihm einige Gießkannen voll Wasser in den Garten tragen und betrachteten mit leichter Scheu all die strotzende Pracht. Außer edlem Obst und reichlichem Gemüse wuchsen nirgends so schöne Tulpen, Nelken, weiße und rote Lilien und Rosen, Rosen aller Art als in diesem Garten …

Der Lehrer hustete trocken und tappte wieder weiter. Er setzte sich hinter den Katheder und stützte seinen Kopf mit der langen, schmalen, schönen Hand. Wir hörten ihn schmerzhaft atmen. Eine Weile sah er leer vor sich hin, reckte dann den Kopf etwas in die Höhe und schien wieder zu sich zu kommen.

»Kagerbauer, was hast du denn schon wieder«, sagte er mit milder Ungeduld und schloß so, als wäre ihm das Reden heute zuwider: »Geh schon hinaus!« Die zwei Kagerbauern-Buben saßen meist die halbe Schulzeit in ihrer Bank, warfen wie konvulsivisch ihre Hintern hin und her und hielten die zwei Finger in die Höhe. Sie litten an einem Blasenleiden und näßten oft unter die Bank. Wir ekelten uns vor ihnen. Zudem waren sie beide unwahrscheinlich beschränkt, was nicht hinderte, daß sie später ganz brauchbare Männer geworden sind.

Geschwind trippelnd lief der Kagerbauern-Hans zur Türe hinaus. Verächtlich sahen wir ihm nach. Dem Lehrer entging das nicht.

»Er ist krank! Dafür kann er nichts!« sagte er leicht strafend und stand wieder auf. Wieder tappte er ein paarmal auf und ab. Blau und grün, sonnenvergoldet und still leuchtete der Sommer vor den Fenstern. Der Männer öffnete eins davon, beugte sich hinaus und holte etliche Male tief Atem Dann drehte er sich um und sagte etwas belebter: »Macht fertig! Wir wollen das Lied, das wir gestern angefangen haben, weiter üben.« Schon klapperten die Tafeln, die wir unter die Bank ins Fach schoben. Der Männer war hinter das Harmonium, das neben dem Katheder stand, getreten, hatte sich hingesetzt und klappte den Deckel auf. Er schlug etliche Takte an und sah, wie jeder Tonschwingung nachlauschend, ins Hohe. Wir waren bereit, und er schlug fester auf die Tasten, indem er mit seiner vollen, dunklen, etwas knödligen Männerstimme zu singen anfing: »I-im schönsten Wiesengrunde ...«

Auffordernd nickte er uns mit dem Kopf zu, und es hörte sich gut und anheimelnd an, als wir jetzt mit unseren hellen Stimmen einfielen. Der Männer ließ nicht locker, bis wir den Text und die Melodie einwandfrei sangen. Es war, als verschrecke er sein Kranksein mit jedem kräftigen Ton, den er aus sich heraussang. Drüben in der nahen Pfarrkirche schlug es plötzlich zwölf Uhr. Der Lehrer brach ab und sagte unvermittelt: »Packt eure Sachen ... Geht heim. Wir üben morgen weiter!« Im Sommer hatten wir, weil Kinder in Bauerngegenden meist kräftig bei der Ernte mithelfen müssen, die sogenannte »halbe Schule«, das heißt wir konnten um zwölf Uhr heimgehen. Nach den Ferien begann die »ganze Schule« wieder, die bis zwei Uhr nachmittags dauerte. So auf die Minute genau wie heute nahm es der Männer aber sonst nie mit dem Schlußmachen. Er achtete auch nicht darauf, daß wir die Türe offenließen. Draußen vom Gang aus sahen wir ihn noch immer am Harmonium sitzend, wie sehr müde, mit schlaff herabhängenden Armen, starr vor sich hinblickend.

Am anderen Tag hielt der kleine Lehrer aushilfsweise für ihn die Schule. Er war ein mittelgroßer, gedrungen gebauter Mensch, nicht viel älter als zwanzig oder zweiundzwanzig Jahre, mit einem gesundroten, viereckigen Gesicht und dickem, kurzem Hals, den der steife Stehkragen sehr einzuzwängen schien. Unter seiner nach unten breit auseinanderlaufenden Sattelnase war ein dünnes Flaumbärtchen, die dichten, schwarzen Haare trug er kurz geschnitten, und sie standen igelborstig spitz in die Höhe wie eine Bürste. Er kam breitschrittig zur Türe herein, bestieg energisch das Podium, auf welchem sich der Katheder befand, und sagte ohne vieles Besinnen: »Der Herr Lehrer

Männer ist krank. Einstweilen führe ich den Unterricht für ihn … Kinder, seid ordentlich, damit wir gut miteinander auskommen.« Wir schauten abwartend und ein wenig benommen auf ihn. Wir sahen nur seinen hell gestreiften, braunen Anzug, seine kleine, schwarze Fliegenkrawatte und seine niedere, breite, verwichtigt gefurchte Stirn, und da er uns keinen »Guten Morgen« wünschte, setzten wir uns schließlich wortlos. Wahrscheinlich war er etwas verwirrt, denn er ließ uns auch nicht das übliche Morgengebet vor dem Unterricht verrichten, sondern blätterte nur in einem Heft, las etwas darin und sagte wieder so klanglos: »Also, Kinder, fangen wir an … Die von der vierten und fünften Klasse schreiben den gestrigen Aufsatz ›Was ist merkwürdig an unserem Pfarrdorf?‹ ins Heft und wir« – er wandte sich an die Sechst- und Siebentklassler – »fahren dann in der Rechnung über die Kubikmaße weiter … Ich muß jetzt ins andere Schulzimmer hinüber. Ihr könnt euch derweil vorbereiten, aber schwätzt nicht, seid fleißig, Kinder …« Damit ging er. Wir blieben eine Weile stumm sitzen und sahen einander verwundert an. Keiner dachte an seine Aufgabe, wir dachten bedrückt und traurig an den Männer. Nach und nach aber fingen wir laut und frech zu schwatzen an, lachten und spöttelten herabmindernd über den kleinen Lehrer. Wie forsch und eingebildet der schon hereingekommen war, und wie unvermittelt, wie überheblich und kommandiererisch er zu reden angefangen hatte! Es fiel uns ein: »Kinder« oder gar »liebe Kinder« nannte uns der Männer nie. Er verwandte diese Anrede nur am Prüfungstag, wenn der Bezirksamtmann, der Schulinspektor, der Pfarrer und der Bürgermeister zugegen waren, und auch da kam sie stets gezwungen aus ihm heraus, wie nicht zu ihm passend. Er redete uns beständig mit dem kargen, direkten »ihr« und »euch« an. Zärtlichkeit zu zeigen oder sie gar vorzutäuschen, davor hatte er eine unüberwindliche Abneigung, und es will mir heute scheinen, als habe er viel tiefer und echter mit uns zusammengehangen, als dies bei Erwachsenen und Lehrern gemeinhin der Fall zu sein pflegt.

Es läßt sich denken, daß wir den kleinen Lehrer nicht im geringsten respektierten. Er brachte zwar nach und nach in den Wochen, da der Männer krank darniederlag, die übliche mechanische Ordnung in den Unterricht, aber nicht den rechten Geist. Er war auch gar nicht der Mensch darnach. Vor allem fiel uns auf, daß er, der seiner ganzen Figur und seinem Gehaben nach viel mehr bäuerlich-derb als städtisch war, sich höchst gigerlhaft anzuziehen pflegte, was auf uns sofort lächerlich wirkte. Dann aber vergaß er sich manchmal und machte einen unangebrachten Spaß mit uns, den wir so auffaßten, als stelle er sich auf die gleiche Stufe mit uns. Sobald er dann seinen Fehler an unserem Frecherwerden merkte, schlug er alsogleich ins Grobe um, nannte uns »Dreckfratzen« oder »Rotznasen« und teilte reichlich Ohrfeigen, Tatzen und Hiebe aus. Folglich bockten wir erst recht, feindselig sannen wir auf Rache, und schließlich verachteten wir ihn alle.

Georg Seitz, wie dieser Hilfslehrer hieß, war ein reicher Bauernsohn aus dem Niederbayrischen. Nach dem Unterricht, tief am Nachmittag, tauchte er oft in den umliegenden Dörfern auf und hielt auch da und dort Einkehr in einem Wirtshaus, und, wahrscheinlich, weil er das für sehr fein hielt und zeigen wollte, daß er etwas Besseres sei, bestellte stets Weißwein. Bald wurde ruchbar, daß er Ausschau nach schönen, heiratsfähigen Töchtern hielt, und besonders gern flirtete er mit meiner älteren, immer heiteren Schwester Emma, die damals viel umworben wurde. Ihr konnte er sich auch am leichtesten und unauffälligsten nähern. Er kam einfach in unseren Laden, trank ein Gläschen Schnaps, kaufte ein Stück Seife, Schokolade oder sonst was und hatte meistens Glück. Die Emma, die die Näherei erlernt hatte, war etwas schwächlich und brauchte nie Feldarbeit machen. Mir fiel das Gekicher und lebhafte Unterhalten der zwei sehr bald auf, und ich schwor mir, dem Lehrer diese Freude zu verderben. Unter irgendeinem Vorwand kam ich oft und oft in den Laden und suchte dies und das. Es freute mich, daß das Gespräch der beiden etwas ins Stocken kam, ich grüßte den Lehrer nicht und tat überhaupt, als bemerke ich die beiden gar nicht. Ganz unschuldig wandte ich mich an die Emma mit einer Frage, und die wurde schließlich einmal leicht ungeduldig und sagte: »Kannst du denn den Herrn Lehrer nicht grüßen?« Ich stockte, wurde rot, grüßte, und als der Seitz wie nebenher, aber sehr herablassend sagte: »Jaja, lernen tut er gut, der Konsort, aber im Betragen hapert's bei ihm!«, fing ich vor Wut zu kochen an und ging aus dem Laden. Nachdem der Seitz weg war, sagte ich recht spöttisch und gehässig zur Emma: »Meinst du vielleicht, ich weiß nicht, daß dir der damische Seitz den Hof macht!? ... Der auch noch! Der Gigerl, der eingebildete!«

»Du brauchst gar nicht so frech sein!« wehrte sich Emma und wurde rot. »Und überhaupt – wenn der zufällig was kauft, was ist denn da dabei?« Dann erzählte sie, daß der Lehrer heute zwei »Maurerlaibl« bestellt habe, die ich ihm jeden Tag in die Schule bringen müsse.

Maurerlaibl sind zwei locker aneinandergebackene, flachrunde, auf der Oberfläche aufgesprungene Laibchen aus saurem Teig, die recht rösch herausgebacken werden. An sich hatte ich gegen die Bestellung des Hilfslehrers gar nichts, aber die Emma verbot mir, die Laibln in meinen Schulranzen zu stecken, weil – wie sie sagte – »der Herr Seitz das unappetitlich findet und sehr empfindlich ist«. Ich mußte sie, fein säuberlich in einer weißen Tüte verpackt, stets in der Hand tragen. Das ärgerte mich. Vor allem aber störte es mich, denn auf dem Schulweg rauften wir gewöhnlich, wie sollte ich mich da, mit meiner Tüte in der Hand, wehren? Ich warf sie also, wenn wir aufeinander losgingen, auf die Seite, sie platzte, die Laibln wurden kotig und brachen auseinander. So konnte ich sie dem Seitz nicht übergeben. Ich putzte sie mit dem Ärmel ab, spuckte auf die teigigen Bruchstellen und klebte sie wieder zusammen. Der Seitz merkte nichts, und wenn er voll Behagen die röschen Laibln aß, dachte ich schadenfroh: »Gell, du eingebildeter Kerl, du! Du merkst gar nichts ... Mit deiner Empfindlichkeit ist's auch nicht weit her!« Das ging so lang, bis mich der Schreiner-Michl, den ich ziemlich verhauen hatte, verklagte. Der Seitz hielt mitten im Biß inne, wurde blaß wie eine Wand und rannte aus dem Schulzimmer. Später kam er wütend hereingestürzt, riß an meinen Haaren und schlug furchtbar auf mich ein, indem er in einem fort schrie: »Du Saukerl, du Drecksack, du miserabler! Na, warte, das werd' ich deinen Leuten erzählen!« Nachdem er sich ausgetobt hatte, gab er mir noch vier Tatzen. Ingrimmig verbiß ich den Schmerz und schwor dem Schreiner-Michl furchtbare Rache. Mehr aber noch hatte ich Angst, daß es mein ältester Bruder Max, der damals eben vom Militär heimgekommen war und ein strenges Regiment führte, erfahren würde. Sonderbarerweise aber traf nichts von alledem ein. Die Emma sagte nur am andern Tag in der Frühe: »Der Herr Lehrer will keine Laibln mehr!« Sie war über und über rot, als ich sie ein wenig fragend und auch schuldbewußt anschaute, und sagte beleidigt, aber gedämpft: »Du ekelhafter Kerl, du! Ich weiß alles! Schämen muß man sich mit dir!« Das war für mich ein Zeichen, daß sie nicht die Absicht hatte, etwas dem Max gegenüber verlauten zu lassen. Ich atmete auf. Der Seitz kam von da ab nur noch selten. Ich ging aber nicht mehr in den Laden, wenn er da war. Während des Unterrichts ließ er mich nie aus den Augen und bestrafte mich wegen der lächerlichsten Geringfügigkeit. Ich hegte einen tiefen Groll gegen ihn, doch mit aller Beherrschung spielte ich den Unempfindlichen und freute mich, daß ihn das ärgerte. Es ist mir nicht erinnerlich, daß ich jemals ungern zur Schule gegangen wäre. In jenen vierzehn Tagen aber, da er den kranken Männer vertrat, war sie mir verleidet. Zum Glück begannen die Ferien, und im Herbst war der Männer wieder gesund. Dem Seitz, der übrigens in der Zwischenzeit versetzt worden war, hatten wir das spanische Rohr ein paarmal versteckt, wir hatten ihm Juckpulver auf das Kathederpult gestaubt, und er mußte sich stundenlang an den Händen kratzen. Nie fand er den Schlüssel zum Harmonium und konnte kein Lied mit uns üben. Nicht einer von uns hätte das beim Männer auch nur zu denken gewagt, es wäre ihm gar nicht in den Sinn gekommen.

Etliche Tage vor dem Ende der Ferien wurde das ganze Schulhaus gesäubert. Die Treppen und Böden waren blitzblank gescheuert und rochen ein wenig nach Leinöl, auch die Luft im hohen Klassenzimmer kam uns vor wie frisch gewaschen, und diesmal hatten einige Mädchen einen großen Blumenstrauß auf den Katheder gestellt. Der Männer kam zur Türe herein, und wir standen schon. Laut und freudig sagten wir unser: »Guten Morgen, Herr Lehrer!« Er ging zum Katheder, dankte für den Gruß, schaute leicht bewegt auf die Blumen, schwieg, und wir hingen mit allen Augen schweigend an ihm. »Das ist schön«, sagte er einfach. »Ich danke euch!« Ohne Übergang legte er seine schönen Hände flach aneinander, und wir beteten mit ihm das übliche Morgengebet. Kein Blick wich von ihm, unsere Worte bedeuteten nichts, aber ihr Klang riß uns mit, wir beteten mit Hingabe, wir beteten gleichsam zu ihm. Dann schneuzte er sich, während wir uns setzten, er schnupfte, und auf einmal hatte alles um uns wieder den gewohnten Geruch. Wir fühlten uns geborgen wie nirgends.

Der Herbst verwich. An einem Tag fing's zu schneien an. Der Schnee wurde meterhoch, aber wir kamen zur Schule. Es war bissig kalt und noch dämmerdunkel, wenn wir von zu Hause fortgingen. Aus jedem Dorf fuhr ein mit zwei oder auch vier Pferden bespannter Schneepflug zum Pfarrort, und wir Kinder mußten uns daraufsetzen, damit er schwerer wurde und tiefer griff. Das war kurzweilig und lustig. In der Schule mußten wir die nassen Schuhe ausziehen und sie zum Trocknen an den Ofen stellen, wir bekamen wollene Hausschuhe, und es roch die ganze Zeit nach Leder und Schnupftabak. Und in der Ofendurchsicht brodelte ein großer Topf mit Wasser. Wenn nun an einem solchen farblosen Winternachmittag das Schneetreiben vor den hohen Fenstern niederflockte, wenn's so mollig und heimelig war, wenn die Viert- und Fünftklassler ihren Aufsatz auf die Schiefertafel kratzten und wir von der sechsten und siebenten Klasse irgendein Thema aus der Geschichte oder Geographie durchnahmen und sich schon langsam eine leichte Schläfrigkeit bei uns allen bemerkbar machte, dann sagte der Lehrer Männer: »So, wenn ihr jetzt noch recht fleißig seid, erzähle ich euch noch etwas!«

Das wirkte wie elektrisierend auf uns, denn wir wußten es ja vom vorigen Winter her: Von jetzt ab bekamen wir zwei- oder dreimal in der Woche je einige Kapitel vom »Schmied von Ochsenfurt« oder von »Robinson Crusoe« zu hören und konnten selber entscheiden, was wir zuerst wollten. Das gab ein eifriges Hin und Her, wobei selten eine Einigung zustande kam. Dieser Eifer freute den Männer. Er lächelte schließlich leicht. Frei und voll aus sich herauslachen sahen wir ihn nie, dennoch war er kein Griesgram. So einer singt nicht gern, er liebt auch keine Gedichte, noch viel weniger spielt er so zart die Geige, und nie kann er der Kirchenorgel so jubelnde Töne entlocken wie der Männer an hohen Feiertagen oder beim Tedeum in der Christmette. »Das geht durch und durch«, sagten selbst die musikunempfänglichen Leute von diesen Tönen. Was war er also wirklich, der Karl Männer?

»Ich glaub, wir fangen zuerst mit unserem deutschen Landsmann, dem tapferen Schmiedhannes von Ochsenfurt an ... Der Robinson war ja ein Engländer, ein Seemann ... Wir wollen zuerst einmal sehen, wie es dem Schmiedhannes in den Kriegszügen mit dem Hohenstaufenkaiser ergangen ist«, sagte er nach unserem ergebnislosen Streiten und, nachdem wir von allen Seiten bejaht hatten, setzte er sich und schlug sein Buch auf. Er nahm seinen Zwicker ab und überprüfte noch einmal unsere erregt-gespannten Gesichter, indem er schloß: »Später erzähle ich euch dann von Robinson und seinem Freund Freitag.«

So hielt er es Jahr für Jahr, und immer klang uns alles neu, denn er hob während des Vorlesens oft sein Gesicht und begann uns irgendeine Stelle zu verdeutlichen, er schweifte meist weit ab dabei und kam ins eigene Erzählen, und das zog uns erst recht an. Plötzlich – fast so, als habe er sich selber bei einer unangebrachten Schwärmerei ertappt – wurde er leicht verlegen, sah wieder auf sein Buch nieder und sagte: »Schauen wir weiter, was der Hannes noch alles erlebt hat.«

Wir vergaßen die Zeit, und auch er vergaß sie. Wir merkten nicht, wie es durch den dichten Schneefall draußen immer dunkler wurde, wir dachten nicht an unseren langen, beschwerlichen Heimweg. Wie weggeblasen war in uns die Vorstellung, daß wir als Kinder in den engen Schulbänken saßen. »Italien ist ein prachtvolles Land, und dort, wo der Po in die Ebene tritt, ist es überaus fruchtbar, denn die Sonne scheint sehr heiß. Sie scheint das ganze Jahr so, es gibt keinen Winter und keinen Schnee in Italien, höchstenfalls einmal Regentage. Und da blüht und wächst und treibt alles strotzend und üppig, da wachsen hohe Palmen und Blumen aller Art. Es wachsen Weintrauben, Orangen, Zitronen und Datteln. Da war's also kein Wunder, wenn unsere deutschen Krieger dachten, sie kämen ins versunkene Paradies«, las der Männer. Mit atemloser Spannung hingen wir an seinem Mund und glaubten das Paradies greifbar vor uns zu haben, noch mehr, der Männer erschien uns als einer, der dieses Paradies erlebt, er wurde für uns der leibhaftige Schmiedhannes von Ochsenfurt oder der abenteuerliche Robinson auf seiner unwirtlich verhangenen Insel.

Aber nein, das war ja alles nur plumpe, dumme Einbildung. Die zwei Kagerbauernbuben wetzten schon lange wieder in der Bank hin und her und hatten gleichsam flehentlich die zwei Finger erhoben. Der Männer bemerkte sie endlich, stockte und runzelte ärgerlich die Stirn.

»Jaja, geht schon hinaus! ... Bleibt gleich ganz draußen!« entfuhr ihm wütend, und auf einmal hatte er wieder ein grämliches Gesicht, sah auf seine große, silberne Taschenuhr und sagte mitten im Satz: »Wir wollen Schluß machen für heute!« Unser bedauerndes Bitten und Betteln machte ihn eher noch ärgerlicher.

»Schluß jetzt! Packt eure Sachen!« wiederholte er streng und düster. Beleidigt klappte er das Buch zu und stand auf. Ganz eisig kam er uns mit einem Male wieder vor. Es war jetzt wirklich schon dämmerdunkel, und wenn wir zu Hause durchnäßt und durchfroren ankamen, murrte unsere Mutter: »Ja, Herrgott, warum seid ihr denn heut' so lang aus!« Und nicht nur sie, überall schimpften die Leute über den Lehrer.

»Hm, der ist ja gut!« knurrten die Bauern: »Geschichten erzählt er euch, statt daß er euch was lernt ... Da läßt er euch wegen dem dummen Zeug bei dem Sauwetter droben, bis es fast geschlagene Nacht ist! ... Er muß ja nach der Schul nicht raus in den Schnee und die Kälte! ... Hmhm, je älter er wird, um so eigensinniger wird er!« Aber so ein Wort drang nie bis zum Männer. Der war auch immer weniger unter den Leuten zu sehen, er entrückte ihnen gleichsam, je kränker er wurde. Und weil ihm die Leute gewissermaßen sowieso kein allzulanges Leben mehr gaben, ließen sie ihn schalten und walten, wie es ihm behagte. Sie sagten höchstenfalls: »Wenn so Junggesellen einmal über die Sechzig gehen, da werden sie immer sonderbarer ... Geheiratet wenn er hätte und hätt so vier oder fünf Kinder, da tät er kein so unnützes Zeug treiben ... Man meint ja faktisch, die Schulkinder sind bloß noch ein Spielzeug für ihn ...« In dieser unguten Feststellung lag vielleicht einige Wahrheit. Glich der Männer denn nicht zeitweise einem in sich versponnenen Träumer? Einem Menschen, der – wahrscheinlich, weil ihm das graue Leben viel versagt hatte – im Innersten eine eigene Welt aufbaute? War er nicht etwas wie ein heimlicher Dichter, dieser stolze, scheue und verschlossene Mann? Einer, dem die plumpe, harte Wirklichkeit stets den zarten Sinn verletzte und der deswegen nur noch in uns Kindern eine Resonanz für seine Gefühle zu finden glaubte?

Er war nicht arm und auch nicht reich. Er wurde gewohnheitsmäßig respektiert, aber im Grund genommen schien er ausgeschlossen von allem, was Menschen mit Menschen verbindet. So eine eisige Einsamkeit erträgt niemand, das Herz gefriert dabei, oder es flammt noch einmal auf, es brennt so stark, daß die eisigen Krusten zerschmelzen – und sei's auch nur für einen ureinzigen Tag.

Unverwischbar deutlich steht noch der 9. Mai 1905 in meiner Erinnerung. Die Frühsonne leuchtete frisch und blank, als wir, aus der üblichen Messe kommend, von der gegenüberliegenden Pfarrkirche zum Schulhaus gingen. Im Lehrergarten duftete der dichtdoldige Flieder, und munter sangen die Vögel in der Hecke. Laut polternd und schwätzend stürmten wir im hellen Treppenhaus die Stiegen hinauf und kamen ins Schulzimmer. Kamen hinein und – verstummten jäh. Was war denn das heute für ein Tag? Die jährliche Schulprüfung hatten wir doch schon hinter uns! Sie war am 1. Mai gewesen. Warum waren denn die vier Fenster mit frischen Blumengirlanden geziert? Und was war denn das für ein Bild zwischen den zwei großen Rosensträußen auf dem Katheder? Es zeigte ein etwas vorgebeugtes, hageres Gesicht mit einer spitzen, scharf vorspringenden Hakennase und großen Augen, einer hohen Stirn und dichten, langen, nach hinten gekämmten Haaren. Da, wo der hohe, altmodische Mantelkragen den schlanken Hals frei ließ, stand das weiße Hemd offen. –

Sprachlos und verblüfft musterten wir das sonderbare Bild, das eine unleserliche Unterschrift hatte, und stumm rätselten wir herum, ob das nun einen Mann oder eine Frau darstellen sollte. In diesem Augenblick kam der Lehrer mit zwei großen, sauber gepackten Paketen zur Türe herein, und rasch, fast ein wenig beklommen, setzten wir uns ohne das sonstige Drängen und Stoßen in die Bänke. Ich schaute wieder auf das Bild, und es kam mir vage in den Sinn, daß ich es schon irgendeinmal gesehen haben mußte. Ich suchte angestrengt in meiner Erinnerung herum, dachte und dachte und fand doch keine Antwort, denn gleicherzeit beunruhigte mich auch der festliche Aufputz des Schulzimmers. Ich witterte etwas sehr Besonderes, das etwas wie eine prickelnde Wonne, einen leichten Schauer in mir auslöste, und kam auf die merkwürdigsten, ja beinahe abenteuerliche Einfälle. Es war mir, als müsse heute etwas ganz Ungewöhnliches, etwas Niegeahntes geschehen, und meine innere Erregung wurde schließlich so stark, daß meine Zunge trocken wurde, daß mit einem Male meine Brust fast schmerzhaft enge wurde.

Mit gespannten, fragenden Blicken sah ich auf Männer, und als der jetzt – sorgfältig gekleidet wie an hohen Feiertagen oder zur Prüfung, in seinem besten Cutaway, mit der schnurgerade gebügelten, gestreiften Hose – langsam und würdig zum Katheder emporstieg, schlug mir das Herz bis zur Gurgel herauf. Nichts entging mir, was auf seinem Gesicht vorging. Die winzigste Wimper, die kleinste Falte sah ich fast überdeutlich. Meinen ganzen Blick und mein ganzes Sinnen nahm dieses Gesicht ein. Eine leichte Röte stand auf den alten, blassen Wangen, und die guten Augen glänzten belebt. Uns alle hatte ein derartiges Staunen ergriffen, daß wir ganz vergaßen, aufzustehen und ihm einen »Guten Morgen« zu wünschen. Er rügte es nicht, er stellte rasch seine Pakete ab und richtete sich feierlich korrekt, gerade an der Seite des geschmückten Bildes auf. Dann sagte er mit einer Stimme, die vor innerer Erregung leicht belegt war: »Guten Morgen, Kinder!« »Kinder«, sagte er, und zum erstenmal klang all seine zurückgedämmte Zärtlichkeit in diesem Wort. »Kinder« hörten wir und standen mit einem Ruck auf. Laut und freudig erwiderten wir den Gruß, und da der Männer nicht befahl, daß wir uns setzen sollten, blieben wir erwartungsvoll stehen. Mäuschenstill wurde es, und unverwandt schauten wir auf ihn, als er abermals so bewegt, aber mit klarer Betonung sagte:

»Heute ist ein großer Tag, ein Tag, der nicht nur in ganz Deutschland, sondern in der ganzen Welt gefeiert wird. Heute vor hundert Jahren ist der Mann, den ihr hier auf dem Bilde seht, gestorben. Er hieß Friedrich von Schiller und war einer unserer größten Dichter. Setzt euch, auch wir wollen diesen hundertsten Todestag feiern, und ich will euch erzählen, wer Friedrich von Schiller war, was er uns für schöne, unvergeßliche Werke hinterlassen hat und wie wir ihm am besten dafür danken können.«

Es mag sein, daß meine dankbar-glückliche Rückerinnerung vieles verklärt, aber ich kann mir nicht helfen – ich habe nie wieder so eindringlich, so plastisch und hingerissen über einen Dichter reden gehört. Das begann knapp und fast leise mit einer idyllischen Jugend in Marbach. Dieses kleine »Schwabenstädtchen«, nicht recht viel größer als unser Bezirksort Starnberg, aber mit vielen altertümlichen Fachwerkhäusern, meinte der Männer, liege zwischen Heilbronn und Stuttgart am Neckar, im jetzigen Königreich Württemberg, das damals noch ein Herzogtum gewesen sei. »Aber heute« – er hob die Stimme ein wenig – »stehen dort vor dem schlichten Geburtshaus des Dichters, und ihr müßt euch denken, das ist ein ziemlich ärmliches Haus; es hat auch den Eltern Schillers gar nicht gehört, sie wohnten darin in einer einzigen Kammer, weil der Vater unseres Dichters ein armer, pensionierter Militärarzt war, der oft kaum die Miete zahlen konnte – heute stehen vor diesem unscheinbaren Haus mit dem hohen Giebel und den kleinen Fenstern Fürsten und Minister und berühmte Leute aus allen Ländern und ehren das Andenken Friedrich von Schillers!« Er hielt inne, so, als geniere er sich, in ein Pathos verfallen zu sein, aber er schneuzte sich nicht, er schnupfte heute nicht, wie er's bei ähnlichen Verlegenheiten zu tun pflegte, er wischte sich nur etwas hastig mit dem Schnupftuch ein paarmal um die Nase. Es ist eigentümlich, daß der Klang einer Stimme, der Ton, den sie den Worten gibt, viel nachhaltiger und länger in unserer Erinnerung bleiben als die Worte selber und deren Sinn. Noch merkwürdiger, daß, wenn dieser Klang und Ton durch irgendeinen Zufall gleichsam in unserem Unterbewußtsein aufklingen, sich nach und nach auch die Worte wieder zusammenfinden, die man vor langen, langen Jahren gehört hat.

»Friedrich von Schiller war also nicht das Kind von feinen Herrschaften«, fuhr der Männer geruhiger fort, »er war arm und von frühauf sehr mager und kränklich. Er hat sein Leben lang an Brustschmerzen gelitten, und weil er so schwächlich war und Talent hatte, wollte er wenigstens Geistlicher werden. Sein Vater aber konnte ihn erst studieren lassen, nachdem er beim damaligen Herzog Karl Eugen von Württemberg in Ludwigsburg Hofgärtner geworden war. Der Herzog nahm die Söhne seiner Beamten meistens in sein militärisches Institut, in die Karlsschule auf. Dort aber ging es sehr soldatisch und grob zu. Das vertrug der junge zarte Schiller nicht. Er vertrug auch etwas anderes nicht: Auf der Karlsschule waren meistens die Söhne von adligen und reichen Leuten, und die lernten sehr schlecht, waren faul und eingebildet. Es zeigte sich auch bald, daß es auf der Karlsschule gar nicht so sehr aufs Lernen ankam, die Hauptsache war, daß einer recht schmeicheln und kriechen konnte vor den Lehrern und dem Herzog.«

In mir brannte alles. Ich hatte das alles schon gelesen. Gierig erwartete ich beim Erzählen Männers schon das nächste Wort, und vor lauter selbstvergessener Begeisterung nickte ich ihm in einem fort zustimmend zu. Er merkte das, wurde ganz kurz irritiert davon, besann sich, begriff wahrscheinlich und wurde lebhafter. Finster die Stirne runzelnd, wie strafend sagte er jetzt: »Dieser Herzog Karl Eugen war ein schlechter Fürst, ein unbarmherziger, verschwenderischer Mensch, der alle Steuergelder seines armen Volkes gewissenlos verpraßte und ein wahres Schreckensregiment führte. Er konnte nur die leichtsinnigen Schmeichler leiden. Leute, die ihm die Wahrheit sagten, ließ er einkerkern oder hängen!«

So schilderte er uns stets die Bösewichter im »Schmied von Ochsenfurt« und im »Robinson«. Er wurde auf diese Menschen böse, ja wütend, und wir wurden es mit ihm. Jetzt haßten wir den Herzog Karl Eugen. Wir verabscheuten die reichen, eingebildeten Mitschüler Schillers, und wir verachteten die Schmeichler am Hof des Herzogs von ganzem Herzen. O Seligkeit, als der Männer jetzt fortfuhr: »Unter dieser Schlechtigkeit und Ungerechtigkeit hat der junge Schiller schwer gelitten. Es nagte an ihm, er hat es sein Leben lang nicht vergessen, denn er hatte ein zartes Herz voll Mitleid für die Armen, er war ja selber ein Armer. Den Titel ›von‹ hat er erst viel später bekommen, da war er schon zweiundvierzig Jahre alt und Professor in Jena, aber schon drei Jahre darauf hat er sterben müssen! Er ist nur fünfundvierzig Jahre alt geworden …« Wir seufzten hörbar und schauten bittend auf den Lehrer, denn wir meinten, mit diesem Tod sei auch die schöne Geschichte zu Ende, und wir atmeten erleichtert auf, als der Männer weiterredete und uns begreiflich zu machen versuchte, welchen schweren Lebenskampf Schiller gehabt haben mußte, wenn er nur fünfundvierzig kurze Jahre alt werden konnte. Wir erlebten Schillers abenteuerliche Flucht, seine flammende Empörung gegen Ungerechtigkeit und Tyrannei, die unsicheren Jahre als Theaterdichter in Mannheim, die Aufführung der »Räuber«, Schillers Bekanntschaft mit Körner, seine Anstellung als Professor in Jena und endlich die wenigen geruhigen Freundschaftsjahre mit Goethe in Weimar. Sehr sparsam zitierte der Lehrer einige Stellen aus dem »Lied von der Glocke«. Eigentümlicherweise überging er die meisten Dramen Schillers und hielt sich nur bei »Kabale und Liebe« und »Wilhelm Tell« an ein eingehendes, langes Erklären, wobei er von Wort zu Wort in eine stärkere Begeisterung geriet, denn – sagte er ungefähr – »merkt euch das besonders genau, als armer, geknechteter Mensch fing Schiller an, alle Ungerechtigkeit und Fürstenwillkür zu bekämpfen. Der schwächliche, kranke Mann hat keine andere Macht besessen als sein Talent und einen festen Charakter. Diese beiden Eigenschaften haben ihn mächtiger gemacht als alle Fürsten und Reichen auf der Welt. Er hat geglaubt, daß es ein ewiges Recht für jeden Menschen gibt, ganz gleich, wie klein und arm dieser Mensch auch sein mag. Darum heißt es im ›Wilhelm Tell‹:

> Wenn der Gedrückte nirgends Recht kann finden,
> wenn unerträglich wird die Last,
> greift er hinauf getrosten Mutes in den Himmel
> und holt herunter seine ew'gen Rechte,
> die droben hangen unveräußerlich
> und unzerbrechlich, wie die Sterne selbst ...«

Er sah eine ganze Weile abwesend geradeaus in die sonnige Luft im stillen Klassenraum. Es war fast beängstigend für uns, wie er so steif dastand. Wir atmeten kaum noch. Endlich verloren seine Augen den starren Glanz, er rührte den Arm ein wenig und schien wieder in der nahen Wirklichkeit zu sein. Er nahm die mitgebrachten Pakete und wickelte sie auf.

»Und jetzt will ich euch sagen, wie wir Friedrich von Schiller am besten danken können«, sagte er in gewohntem Ton: »Ich habe da schöne

Büchlein mit Bildern, die sein Leben und seine Werke beschreiben ... Das königliche Ministerium hat sie zur Erinnerung an den hundertsten Todestag drucken lassen. Ein Büchlein kostet zwanzig Pfennige ... Wer will eins?« Wie neubelebt, uns überstürzend drängten wir aus den Bänken und zum Katheder, und als jeder das buntbebilderte Büchlein genügend betrachtet hatte, fing der Männer erneut an: »Aber das ist unser Dank nicht ... Wir wollen von heute ab eine Schulbibliothek einrichten ... Jedes von euch hat in der Woche zwanzig Pfennige zu entrichten, fragt eure Eltern, und wenn wir genug Geld haben, werden dafür Bücher bestellt, die ihr bei mir ausleihen könnt ... Habt ihr mich verstanden?«

»Ja!« antworteten wir schallend laut.

»Gut! ... Das ist schön«, sagte der Männer, und bei dieser Gelegenheit – an Unterricht war an diesem Tag nicht zu denken, denn wir waren mit dem Lehrer in einer Hochstimmung ohnegleichen – erlebte ich den stolzesten Augenblick meiner Jugend. Nach einer Weile nämlich fing der Lehrer ganz ungewohnt freundlich zu fragen an, wer von uns Schülern und Schülerinnen zu Hause eigene Bücher besitze, und da trat im Nu ein betretenes Schweigen ein, denn außer dem üblichen Meßbuch besaß niemand eins. Mir stieß das Blut jäh ins Herz, ich zitterte, und über und über rot stand ich auf und sagte übereifrig und keck: »Ich, Herr Lehrer! ... Ich habe das, was Sie uns heute erzählt haben, alles schon gelesen ... Ich habe schon neunzehn Bücher, drei vom Schiller ...«

Alle drehten sich um und schauten an mir empor. Der Männer musterte mich, und ich glaube, alles was er bisher gegen mich hatte, verflog in diesem Augenblick.

»So? ... So«, sagte er. »Gut ... Setz dich!«

# Des Pudels Kern

Lange Zeit bevor er amtlicherseits die Wirtshauskonzession bekam, betrieb unser Nachbar, der Windl, einen Flaschenbierhandel. Ins Windlhaus kam ab und zu der eine oder andere Hausierer. Der Gendarm von Starnberg kaufte sich an heißen Sommertagen manchmal eine Flasche Bier, und öfter machten auch zwei oder drei unbekannte, lärmend auftretende, sogenannte »christliche« Viehhändler dort Besuch, die sich offenbar mit der Windlin ausgezeichnet verstanden. Nicht selten blieben sie über Nacht, soffen und krakeelten und kamen erst am anderen Tag in die umliegenden Bauernhäuser, um einen Handel abzumachen. Die großen Bauern aber handelten mit ihrem Vieh untereinander; ihre »Menzkühe« und Schlachtochsen bekam der Klostermaier von Aufkirchen, und die kleinen Bauern und Häusler waren Kunden vom »Jud Schlesinger«. Den kannten sie seit langen Jahren, keiner von ihnen war jemals durch ihn zu kurz gekommen. Der Schlesinger war reell, sie achteten ihn wie ihresgleichen; viele schuldeten ihm Geld, aber er drängte nie. Und er war ein Mensch, der sein Geschäft und die Bauern verstand. Die Bezeichnung »Jud Schlesinger« hatte nicht im geringsten etwas Herabminderndes, sie war lediglich eine Berufsbezeichnung. Der Schlesinger war weitherum sehr beliebt, und man zollte ihm den größten Respekt.

Aber diese neuen Händler – mein Gott!

Statt in den Stall kamen sie in die guten Stuben getrampelt und hielten die Leute von der Arbeit ab. Ihre freche Überheblichkeit, ihre rohen Zoten und zudringlich obszönen Scherze, die sie mit den Mägden zu machen versuchten, stießen jedermann ab. Die Bauern haßten und verachteten sie. Das brachte die konkurrenzneidigen Händler gegen den Schlesinger auf. Sie verdächtigten ihn und setzten seine Kühe herab.

»Der Saujud', der windige! ... Der Halsabschneider!« plärrten sie: »Wartet nur ab, einmal schnürt er euch schon die Luft ab!«

Das war zuviel.

»Was? ... Jud? ... Der Schlesinger ist ein reeller Mensch, basta!«

schrie der Bauer. »Und was seid's ihr? ... Ungehobelte Sautreiber! Bleibt's nur beim Windl! Vielleicht kauft euch der was ab!«

Enttäuscht und ernüchtert kamen die Händler zum Windl zurück. Beim Hereinbruch der Nacht fuhren sie zum Dorf hinaus.

Es vergingen Wochen. Das Frühjahr stand klar am Himmel. An einem Nachmittag, als es schon zu dämmern begann, fuhr der Schlesinger vor unsere Stalltüre. Damals ließ unser Vater gerade das Haus vergrößern. Der Schlesinger staunte, wie weit der Umbau schon gediehen war.

»Na, Beck, du machst dich ja jetzt ganz groß, was?« rief er. »Jaja, da heißt's wiederum rackern, bis ich das herausbring', was ich da hineinsteck'«, meinte mein Vater und murmelte etwas verlegen: »Geh, Schlesinger, du siehst ja, die Bauleute wollen ihr Geld. Ich kann dir diesmal bloß die Hälfte von der ausgemachten vierteljährlichen Abzahlung geben.« Er sah dem Händler unsicher ins Gesicht.

»Die Hälfte? ... Ja, das ist ja großartig! Ich hab gemeint, ich krieg nicht einmal ein Viertel!« tat der Schlesinger erstaunt und nahm eine Prise aus der Tabaksdose, die ihm mein Vater hinhielt.

»Wart'«, sagte der Vater wieder und überlegte, »oder willst nicht hereinkommen, dann geb ich dir das Geld?« Aber der Schlesinger wartete. Er ging nie in ein Haus. Der Stall und nichts anderes war sein Berufsfeld.

»Adjes, Beck! Und viel Glück zum Bau!« rief er, als er sich auf sein leichtgefedertes Wägelchen schwang, und fuhr rasch davon. –

Am andern Tag brachte die alte Klostermaier-Zenzl, die stets das Fleisch von Aufkirchen in die umliegenden Dörfer trug, die Nachricht, daß man den Schlesinger im Holz hinter Aufhausen erstochen aufgefunden habe.

»Er ist ganz blutig auf der Straße gelegen ... Zwei oder drei Stiche hat er ... Kein Mensch hätte es gemerkt, wenn das Roß mit dem leeren Wägerl nicht zum Heimrath gekommen wäre.«

»Und wer ihn erstochen hat, das weiß man nicht?« fragte mein Vater benommen. Wir alle starrten wie entgeistert auf die Zenzl.

»Vorläufig liegt er bei uns im Feuerwehrhaus ... Jetzt wird von Wolfratshausen die Untersuchungskommission schon da sein«, schloß die Zenzl und legte das bestellte Fleisch auf die eschene Tischplatte. –

Abgesehen von dem Aufsehen, das der Mord weit herum erregte, – die kleinen Bauern und Häusler im ganzen Pfarrgau trauerten genauso aufrichtig um den toten Schlesinger wie unser Vater und wir alle. In diese Trauer aber mischte sich auch eine bange, unsichere Besorgnis, denn die meisten sagten sich: »Jetzt werden wohl die Erben das Geld schnell eintreiben.« Auch unseren Vater bedrückte dieser Gedanke sehr. Denn jetzt, wo das Geschäft fast nichts einbrachte und das Baugeld knapp geworden war, bedeuteten fünfzig Mark eine riskante Summe.

Aber merkwürdig – die Polizei forschte, zum Windl kamen einmal zwei Gendarmen und blieben verdächtig lange, in den Nachbarhäusern und bei uns fragten sie herum und erfuhren nichts; es hieß auch einmal, die »christlichen« Viehhändler seien verhaftet worden – merkwürdig, die Wochen strichen hin, aus dem April wurde der Mai, indessen von irgendeinem Schlesingerschen Erben hörte man nichts. Es stellte sich schließlich heraus, daß der Viehhändler Junggeselle gewesen war und nur noch einen Bruder im fernen Amerika gehabt habe, der aber so gut wie verschollen sei. Schlesingers Vermögen fiel der jüdischen Gemeinde zu, aber niemand trieb die Schulden ein. Die Bedrückung wich, das pietätvolle Andenken an den »Jud Schlesinger« lebte in jedem Haus. Der Tote wurde das Beispiel eines wahrhaft ehrlichen, guten Mannes.

Freilich – wie das nun schon einmal zu gehen pflegt, wenn aus einer allgemein bedrohlichen Sache auf einmal ein unverhoffter Vorteil für jeden einzelnen entspringt –, ganz im geheimen waren die Schlesingerschen Schuldner auch wieder zufrieden mit dem Mord, – aber keiner sagte das jemals …

# Das unrechte Geld

## I

Immer, wenn ich an meine erste Jugend denke, fallen mir die zwei rührenden Perivlatleute ein, die jedes Jahr nach Mariä Geburt mit ihrer Drehorgel und den zwei Moritatenplakaten in unser Dorf kamen. Es waren das ein kleiner, ausgedörrt magerer Seemann von irgendwoher und sein gebücktes, zitteriges Weib. Er drehte die Orgel, sie hing das Plakat an einen Stab, sang mit ihrer klanglosen, verrosteten Stimme Vers um Vers und deutete dabei mit ihrem Rohrstöckchen immer wieder auf ein anderes Bild. Dabei hob sie manchmal harmlos warnend den verwuzelten Zeigefinger, schaute mit ihren grundguten Augen auf uns Kinder und nickte ab und zu mit dem Kopf, als wollte sie sagen: »Seht ihr's! So geht's den schlechten Menschen!« Wir standen um das Paar mit staunenden Mienen und folgten ergriffen jeder Bewegung der Singenden, Mund und Augen rissen wir mitunter erschreckt auf, wenn die schaurige Ballade am Höhepunkt war, sahen furchtsam auf das blutrünstige Bild, dann wieder auf die Alte und atmeten erst freier, nachdem sie den Schlußvers anfing:

»Drum jag dem Geld nicht nach, o Publiku-u-m!  
Es ist bloß Teufelszeug und bringt die Freude nicht.  
Bedenk, wenn du es hast, ist schon das Leben u-um,  
dann kommt der Tod, das Grab und das Geri-i-icht …«

Ach, ich sehe sie heute noch, die liebenswerte Perivlatin, und ich höre sie oft und oft singen, singen gleichsam durch die hohe Luft über alle Dummheit und Vergänglichkeit dieser Welt hinweg, und dann bin ich wirklich sehr glücklich. –

Der alte Perivlat hatte ein spärliches Schnurr- und Spitzbärtchen, das ihm eine entfernte Ähnlichkeit mit Napoleon dem Dritten verlieh. Sein gedrängtes, knochiges Gesicht war auffallend gelbbraun und umrahmt von schlohweißem, dünnem Haar, das bis zu den eckigen Schultern reichte und sich hier lockte. Auf der kurzen, mopsdikken Nase saß eine runde, scharfe Brille, und dahinter lagen lebhafte, wasserblaue Augen, die ein wenig geschlitzt waren. Den kugelrunden Kopf krönte eine schmutzige weiße Seemannsmütze, um deren steifen Rand sich eine rötlichbraune Schärpe mit abgeblätterter, unentzifferbarer Inschrift zog, die mit den überkreuzten Enden hinten ins Genick fiel. Noch malerischer war die Kleidung des Alten. Er trug stets eine kurze, offenstehende, gelblichweiße Matrosenjacke mit Messingknöpfen, darunter ein ausgeschnittenes Trikothemd mit breiten roten Streifen. Der schmale, sehr enggezogene Ledergürtel hielt eine schlissige, mattblaue Hose, die unten weiter wurde, und endlich die nackten Füße steckten in verstaubten, uralten Sandalen.

Das aber war noch lange nicht alles, was die Erscheinung des alten Perivlat interessant machte. Er hatte nämlich außerdem noch ein höchst merkwürdiges Gebrechen, über dessen Herkunft niemand etwas wußte. Ganz knapp oberhalb des Halszäpfchens war ein Loch, in welchem ein etwa fingerdicker, silberumrandeter Kork steckte, der links und rechts an zwei Lederriemen befestigt war, die hinten, unterm Haar, zusammengebunden waren. Der Alte konnte aus diesem Grunde nie ein lautes Wort herausbringen, und selbst das Lispeln machte ihm große Mühe. Er mußte dabei immer mit dem Finger auf den Kork drücken, und man verstand ihn nur selten. Drückte man ihm die Hand, so nickte er freundlich und lächelte ein wenig, redete ihn jemand an, so hastete er rasch etliche Flüsterlaute aus sich heraus, spitzte den Mund, sah auf sein Weib, indem er einige Male mit seiner Rechten flüchtig gestikulierte, und die Perivlatin gab Antwort für ihn. Durch sie erfuhren die Neugierigen auch, daß ihr Mann einst in der Seeschlacht bei Lissa mitgekämpft habe und dabei verwundet worden wäre, seit langer Zeit aber schon so durch das Land zöge wie viele Invaliden, die man zu nichts mehr brauchen könnte. Sie erzählte das ohne jeden Groll, ganz gemütlich, und streichelte bei solchen Gelegenheiten dem Alten über Kopf und Gesicht, sah ihn altlieb an und küßte ihn mitunter auf die Backe: »Gell, jajaaa, Alter! ... Wir haben noch keinem wollen weh tun, und unser Herrgottle hat uns noch immer geholfen weiter«, sagte sie alsdann meistens in ihrem allgäuerisch-tirolischen Dialekt. »Mir sind zufriedn mit einem Bündel Stroh bei der Nacht ... Ich denk wohl, unser Herrgottle wird uns bald geben ein gutes Plätzlein in seinem Himmel droben ...«

Überall, wo die zwei alten Perivlats hinkamen, liebte man sie, und besonders wir Kinder hatten sie in unser Herz geschlossen. Für uns waren sie wie Gestalten aus einer wunderbaren Legende. Geheimnisvoll und zugleich vertraut. Wir sahen scheu zu ihnen auf, und das Fremdartige und Farbige der weiten Welt, das sie in unser Dorf brachten, regte unsere kindliche Phantasie an. Wir reimten uns über sie und ihr Leben die schönsten Geschichten zusammen, denn die zwei alten Leute gehörten in unser Jahr wie etwa das Christkind oder der Osterhase. Aber nicht nur wir Kinder, auch die Erwachsenen hatten vor den Perivlats so einen geheimen Respekt, und das kam daher, weil die Perivlatin sehr gut Karten legen konnte und schon manchem im Dorf Dinge vorausgesagt hatte, die auf das Haar eingetroffen waren. Kein Wunder also, daß man sie oft reichlicher als üblich beschenken wollte, und daß jede Familie sie gerne über Nacht behielt. Indessen, die Perivlatin nahm nie mehr an, als sie gerade brauchen konnte, und das mit dem »Bündel Stroh« war kein leeres, scheinheiliges Wort bei ihr. Die zwei alten Leute nächtigten stets bei uns im Hause und schliefen, wenngleich man ihnen jedesmal Betten anbot, immer drüben im Stall, hinter den Kühen, auf einem Strohlager.

Das war immer ein großer Tag bei uns. Nach dem Essen kamen eine Menge Dorfleute in die Stube, alles hockte sich um den Tisch, zuerst wurde eine Zeitlang geredet, alsdann zog die Perivlatin ihre Karten heraus, mischte sie bedächtig, setzte umständlich ihre verrostete Brille auf und fragte in die stiller gewordene Runde: »Wer wollet jetzt?« Zögernd schauten alle auf sie, ungeduldig sagte unser Vater: »Also weiter jetzt! Stellt euch nicht so geschämig wie Kirchweihbasln! Weiter da! Wer will was wissen? ... Du? ... Also, Perivlatin, der Hans ist neugierig! Fang an! ... Sag's ihm nur richtig, daß er Angst kriegt!« Heimeliger rückten alle zusammen, und die Alte begann das Kartenlegen. Immer, wenn sie eine besonders wichtige Auskunft sagte, sah sie ihrem Gegenüber fest in die Augen, und der neben ihr sitzende Perivlat zupfte etliche Male an seinem Schläfenhaar, keuchte leicht, drückte den Zeigefinger auf seinen Halskork und hob den anderen spitz in die Höhe.

»Hui-hui, bsss-biss!« flüsterte er eilig und kniff dabei seine Schlitzäuglein fest zusammen. »Oh, o bös! Sehr bös!« sollte das ungefähr heißen, und das, was die Alte verkündete, war auch aufregend, wurde aber gewissermaßen durch die launige Gestikulation Perivlats erträglich gemacht.

Einmal nun an einem solchen Abend war auch der Kalender- und Losverkäufer Peschel von Starnberg da und schaute mit ziemlich mißvergnügtem Gesicht dem Treiben zu. Den ganzen Tag war er von Haus zu Haus gegangen, hatte den »Christlichen Bauernkalender« oder den »Veteranen- und Kriegerkalender« verkauft und Lose der »Ansbacher Kirchenlotterie« mit wenig Erfolg angeboten. Drei Mark kostete so ein Los, und das war den Leuten bei aller Anerkennung des religiösen Zweckes der Lotterieunternehmung zuviel gewesen. Auf einmal hob der Peschel interessierter den Kopf. Die Perivlatin legte dem Ramminger die Karten und sagte gerade: »Geld! Geld! Viel Geld kriegst du!«

»Nimm ein Los von mir, Ramminger!« warf der Peschel hastig dazwischen und zog das dicke Bündel aus seiner Ledertasche. Schon breitete er die Lose auf dem Tische aus. Das Kartenlegen stockte. Gespannt sahen alle auf den Bauern.

»Nimm ein Los, sag ich! Gewinnen tust! Die Perivlatin hat dir doch Geld zugesagt!« forderte der Peschel noch dringlicher, und der Ramminger, halb benommen noch, drehte sich zu ihm hin.

»Such dir eine Nummer raus! Pack dein Glück an!« schrie jetzt der Peschel schon.

»Nur langsam! Drei Mark ist ein Haufen Geld«, besann sich der Bauer und schaute unschlüssig fragend auf die Perivlatin: »Was soll ich machen, Perivlatin? ... Krieg ich am End von daher mein Geld?«

»Wohl, wohl!« gab die zurück.

»Von daher? ... Ganz gewiß?« fragte der Bauer wiederum zweifelnd.

»Wohl!« sagte die Alte abermals und schaute ihm fest in die Augen. Totenstill war es auf einmal in der Stube.

»Gut!« sagte der Ramminger entschlossen und holte einen Schnaufer tief aus sich heraus: »Gut! ... Such mir einen Gewinner raus, Perivlatin! Wenn ich Glück hab, weiß ich, was ich zu tun hab ...«

Noch immer war es stockstumm. Langsam beugte sich die Perivlatin in den Tisch, legte ihre Karten hin und fuhr mit ihrer zittrigen Hand über die ausgebreiteten Lose. Einmal hinum, einmal herum, so ungefähr wie Blinde tasten. Sie drückte plötzlich mit dem Zeigefinger fest auf so ein glattes, buntes Blatt und zog es heraus. Der Ramminger langte hastig danach und las eilsam: »2 – 2 – 4 – 6 – 6 – 7.«

Jetzt löste sich die Spannung.

»Gut«, sagte der Bauer und bekam ein aufgegleimtes Gesicht: »Jetzt bin ich einmal neugierig, Perivlatin, ob du diesmal auch richtig geraten hast.« Er musterte noch einmal sein Los, faltete es mit leicht zitternden Händen zusammen, zog seinen Zugbeutel heraus, zahlte dem Peschel die drei Mark und rief munter: »Jetzt könnten wir ja wieder weitermachen.« Aber durch diesen Zwischenfall war gleichsam die rechte Sammlung verlorengegangen. Die Alte machte auch gar kein so aufgelegtes Gesicht mehr. Unser Vater sagte: »Ich glaub, das Schönste hat sie dir schon gesagt ... Sei zufrieden, Ramminger.« Und weil alle stumm mit ihm übereinstimmten, hielt er es für richtig, aufzustehen.

»Elf Uhr ist's schon!« sagte der Marterer und gähnte. Langsam erhoben sich alle, drückten den Perivlats die Hand und gingen. Am andern Tag zogen die zwei alten Leute wieder weiter, und wir Kinder begleiteten sie bis halb ins Pfarrdorf hinauf.

## II

Jeder – glaub' ich – wird schon jetzt ungefähr wissen, wie die Geschichte weitergeht. Deshalb will ich auch nicht lang herumreden. Mitte November war die Ziehung der »Ansbacher Kirchenlotterie«, und das Los vom Ramminger war der Haupttreffer. In aller Heimlichkeit holte der Häusler bei der Hauptgeschäftsstelle am Rindermarkt in München seine dreißigtausend Mark ab. Kein Mensch im Dorf hätte etwas davon erfahren, aber kurz darauf stand es in der »Münchner Zeitung« und alsdann noch einmal im »Land- und Seeboten«. Begeistert und erregt lief die Nachricht von Mund zu Mund, aus dem Dorf, in der Pfarrei herum, und zuletzt redete der ganze, weite Gau davon.

Dem Ramminger war das gar nicht recht. In den ersten Tagen versteckte er sich förmlich vor den Leuten. Wie umgewandelt schien er. Mag sein, daß ihn dieses jähe Glück zu unvorbereitet überfallen hatte. Es war ja auch schier wie in einem wirren Traum. Unerwartet und unglaublich. Gestern noch ein notiger Häusler, heute ohne einen Handstreich ein vermöglicher Bauer! Er mußte erst wieder einigermaßen zu sich kommen.

Da hol der Teufel die zudringlichen, neugierigen Leute! Sie verfolgten ihn jetzt gleichsam auf Schritt und Tritt. Scheu und grantig begegnete er jedem. Ewig konnte er doch schließlich auch nicht im Haus herumarbeiten. Das schaute ja aus, als ob er sich seines Glückes schäme oder gar wie wenn er ein schlechtes Gewissen hätte. –

Unser ehemaliger Gemeindediener und Nachtwächter, der selige Schmalzerhans, hat immer gesagt: »Es wär' ja ganz schön auf dieser Welt, wenn's kein Geld gäb.« Wenn sich's der Ramminger recht überlegte, es war schon so. Kaum wußte man das mit seinem Haupttreffer, da fing es schon hinten und vorne, in jedem Haus und an jedem Fleck zu munkeln an: »Jaja, eigentlich – der Ramminger hat ja das Los gar nicht gezogen. Wenn es recht ginge, müßt er sein Geld der Perivlatin geben ... Der armen Alten steht es rechtmäßig zu.« Und alsdann – komisch, wie hoch- und edelsinnig die Menschen gleich sein können, wenn statt ihrer ein anderer das große Los gewinnt, und sie es ihm mißgönnen! – dann lamentierte jedweder scheinheilig: »So arme Leut' wie sie sind, die zwei Perivlats! Kein Dach über dem Kopf, nichts als wie Not und Elend jeden Tag und in ihren alten Jahren noch so herumbetteln müssen! Ich mein', unser Herrgott müßte das schon noch richtigmachen.«

Auch unser Vater hatte diese Meinung und redete den Ramminger dieserhalb einmal an.

»No«, sagte er, »Ramminger, das selbige Wahrsagen von der Perivlatin hat sich aber gut gemacht für dich, ha? ... Das ganze Dorf redet über dich ... Ich glaub aber, daß du schon wissen wirst, was du selbiges Mal bei mir in der Stube gesagt hast ... Ich tät der Perivlatin die Hälfte geben, nachher wär eine Ruh ... Aber so? Das bringt dir auch kein Glück, und wenn du jetzt kein Los gekauft hättest, alsdann müßt's ja auch gehn bei dir ...«

Der Ramminger schaute ihn unsicher an, stockte ein wenig, und – weiß Gott, neidig war mein Vater seiner Lebtag nicht, er hatte alles arglos und fast behutsam gesagt – der Häusler wurde auf einmal grimmig.

»Kreuzherrgott-Sakrament-Sakrament!« fluchte er laut auf in unserem Laden: »Ich kümmere mich doch auch um keinen anderen Menschen! ... Ich werde schon wissen, was ich zu tun hab, Himmelkreuzherrgott-Sakrament-Sakrament! Jetzt wird's mir aber doch schon bald zu bunt mit diesem ewigen Weibergetratsch! ... Daß du auch so auf mich hineinpuffst, Maxl, das hätt ich dir nicht zu'traut!«

Unser Vater konnte sofort überlaufen und – wehe, wenn er anfing! Diesmal aber kam er zu gar nichts. Der Ramminger war im Nu draußen und schmiß die Ladentüre zu, daß deren Fensterscheiben grad so klirrten.

Um es kurz zu sagen, zu guter Letzt war das ganze Dorf mit dem Ramminger feind. Und der selber wurde immer finsterer, fahriger und unzugänglicher. Keinem Menschen konnte er mehr gerade in die Augen schauen, jedem ging er aus dem Weg, auch gegen seine eigenen Leute war er ungut und heftig. Im Wirtshaus sah man ihn nie mehr, in der Kirche um so öfter, und es hieß allgemein, bloß das schlechte Gewissen habe ihn zu einem bigotten Betbruder gemacht. Die Tage gingen an und aus in den Wochen und Monaten. Winter, Frühjahr, Sommer und Herbst wechselten, das heißt, halt, halt, nur nicht so schnell!

Mißgunst und Neid, besonders wenn sie zu arg herumgeistern, werden auch einmal müd und schlafen langsam ein. Halbwegs ruhiger wurde es um den Ramminger. Als jedoch der August zu Ende ging, plapperten die Kinder in jedem Haus: »Vater? Mutter? Gell, jetzt kommen die Perivlats bald wieder? ... Ah, das ist schön! ... Aber diesmal müssen sie länger dableiben! Diesmal dürfen sie nicht gleich wieder fort, gell, Vater, gell, ganz gewiß aber?«

Und das weckte die ganze Hölle wieder auf. »Jajaja!« beruhigten uns unsere Eltern, und je näher der Tag nach Mariä Geburt heranrückte, desto größer wurde die Spannung. Es regnete zwar schon eine halbe Woche fein und nieselnd, aber die Perivlats waren noch immer gekommen, so sicher wie der Herbst nach dem Sommer.

Nun also mußte sich zeigen, ob der Ramminger sein Wort halte. Jetzt gab es kein Ausweichen mehr. Aha, aha, der Häusler wurde immer unruhiger! Aha, aha, das Wasser stand ihm schon bis zum Hals! Die übelsten Dinge erzählte man. Jeder wußte etwas anderes. »Fortfahren will er an *dem* Tag, wo die Perivlats kommen!« verbreitete die giftige Friedl-Marie. »Davonlaufen möchte er, der Hammel, der ganz schlechte!« Das zündete schon.

»Schon lang möchte er sich woanders ankaufen«, wollte der Mesner von Aufkirchen wissen: »Bei uns wird ihm der Boden zu heiß.« Das wiederum wirkte wie ein starker Blaser in die kaum entfachte Glut. Gift und Galle vermengten sich im Dorf zu einer dumpfen Rachsucht. Komisch aber, zu ihr gehört die Habsucht wie ein Zwilling zum anderen. Insgeheim nämlich radelte immer wieder einer zum Peschel nach Starnberg hinüber und richtete ihm aus, er sollte diesmal bestimmt am gleichen Tag wie die Perivlats kommen, ganz sicher. Wunderschön sei es, daß er diesmal Lose aus mehreren Lotterien habe. Er sollte sie nur alle mitbringen, da könnte die Perivlatin um so mehr Hauptgewinne ziehen. Von diesen Leuten verschwieg natürlich einer dem anderen, wo und warum er in Starnberg gewesen war. Vielleicht ging es auch in der allgemeinen Aufregung unter. Überall war man voll Wut über den niederträchtigen Ramminger, und als endlich die Perivlats daherzogen, liefen die Leute auf sie zu, erzählten in grimmiger Hast alles und zogen mit dem Paar zum Dorfplatz.

»Heut braucht ihr nicht spielen!« rief der Windl gefährlich: »Heut wird zuerst einmal einem anderen was aufgespielt!« Daraufhin gingen der Bürgermeister und er auf das Rammingerhaus zu und plärrten befehlshaberisch über den Gartenzaun: »Raus, Ramminger! Raus da! Die Perivlats sind da!« Der Haufe nahm schon eine drohende Haltung an.

»Raus, windiger Glücksvogel!« brüllte jemand unter allgemeinem Beifall, und da kam, Gott sei Dank, der Häusler aus seiner Türe, schaute verdutzt auf die Leute, riß sich schnell zusammen und ging mannhaft auf sie zu. Die Rammingerin und ihre Tochter blieben mit ängstlichen Gesichtern unter der Türe stehen, die zwei Buben liefen bis zum Gartenzaun und glotzten dumm.

»Da bin ich!« sagte der Häusler trocken, als er vor dem Haufen stand, und kecker setzte er dazu: »Ist mir schon recht! Laßt mich nur hin zu den Perivlats!« Das verblüffte. Eine Gasse bildete sich. Der Ramminger schritt hindurch und gab den zwei verdatterten Alten die Hand. Weil der feine Regen sich inzwischen verstärkt hatte, sagte er legerer: »Naß brauchen wir nicht werden! Geht's weiter, kommt zu mir herein. Auf der Straße macht man so was nicht aus.« Die zwei Perivlats wußten nicht, was sie tun sollten, schauten hilflos, fast schmerzlich drein und schlotterten alle zwei.

»Na, na!« rief da der Windlwirt auf einmal. »So was muß vor allen Leuten ausgemacht werden! Am gescheitesten ist's, ihr geht alle zu mir in die Wirtsstube und macht es aus!« Das war der beste Ausweg. Rundherum stimmte jeder zu.

»Auch recht! Ich fürcht mich nicht!« sagte der Ramminger, hängte sich die nasse Drehorgel vom Perivlat um und ging mit den zwei Bettelleuten voraus. Alles trottete nach, und die Wirtsstube wurde gepfropft voll. Grad als alle hockten, kam auch noch der patschnasse, über und über mit Dreck bespritzte Peschel durch die Türe und stieß ein verdutztes »Oho!« heraus.

»Oho, was ist denn da passiert?« rief er abermals und zog seinen braunen, triefenden Lodenmantel aus: »Da komm ich ja grad recht.« Einige schauten luchshaft nach ihm und wurden brandrot im Gesicht. Irgendwie brachte der Losverkäufer eine unerwünschte, fremde Stimmung mit. Wahrscheinlich dämmerte in jedem der gierige Gedanke herauf: Herrgott ja, der kann ja jetzt seine Lose herbreiten, und die Perivlatin zieht uns allen unser Glück!

Aber der breitmassige Ramminger erhob sich jetzt beinahe feierlich zwischen den zwei Perivlats, schrie den Peschel grob an, er sollte sich hinsetzen und sein Maul halten, und fragte in die stillgewordenen Leute hinein: »Also was wollt ihr jetzt von mir! Nur 'raus mit der Sprach'!« Unschwer merkte man, er gewann auf einmal das Übergewicht. Zögernd schauten die Herumsitzenden auf ihn.

»Die Perivlatin hat dein Geld gewonnen! ... Ihr gehört's, keinem andern!« murrte endlich der Marterer bissig und weckte auf diese Weise wieder den Mut aller anderen.

»Ja! Jawohl, wahr ist's!« stimmten einige bei. »Jetzt red!«

Wenngleich der Ramminger dieses ganze Jahr über schon oft etwas Ähnliches gehört hatte, so traf es ihn jetzt, da ihm gleichsam der finstere Wall seiner Feinde gegenüberhockte, doch härter. Sicher hatte er sich schon lange einen Plan und all das, was er sagen wollte, genau ausgedacht, nun aber, weil er stockte, fiel es wie eine geifernde Sturzflut über ihn her: »Red! Red doch! ... Jetzt kannst du dein Wort einlösen, wenn du ein rechtschaffener Mensch bist! Red! Red! Nur raus mit der richtigen Wahrheit!« Er wurde blaß, er fuhr einige Male mit dem Arm auf und ab, er stotterte in das Geschrei hinein, das ihn immer wilder, immer bösartiger anbellte. In diesem drohenden Augenblick aber fand der kecke Peschel die einzig richtige Finte. Er stand auf einmal wie emporgeschnellt auf und stieg auf die Bank.

»Leut'?« schrie er mit seiner fetten Unteroffiziersstimme: »So wird die ganze Sache nichts! Gebt acht jetzt! Ruhe!« Und als er nun tatsächlich den Ansturm einigermaßen besänftigt hatte, wandte er sich schräg gegen den stehenden Ramminger und sagte: »Nach dem rechten ist's so! Der Ramminger hat das Los gekauft! Er hat seine drei Mark riskiert!«

»Das hätte doch jeder!« plärrte der zudringliche Friedl-Xaverl.

»Wenn er gewiß gewußt hätt', daß er gewinnt!« fertigte ihn der Peschel schlagfertig ab und fuhr fort: »Nach dem rechten ist's so –

wenn der Ramminger ganz gut ist, gibt er den zwei armen Perivlats die Hälfte! Gesetzlich müßte er überhaupt bloß zehn Prozent zahlen, aber –«

»Der will ja überhaupt nichts hergeben! … Behalten möcht' er sein ganzes Geld, der Geizkragen!« warf der Xaverl schon wieder dazwischen und fand Beifall.

»Ruhig Leut'! Laßt mich ausreden!« behielt der Peschel die Ruhe. »Ihr schimpft und schreit und rauft schier, und die, die wo es am meisten angeht, die werden überhaupt nicht gefragt! Das erste und das letzte Wort reden in dieser Sach' doch die Perivlats und kein anderer!«

Das gab der Sache jäh eine unerwartete Wendung. Plötzlich wurden die Schreier stockstumm, staunend fast richteten alle ihre Blicke auf die schweigend dasitzenden Perivlats, und ermutigt, machtgeschwellt durch seinen Erfolg, sprang der Peschel von der Bank herunter, drückte sich aus dem vollbesetzten Tisch, und ehe jemand das Wort finden konnte, fragte er auch schon: »Also, Perivlatin, was ist's jetzt mit Euch? … Ihr wißt's doch, der Ramminger hat mit Eurem Los den Haupttreffer 'zogen! Dreißigtausend Mark sind's! Was habt jetzt Ihr für ein Verlangen?«

Alle in der Stube waren aufgestanden und drängten mit gereckten Hälsen heran. »Perivlatin?« fragte der Peschel wiederum. Da endlich hoben die Alten die Gesichter und lugten schüchtern auf den Mann.

»Red, Perivlatin! Du brauchst keine Angst haben … Was ist's?« wiederholte der Peschel und beugte sich ein wenig in den Tisch. »Steh auf! Geh weiter, ich hilf dir!« Er wollte der Alten unter die Arme greifen, aber die blieb ruhig sitzen und schob seinen Arm weg.

»Hui! Hui! Bsss! Bisss!« flüsterte der Perivlat jetzt und schüttelte seinen Kopf wie geärgert. »Hui-hui, biss-bsss!« machte er noch einmal und streckte beide Hände so, als schöbe er etwas Ekelhaftes von sich weg. Ganz rot wurde er und hustete keuchend.

»Wir wollet nichts! … Wir wollet bloß in unsre alten Tag' unsere Ruh!« sagte da unerwartet die Perivlatin und machte mit ihrem alten Kopf eine Bewegung auf den stehenden Ramminger zu: »Sollt er doch nur glücklich werden mit seinem Geld! … Für uns hat's Herrgottle schon ein warmes Platzerl, denk ich wohl!«

»Hm, hm … Zt-zt!« hörte man rundherum.

»Gar nichts? … Ihr seid doch bettelarm und alt?« fragte der Peschel dringlicher, aber die Alte hockte noch immer so ruhig da und schaute ihm fest, ganz fest in die Augen: »Wir wollet bloß wieder weiter! … Die Feindschaft da« – und damit schaute sie in die Leute rundherum –, »die kommt ja doch bloß von dem schlechten Teuflsgeld.«

So totenstill wurde es, als sei irgend etwas ganz Wunderbares oder Entsetzliches geschehen. Die kältesten Mannsbilder senkten den Kopf.

»Aber bei mir bleibt's, Perivlatin! Euer Leben lang!« brachte der Ramminger nach einer Weile wieder heraus, und es klang sonderbar, fast schmerzhaft. Er war blaß und ergriffen. Die Perivlatin hob ihr grundgutes Gesicht zu ihm und schüttelte beharrlich den Kopf: »Nicht, nicht, Bauer! … Wir nicht! Wir gehn wieder …«

Sie buckelte sich langsam in die Höhe. Der Perivlat nahm seine Drehorgel und schwang das Traggurt um seine spitzen Schultern. Stumm wichen die Leute aus, und die zwei Alten harpften aus der Wirtsstube. Der Regen hatte aufgehört, ein wenig heller war der Himmel. Eine merkwürdige Stille herrschte auch auf dem Dorfplatz. – Die in der Wirtsstube Zurückgebliebenen schauten einander verlegen, beinahe betreten an. Keiner kümmerte sich mehr um den Ramminger, der sich stumm davonmachte. Besonders der Peschel hatte ein bestürztes Gesicht.

»Hm, hm, seltsam! Seltsam!« brummte endlich als erster der Windl kopfschüttelnd. »Die zwei sind grad als wie wenn's nicht von unserer Welt wären.« Das belebte die anderen Männer wieder. Von draußen herein, herüber vom Dorfplatz, klang zur eintönigen Musik der Drehorgel die verrostete Stimme der alten Perivlatin wie immer, und wir Kinder, durch die eben geschehenen Vorfälle tief beeindruckt, standen da wie gebannt. Im Wirtshaus aber – der Peschel und die Bauern, die schnitten immer trübseligere Mienen.

»Jetzt«, sagte der Gärtner Kern raunend und lugte listig lauernd rundherum. »Jetzt haben wir ganz vergessen, daß uns die Perivlatin Lose gezogen hätt' …« Nicht nur er – alle waren ärgerlich. Sicher kam es jetzt jedem in den Sinn, was man sich verdorben hatte, sicher dachte jeder tief drinnen: Hätten wir lieber dem Ramminger sein Glück gelassen! Pfeif auf die Gerechtigkeit! Hätten wir lieber an uns selber gedacht!

»Tja, hm, saudumm!« brummte der Peschel und zuckte mit den Achseln. Ratlos schaute er auf den Kern. Wiederum stockte es.

»Ja, saudumm!« knurrte auch der Marterer jetzt. »Wir haben's uns alles selber verpfuscht … Jetzt mag sie sicher nicht mehr, die Perivlatin.«

»Gehn wir naus!« sagte der Peschel hastig, als eben jenes »Bedenk, wenn du es hast, ist schon das Leben um« hörbar wurde, und alle folgten ihm. Als sie zum Dorfplatz kamen, rollten die Perivlats eben ihr Moritatenplakat zusammen und machten sich dieses Mal gleich wanderfertig. Niemand wagte, sie zurückzuhalten. Der Himmel war noch lichter geworden. Sie schauten hinauf, die zwei alten Leute, und schienen sehr zufrieden zu sein.

»Ah, ah! Perivlatmutter? Perivlatvater, bleibt's denn heut nicht bei uns?« bettelten wir Kinder.

»Nein, nein, heut nit!« sagte die Perivlatin ein klein wenig lächelnd, aber entschieden. »Grüß euch Gott und behüt euch Gott, Kinderlen!« Sie strich einem nach dem anderen von uns über den Kopf, ohne sich um die herumstehenden Leute zu kümmern: »Heut gehn wir wieder weiter!«

»Wir gehn mit, Perivlatmutter! Wir gehn mit!« riefen wir alle und trippelten hinter dem davontrottenden Paar her. Die Bauern schauten stumm nach, mit dummen Augen. Erst nach einer Weile gingen sie mürrisch auseinander. Der Peschel aber, als er so allein dastand, ging auf einmal raschschrittig weiter auf der Straße. Drunten am Dorfberglein fing er zu laufen an und holte uns Kinder mit den Perivlats ein.

»Perivlatin! Perivlatin!« schrie er keuchend und faßte die Alte wie ein Gendarm am Arm, daß wir Kinder erschrocken stehenblieben. »Perivlatin, wart's doch ein wenig! Wart's, ich muß Euch was Wichtiges sagen!« Schier so wie zwei hölzerne Puppen blieben die zwei Bettelleute stehen, drehten sich um und schauten den Peschel unbehaglich an.

»Ich hab doch extra viele Lose gekauft, Perivlatin! ... Jeder hätt sich gern eins ziehen lassen von dir! ... Dreierlei Lotterien hab ich ... Geh, so helft mir doch, helft mir doch!« sagte er fliegend, und weil die zwei alten Leute in einem fort den Kopf schüttelten, fing er zu bitten und zu betteln an, beschwor sie, versprach ihnen weiß Gott was, und als alles nichts half, wurde er sogar noch bigott und schwafelte etwas daher vom Himmel droben und von unserem Herrn Jesus Christus.

»Wenn Ihr nimmer nach Berg zurückgehn wollt, alsdann probieren wir's in Aufkirchen droben ... Es weiß doch die ganze Pfarrei schon, wie gut du die Los' ziehst, Perivlatin!« meinte er schließlich. »Ich laß dir gern die Hälfte von meiner Einnahm zukommen, gern!« Aber die Perivlats hatten immer noch dieselben unbegreiflich verständnislosen Augen.

»Nicht! Gar nicht! Wir wollet kein Unglück umeinander tragen!« wehrte sich die Perivlatin, während ihr Mann heftig abweisend mit dem Arm gestikulierte. Sie wanderten weiter. Der Peschel blieb zurück und knirschte. Wir Kinder musterten ihn ganz böse, weil er uns das schöne Begleiten verpfuscht hatte, und gingen traurig ins Dorf zurück. Als wir die ersten Häuser erreichten, sahen wir den aufdringlichen Losverkäufer immer noch auf der Straße stehen und kopfschüttelnd den Perivlats nachschauen. Die wurden klein, immer kleiner und verschwanden schließlich hinter den Häusern von Aufkirchen. Weiß der Himmel warum, als wir sie nicht mehr sahen, weinten plötzlich etwelche von uns. Weshalb wußte sicher keins.

Seit dieser Zeit kamen die Perivlats nicht mehr. Sie werden wohl gestorben sein. Dem Ramminger ging es fort und fort gut. Kein Unglück kam über ihn. Heute ist sein ehemaliges kleines Häusl ein ansehnliches Anwesen. Das Leben ist eben immer anders, als die Moral einer Geschichte es gerne haben will.

# Der Hängstrick

Joseph Gugger war der letzte Bäckerschießer, mit dem ich als Lehrling zu Hause arbeitete. »Schießer« nennt man den ersten Gesellen, der für alles verantwortlich ist und das Brot in den Backofen schiebt.

Gugger hatte ein ungutes, viereckiges Gesicht, kohlschwarze Haare und ebensolche, tiefliegende, böse Augen. Er war derjenige, der mir einmal, als ich nicht schnell genug eine Butte Mehl daherbrachte, einen Zweizentnersack auf den Kopf warf, daß ich zusammenknackte wie ein Schnappmesser. Ich fürchtete ihn beständig. Das Unheimliche an seinen Zornausbrüchen war, daß sie stets ganz unerwartet kamen. Er stieß irgendwelche Worte brummend heraus, drehte sein Gesicht mir zu, und schon war es um mich geschehen. Er hatte wirklich etwas von einem stumpfen Tier. Wenn ich über ihn nachdachte, kam es mir vor, als sei er imstande, ohne weiteres einen Menschen umzubringen, ihn dann gleichgültig wegzustoßen und wieder weiterzuarbeiten.

Die Nächte mit ihm verliefen wortkarg. Er sagte stets nur das, was unumgänglich notwendig war. Etwa: »Bretter 'rum!« oder: »Weiter, marsch! Schlaf bloß nicht ganz ein!« Das alles kam stoßweise durch seine zerfressenen Zähne. Dabei bebten seine aufgeworfenen, dunkelroten Lippen ein wenig, und der struppige schwarze Schnurrbart unter der breiten, großlöcherigen Nase zitterte mit. Auch ich zitterte jedesmal, wenn er etwas sagte. Zitterte und arbeitete verängstigt schneller.

Vielleicht kam das Ungute und Böse vom Gugger daher, weil er nicht gesund war. Wie üblich schlief ich mit ihm zusammen in der Gesellenkammer und konnte vom ersten Tag an beobachten, wie er seine Bettdecke auf den Boden warf und gräßlich schwitzte. Er atmete pfeifend. Das Leintuch, sein Körper und sein Hemd waren patschnaß, und der dampfige, säuerlich riechende Schweißdunst erfüllte zu guter Letzt das ganze Zimmer. Beim Aufstehen rieb sich Gugger umständlich den nackten Körper ab und stülpte ein neues Hemd über.

Während der Arbeit hüstelte er oft und oft krankhaft und hatte einen schrecklich ekelerregenden Auswurf, den er stets in das klebrige, rote Sacktuch spuckte. Dann schnaufte er noch pfeifender, ja, er mußte sogar hin und wieder einhalten, um Luft zu bekommen. Das erschreckte mich in der ersten Zeit, später beschlich mich manchmal ein heimliches Mitleid, wenn ich ihn flüchtig beobachtete. Baumlang und dürr ragte er neben mir auf; harte, kantige Knochen hatte er, und alles, was er auf dem Leibe trug – Hemd, Hose und Schurz –, hing vielfältig an ihm, so ungefähr, als sei er früher einmal ziemlich fett gewesen und habe von daher noch die Kleidungsstücke.

Gugger war sehr fleißig und buk ausgezeichnetes Brot. Hatte er nichts zu tun, so suchte er sich Arbeit, ganz gleich welche. Er sparte, trank nicht, rauchte nicht, spielte nicht und führte sonntags wie werktags das gleiche Leben. Er ging höchstens einmal an einem Sommertag fort und schlief etliche Stunden auf einer schattigen Wiese. Er badete auch nie, las nie eine Zeitung oder ein Buch, und lachen habe ich ihn nie gesehen.

Einmal in einer Nacht, während wir Brezeln drehten, fragte er so unvermittelt, daß ich schreckhaft staunend zu ihm aufschaute: »Ist jetzt die Leni schon lang da?« Mit der Leni meinte er unsere damalige Magd, eine sehr ruhige, aufrichtig fromme Person, die später in den Orden der »Blauen Kreuzschwestern« eingetreten ist.

Es war das erstemal, daß Gugger etwas nicht die Arbeit Betreffendes sagte, und freudig gespannt antwortete ich: »Ja, die Leni ist schon drei Jahr bei uns.« Ich hoffte, daß nun eine Unterhaltung in Fluß käme. Ich gierte förmlich nach einem wärmeren Wort vom Gugger, aber der schaute mich nicht an, hielt nicht inne und brummte bloß ein gleichgültiges »Soso« heraus. Weiter nichts, gar nichts. Jede Nacht verlief wieder so schweigsam wie die vorhergegangene.

Unsere geräumige Backstube wurde durch ein ziemlich großes, längliches Fenster erhellt, durch das man den schmalen Vorgarten und das geruhig breite Nachbarhaus sah. Die hintere Backstubenwand, welche an den inneren Hausgang grenzte, hatte ebenfalls ein Fenster. Stand man davor, so sah man die weit auseinanderstehenden Geländersprossen der schrägen Holzstiege, die zum ersten Stockwerk führte, und drüberhalb dieser Stiege wurde ein Stallfenster sichtbar, das ebenso in den inneren Hausgang mündete. Man konnte also von der Backstube aus alle Vorgänge im Stall überblicken.

Kurz nach meiner Mutter, in der Frühe um fünf Uhr, kam die Leni über die Stiege herunter, lief flugs in den Stall und fing zu arbeiten an. Es fiel mir auf, daß der Gugger stets vor dem Backstubenfenster stand und unverwandt zu ihr hinüberschaute. Die Semmeln waren um diese Zeit schon herausgebacken, ich trug vom Schuppen im Hof hinten die Spreißel[6] für die »Hitze«, die Feuerung, welche das nunmehr folgende Schwarzbrot brauchte, herein und kam zum Weckenmachen in die Backstube zurück. Sobald ich durch die Türe kam, bewegte sich Gugger ruckartig vom Fenster weg und knurrte bissig. Wie ein furchtsamer Hund duckte ich mich, aber er schlug nicht drein, er ging nur hastig hinaus zum Backofen und machte das Feuer.

Dieser eigentümliche Vorgang wiederholte sich Tag für Tag. Zuerst erschreckte er mich, allmählich aber fand ich ihn komisch, und frecherweise rannte ich oft recht stürmisch in die Backstube. Es machte mir einen Höllenspaß, wenn der Schießer ganz verwirrt davon wurde. Ich schaute ihn an wie ein scheinheiliger Ministrant, fragte mit gespielter Arglosigkeit irgend etwas und verzog mein Maul zu einem versteckten, boshaften Lachen, wenn er draußen war. Einmal ging ich in meiner Frechheit sogar so weit und schaute vom Fenster aus genauso wie er in den Stall hinüber. Dabei überraschte mich Gugger, und das war schrecklich. Er tauchte groß im Türrahmen auf, ich glotzte, alles an mir stockte, doch ich sah nur noch, wie sich der schwarze, lange Körper auf mich warf. Ich hörte einen furchtbaren Brüller, alle meine Knochen krachten, ich spürte dickes, warmes Blut aus meiner Nase rinnen und flog auf einmal wie ein hartes Holzscheit auf die Bankkante, hinten in der Ecke.

»Hu-undling! Hu-hund!« schlug es dunkel und dumpf an mein Ohr, mein Kopf brummte und hämmerte schmerzhaft, ich riß entsetzt die Augen auf und schrie grauenhaft. Der Schießer riß den riesigen, um und um teigigen Holzspachtel aus dem Sauerteigkübel und schwang ihn über mir. Mit einem Satz schnellte ich auf und jagte aus der Backstube, am Ofen vorbei, in den dunklen Hof, weiter, auf die Straße, wie ein verfolgter Hase aus dem Dorf und dahinter in den frischgepflügten Kartoffelacker vom Nachbarn Weinzierl. Ich warf mich halbtot geängstigt und schlotternd in eine dunkle feuchte Furche, preßte meinen Körper und das Gesicht fest in den kühlen

[6] Dünngehauene, trockene Holzscheite

Kot und weinte verzweifelt. Dann stockte ich, stemmte mich mit den Händen hoch und horchte. Es war still. Der Schießer war mir nicht nachgelaufen. Ich hörte das appetitliche Knirschen des Spreißelfeuers, das Quietschen des Dungschubkarrens, da und dort Pferde scharren und wiehern und die fressenden Kühe brüllen. Ich stand endlich auf und wischte mir das blutige, dreckige Gesicht ab. Herrgott, dachte ich verworren, warum hat er mich denn eigentlich so geschlagen? Ich hab doch bloß durch das Fenster geschaut! Warum war er denn darüber so aufgebracht? Ein komischer Kauz! Ein unheimlicher Mensch!

Ich schneuzte mich fest in die Finger und warf den gestockten Blutklumpen weit weg, griff vorsichtig mit der einen Hand über meinen zerrauften Kopf und spürte Beulen und Blut. Die kühle Morgenluft tat gut. Ich atmete tiefstockend, wurde ruhiger und fing langsam an, über alles klarer nachzudenken. Es kam mir von ungefähr in den Sinn, was ich denn durch das Fenster im Stall drüben gesehen hatte. Es mußte darunter doch etwas gewesen sein, was mir verborgen bleiben sollte, etwas ganz Geheimes, was dem Gugger sehr, sehr viel wert war.

Also, was hatte ich denn gesehen? Ganz gleichgültige Dinge eigentlich – die im Futterbarren herumwühlenden Köpfe der Kühe, ihre glatten Rücken, das gelbe Licht darüber, die offene Stalltüre hinten und die vor dem Barren flink herumhantierende Leni.

Die ganze friedliche Szene stand wieder vor mir. Ich spähte auf einmal, während ich mir alles so vergegenwärtigte, in die dämmerige Dunkelheit vor mir, so, als stünde ich noch immer vor dem Backstubenfenster. Ich schaute, glotzte, meine Augen verschwammen, und da erging es mir plötzlich wie etwa dem Betrachter eines Vexierbildes, der mit größter Anstrengung auf das Gewirr der verschnörkelten Linien starrt und die tragende Figur sucht oder, besser gesagt, wie jemandem, der irgendeine Photographie oder ein Bild an der Wand ansieht, über das zufällig eine Fliege krabbelt. Was sieht ein solcher Mensch eigentlich? Gar nichts anderes mehr als diese eine dumme Fliege.

Jetzt – jetzt veränderte sich mit einem Male das Bild meiner Erinnerung. Stall, Kühe, Licht und Türe verwischten sich und waren zuletzt überhaupt nicht mehr da, und ganz scharf schälte sich aus dem unbestimmten Dämmern die Leni.

»Hm! A-ha, aha!« brümmelte ich wie überrascht. Auf einmal war alles gleichsam greifbar klar. Ich rührte mich unwillkürlich, es fror mich ein wenig, ich schüttelte mich wie ein erwachender Vogel im taufeuchten, kalten Baumgeäst und stolperte über die holperigen Furchen auf die Straße und kam zurück in die Backstube. Ich mag mich noch so genau erinnern, ich kann heute noch so scharf nachdenken, ich weiß wirklich nicht mehr, weshalb ich damals so und nicht anders handelte. Es geschah alles ohne Sinn und Hirn mit mir, wahrhaftig. Ich blieb nicht etwa furchtsam vor der offenen Backstubentüre stehen, gewärtig, daß der Schießer gleich wieder in Wut ausbreche, nein, ich ging ohne Zaudern an den zweiten Trog und fing wortlos zu arbeiten an. Gugger war ganz ruhig. Er schaute mich nicht an und ich ihn auch nicht.

Ich nahm mir vor, nicht mehr so keck und boshaft nach dem Spreißelhereintragen in die Backstube zu rennen und den Schießer nicht mehr vom Fenster wegzuschrecken. Als ich aber am andern Tag zur Tür hereinkam, war der Gugger nicht mehr da. Ich wunderte mich, dachte kurz nach und vermutete, er habe vielleicht die Semmelkörbe in den Laden vorgezogen oder sei zufällig in der Mehlkammer. Nach einer Weile jedoch kam der Gugger frisch gewaschen aus der Stalltüre. Ich war höchst verblüfft und wurde verwirrt darüber. Um bei ihm nicht den Verdacht zu erregen, als habe ich ihn beobachtet, wog ich viel hastiger als jemals die Teigstücke aus und warf sie auf den glatten Deckel des anderen Troges. Er fing finster und wortlos das Weckendrehen an.

Merkwürdig, jetzt hatte sich der Gugger plötzlich zwei neue Dinge angewöhnt: Jeden Morgen wusch er sich von nun ab im Wassergrant drüben im Stall, und – das hatte noch keiner unserer Gesellen vor ihm getan; meine Mutter rechnete ihm das hoch an – jeden Sonn- und Feiertag ging er ins Hochamt nach Aufkirchen.

»Einen recht, einen ordentlichen Schießer habt's jetzt«, sagten die Dorfleute bei uns im Laden. »Der hat einmal einen Glauben auch.«

»Und ein fleißig's Mannsbild ist er! Ein ruhiger Mensch und ein guter Beck«, ergänzte meine Mutter befriedigt.

Ende Mai begann bei uns die Saison. Da kamen langsam die Sommerfrischler aus der Stadt, und jeden Tag brauchten wir mehr Brot. Üblicherweise wurde bis zum Herbst ein weiterer Geselle, ein sogenannter »Mischer« eingestellt. Diesmal kam einer ins Haus, der war sehr fidel und keck. Den konnte der Gugger nicht leiden, aber da er sehr stark und an seiner Arbeit nichts auszusetzen war, kam es nie zu irgendwelchen ernsthaften Reibereien. Die zwei lebten nur wie zwei bittere Feinde nebeneinander, jeder ging seine eigenen Wege, sie redeten nur das Nötigste miteinander, und mir kam es vor, als sei der Schießer jetzt noch viel mürrischer und gereizter. Das war für mich ziemlich anstrengend und gefährlich. Der lustige Mischer machte Dummheiten und Späße mit mir und regierte, der bösartige Schießer lauerte gewissermaßen nur darauf, seine unergründliche Wut an mir auszulassen. Ich war die verängstigte Maus zwischen zwei Katzen. Ich war froh, als der Herbst kam.

Im Gegensatz zum vorlauten Mischer, der in seinem Bäckerstolz so etwas weit unter seiner Würde hielt, hatte der Gugger während des Sommers sehr oft unaufgefordert beim Einheuen mitgeholfen und schien überhaupt an der Bauernarbeit eine gewisse Freude zu haben. Nun, nachdem die Felder leer und die Tennen voll waren, half er jeden Tag der Leni beim Gsottschneiden[7], und das war besonders mir recht, denn sonst mußte ich das immer, wenn ich vom Brotaustragen am Vormittag heimkam, tun. Einmal aber – es war an einem regnerischen Oktobertag, und ich räumte gerade die Backstube auf – ereignete sich dabei ein aufregender Vorfall. Schießer und Leni waren schon ungefähr eine halbe Stunde in der Tenne droben, da plötzlich hörten wir furchtbare Hilfeschreie. Mein Bruder Max, der unter der Stiege auf dem Konditortisch den Mürbteig machte, hob den Kopf und rannte nach oben. Meine Mutter und meine zwei älteren Schwestern stürzten erschreckt aus der Küche und liefen, ebenso wie ich, über die Stiege hinauf. Das Schreien wurde immer entsetzlicher. Max riß die Tennentür auf, und wir jagten ihm nach. Ein halb komischer, halb gefährlicher Anblick bot sich uns. Der Gugger hatte die Leni ins Heu geworfen und würgte sie, die Magd schlug plärrend um sich, und beide hatten blutzerkratzte Gesichter.

»Schießer!?« schrie der Max energisch drohend. Der Gugger schnellte auf und war weiß wie eine Wand. Er drehte sich linkisch meinem Bruder zu. Seine schwarzen Augen hatten einen seltsam feuchten Glanz und glotzten uns an. Die Leni wand sich aus dem Heu, verdeckte mit beiden Händen ihr Gesicht und weinte schüttelnd. Etliche Sekunden brachte niemand ein Wort heraus. Mir klopfte das Herz wie getrommelt, denn jetzt – ich kannte ihn nur zu gut – sprang sicher der Gugger auf meinen Bruder, und ein grausiges Raufen, Mord und

[7] Häckselschneiden

Totschlag konnten passieren. Wie der Gugger schon die Unterlippe vorschob, wie er stierte und sich vorbeugte!

»Was ist denn das? Was machen Sie denn für Dummheiten?!« rief mein Bruder Max militärisch streng. Und bekümmert jammerte meine Mutter: »Tja, um Gotteshimmelschristiwillen, was ist's denn bloß?« Mir zersprang fast die Brust vor Furcht und Spannung. Was aber geschah?

Der Gugger sagte gar nichts. Ein leichtes Zittern lief über seinen Körper, und seine Schultern rutschten tiefer. Sein blasses Gesicht wurde wieder verdrossen – gleichgültig, und stumpf brummte er aus sich heraus: »Nana, ich hab' schon einen Charakter – ich geh gleich!« Er schob sich an uns vorbei, trottete eilsam durch die offene Tennentür und verschwand in der gegenüberliegenden Gesellenkammer.

Wir alle umringten nach diesem Schrecken die Leni, zogen sie aus dem Heu und bestürmten sie mit Fragen. Das aber sollte ich nicht hören, und Max rief streng: »Mach, daß du in deine Backstub'n nunterkommst!« Im Hinausgehen erschnappte ich gerade noch, wie die Leni herausweinte: »Ich hab ihm doch gar nichts wollen ... Auf einmal packt er mich an und will auf mich 'nauf!«

Später, als ich im Holzschuppen die Spreißel spaltete, kam der Gugger im Sonntagsgewand vorüber und ging durch das offenstehende Gartentor. Ich wagte nicht, ihn anzusprechen, hielt inne und schaute ihn nur groß an. Er hatte einen matten Gang und stierte geradeaus. Er trug in der einen Hand einen segeltuchüberzogenen, gestreiften Koffer, den er mit einem neuen Kalbstrick zugebunden hatte. Trübselig war sein finsteres Gesicht. Weiß Gott warum, mir stieg auf einmal eine Wehmut bis zur Gurgel herauf, ich wollte ihm »Pfüad Gott« sagen, brachte aber keinen Laut heraus. Als er fort war, trat ich an den Gartenzaun und schaute ihm traurig nach. –

In derselbigen Nacht knurrte unser Hund öftere Male. Mein Bruder Max und ich arbeiteten in der Backstube, denn so schnell konnte die Bäckerherberge in München keinen neuen Gesellen schicken. Auch drüben beim Nachbarn bellte der Hund hin und wieder auf. Wir achteten nicht weiter darauf.

In der Frühe, eine ziemliche Zeit, nachdem sie die Stallarbeit angefangen hatte, kam die Leni eilig aus der Stalltür in den Gang und lief in die Backstube. Ganz verstört war sie, und wie nicht mehr recht im Hirn weinte sie stockend heraus: »Ma-maxl! Maxl, um Gottes willen, geht's rum! ... Um Gottes willen, in der Tennen hängt der Gugger!« Dann brach sie zusammen.

Wir liefen in den Stall und durch die offene Tennentür in die Wagenremise. Hoch oben strahlte die kleine, gelbe, elektrische Birne, und wie ein schwarzer, unheimlicher Schatten hing die hagere Gestalt Guggers von einem Balken herunter. Der Koffer lag auf dem darunter stehenden Brotwagen. Kein Strick war mehr drum herum.

Dieser schreckliche Vorfall bewirkte, daß die Leni sehr schnell darauf in den frommen Orden der »Blauen Kreuzschwestern« eintrat.

# Der Quasterl

Unsere erste Jugend zu Hause war ein Leben voller Überraschungen, ein ungehemmtes, wildes Kinderleben.

Ich mag damals ungefähr neun oder zehn Jahre alt gewesen sein. Von den elf Kindern, die meine Mutter geboren hatte, waren acht am Leben geblieben, drei Schwestern und fünf Brüder. Von den Buben war ich der jüngste. Nach mir kam nur noch meine kleine Schwester Anna.

Unser Elternhaus war durch die Baulust meines Vaters im Laufe der Zeit umfänglich geworden; die Bäckerei und das angegliederte Gemischtwaren-Geschäft hatten keine Konkurrenz und florierten ausgezeichnet, ein schöner Waldstrich und ertragreiche Wiesengrundstücke gehörten dazu, in unserm Stall, den eine eigene Magd versorgte, standen vier Kühe, ein gutes Pferd, meist fünf bis sechs Schweine, und dann gab's noch eine Menge Hühner. Sorgenlos wuchsen wir Kinder in dieser geruhsam zunehmenden Wohlhäbigkeit auf. Das Bäuerlich-Beharrliche meiner Mutter und der aufgeschlossene Unternehmungsgeist meines Vaters, der als junger Handwerker weit in Deutschland herumgekommen und Soldat im Kriege von 1870/71 gewesen war, hatten sich in glücklicher Mischung auf uns vererbt. Mit Ausnahme meines ältesten Bruders Max lernten wir alle leicht in der Schule. Wir waren geweckt, an allem interessiert und schon durch den vielfachen Verkehr mit den Sommergästen, die alljährlich in unserem Heimatdorf Wohnung nahmen, gewissermaßen mit der großen, bewegten Welt verbunden. Dadurch waren wir den sonstigen Dorfkindern überlegen. Das, was innerlich und äußerlich das ihrige war, kannten wir genau, aber wir hatten noch etwas dazubekommen, von dem sie nichts wußten und nichts wissen wollten.

Die meisten von uns Geschwistern hatten schon von Kind auf besondere Neigungen, die der bäuerlichen Umwelt, in der wir aufwuchsen, nicht im geringsten entsprachen. Die älteste Schwester, Theres, zum Beispiel, hatte eine gewisse nüchterne Vorliebe für Operetten und große Moden, und sie zeichnete mit ziemlichem Geschick all diese pompösen Kostüme und Kleider nach. Auch Emma besaß diese Fähigkeit, aber sie hatte mehr Phantasie und war grundanders veranlagt. Sie war empfindsam, träumerisch, gutmütig-heiter, liebte sentimentale Verse und Romane und konnte oft stundenlang über rührende Zukunftspläne sprechen. Jeder Mensch mochte sie gern. Sie war sehr schön, groß und schlank, fast ein wenig gebrechlich, zart und durchsichtig, was ihr einen besonderen Reiz verlieh. Sie wußte davon, verstand sich entsprechend zu kleiden und war verschwiegen eitel ohne Geziertheit. Wunderbar klang ihre Altstimme aus dem Kirchenchor. Sie sang gern und gefühlvoll. Anna hatte ein dünnes Stimmchen, aber sie wollte unbedingt eine große Sängerin werden. Sie verehrte, obgleich sie sich nicht die leiseste Vorstellung davon machen konnte und keinen Ton einer Oper oder Symphonie kannte, Beethoven, dem sie die Urheberschaft aller Volkslieder und damaligen Schlagerlieder zuschrieb. Einzig das Bild dieses Mannes, das sie einmal in einer Zeitschrift entdeckt hatte, war ihr maßgebend, und sie sammelte von da ab eifrig Porträts von ihm. Mit wahrer Andacht feierte sie jedesmal den Geburtstag des großen Musikers, baute eine Art Altar auf, schmückte ihn mit all ihren Bildern und sang dazu, weil sie dies für sein bestes Lied hielt: »Wer uns getraut, ich sag es laut …« Ebenso abgöttisch hing sie an unseren Hunden und Katzen. Wenn so ein Tier verendete, schaufelte sie ein Grab, und unter Weinen und Singen begrub sie ihren Liebling. Sie steckte ein selbstgefertigtes Kreuz in die Erde und blieb lange Zeit traurig.

Wir Brüder unterschieden uns sehr voneinander: Max war nüchtern, grob und herrschsüchtig. In der Schule hatte er kaum Schreiben und Rechnen gelernt, Orthographie blieb ihm zeitlebens fremd, aber wehe, wenn ihn jemand von uns auf Fehler aufmerksam machte. Er verstand keinen Spaß, verließ sich ausschließlich auf seine Körperkraft und war höhnisch und hämisch gegen Schwächere. Eugen war der Stolz des Vaters. Er hatte eine gewinnende Art, sich beliebt zu machen. Wo er hinkam, verbreitete er Heiterkeit. Er tanzte schon als Schulbub gut, und die Mädchen mochten ihn alle gern. Auch seine Kameraden hingen fast romantisch an ihm. Er beherrschte sie ohne Zwang und war mutig bis zur Tollkühnheit. Er gab viel auf sein Äußeres und war überhaupt ein sehr schmucker Bursch. In der Schule lernte er so leicht, daß ihn alle bewunderten. Er las nur wenig und das nur oberflächlich, aber er träumte davon, daß er einmal so etwas wie ein Napoleon oder Cecil Rhodes werden würde. Diese zwei Männer waren für ihn der Inbegriff alles Großen auf der Welt. Vater schickte ihn damals auf eine kaufmännische Schule in München. Gleichzeitig war er praktisch als Volontär bei einer italienischen Zweigniederlassung tätig, die den schönen Namen »Francesco Parissi & Co.« trug. Er sollte Buchhalter werden, war strebsam und zielbewußt, ohne Kriecherei, und machte schnelle Fortschritte. Das alles hob seinen Nimbus bei uns ungemein. Und nicht nur bei uns. Stets, wenn er, elegant nach der letzten Mode gekleidet, heimkam, war das ganze Dorf von ihm begeistert, denn er besuchte außer seinen Kameraden die Nachbarsleute und war immer zu allen möglichen Lustbarkeiten aufgelegt. Unter seiner Leitung kamen herrliche Schlittenpartien in entfernte Dörfer, Tanzvergnügungen und übermütige Ausflüge zustande, von denen man noch lange Zeit sprach. – Max, der um diese Zeit die Bäckergesellenprüfung in München ablegte, wollte noch das Konditorhandwerk erlernen und begab sich auf die Wanderschaft. Wir vermißten ihn nicht sonderlich. Hin und wieder brachte die Post ein Paket schmutziger Wäsche von ihm, oder es schrieb einen kurzen Brief, in welchem er um Geld bat.

Von uns jüngeren Brüdern, Maurus, Lorenz und mir, war der erste der leidenschaftlichste Leser. Er beteiligte sich nur selten an unseren Spielen und verkroch sich am liebsten in irgendeiner Kammer, um ungestört zu sein. Wenn man ihn nach seinen Weihnachtswünschen fragte, verlangte er meistens ein Abonnement der »Gartenlaube«, der »Guten Stunde« oder eines geschichtlichen Werkes in Lieferungen. Ihm aber machten die großen Männer der Geschichte gar keinen Eindruck, um so mehr lebten für ihn die Gestalten der Dichtungen, und wenn er davon sprach, meinte man manchmal, er erzähle von leibhaftigen Menschen, die er nahe kannte. Er kaufte eine Unmenge Hefte der »Reclam Universal-Bibliothek« und kannte schon als Zwölf- und Dreizehnjähriger die bedeutendsten Werke der großen Schriftsteller der Welt. Immer aufs neue begeisterte er sich an Shakespeares Dramen und an Cervantes »Don Quijote«. Er kannte lange Stellen daraus auswendig und konnte plötzlich hell auflachen, wenn er beispielsweise Falstaffs oder Sancho Pansas lustige Bemerkungen zitierte.

Er las Goethe und Heine ebenso eifrig wie Flaubert, Balzac, Stendhal, Maupassant und Zola. Ibsen, Björnson und Strindberg lagen ihm näher als Dostojewskij und Gogol, und Gorki, mochte er lieber als Tolstoj. Er verstieg sich bis Leibniz, Spinoza, zu Fichte, Kant und Schopenhauer, aus deren Schriften er ganze Hefte voll von Sentenzen abschrieb. In diesen Heften standen tiefsinnige Zitate neben Gedichten unserer Klassiker oder solchen, die er in Zeitungen und Zeitschriften gelesen hatte. Mir gefielen manche dieser Verse so gut, daß ich tief gerührt davon wurde, und noch heute kenne ich sie. Es überweht mich für Augenblicke wie ein warmer Windstoß aus dieser glücklichsten Jugend, wenn ich Wilhelm Schussens schönen Vers vor mich hin spreche:

»Nun ist es Nacht ...
Ich muß über die Heide.
Die Welt mit ihrem Leide
hab tief ich überdacht.
Der blasse Mond hat zum Geleit
mich angeworben.
Die Wolken schließen stumm
den Trauerzug,
als wäre wer gestorben ...«

Von uns Geschwistern hatten die meisten zeichnerisches Talent, Maurus aber war der begabteste Zeichner und Maler unter uns. Jede Seite seiner Zitatenhefte schmückte er mit einer hübschen Vignette, die er von Zeit zu Zeit immer wieder verbesserte. Insgeheim wollte er später Kunstmaler werden, aber er gestand es niemandem. Leider fehlte ihm das Selbstvertrauen und wohl auch jener leichtbeschwingte, romantische Mut, den ein Künstler braucht. Er war schon als Schulbub ein wenig pedantisch und ein heftig kritisierender Nörgler, war boshaft und erfinderisch in seinem Spott auf andere, dafür aber um so empfindlicher, wenn man ihn verspottete. Bei solchen Gelegenheiten wurde er blaß vor Wut und fing sofort erbittert zu raufen an. Da er im Gegensatz zu uns allen auffallend klein war, glaubten die meisten, er sei leicht zu überwinden. Sie täuschten sich aber stets, denn Maurus war ungemein flink und gewandt, entwickelte bei einem solchen Kampf ungeahnte Kräfte und eine derart fanatisch-verbissene Ausdauer, daß er meist Sieger blieb.

Zwischen ihm und Lorenz stand ich und unterlag bald dem Einfluß des einen, bald dem des anderen. Maurus suchte mich beständig nur für Bücher zu interessieren und gab sich alle Mühe, mir das Gelesene begreiflich zu machen. Ich konnte aber damals noch vieles nicht erfassen und wurde schnell müde dabei. Wenn er das sah, schlug er mich, und es war höchst seltsam, wie er sich bei einer solchen Lektion erregen konnte. Er war dem Weinen nahe und redete in einem fort auf mich ein: »Ja, verstehst du's denn wirklich nicht …? Noch nicht …? Das ist doch schön! Da muß man doch lachen …! Begreif doch, du Aff, du blöder …! Warum weinst du denn, du Esel! Paß doch besser auf, dann wirst du dahinterkommen, wie wunderschön das ist!« Ich wußte mir zuletzt nicht mehr anders zu helfen, wischte meine Tränen aus dem Gesicht, nickte und versuchte gefroren zu lachen oder beflissen zuzustimmen. Ich verdanke diesem Bruder, der heute als Konditor in meinem Heimatdorf lebt und noch immer so viele Bücher liest, eine gründliche Kenntnis der Literatur und die Fähigkeit, auch in schwierige geistige Probleme einzudringen. Die Schläge von damals sind nicht umsonst gewesen. Wir lasen nach einigen Jahren geradezu um die Wette und freuten uns an der Begeisterung, in die uns die Bücher versetzten.

In jener ersten Zeit aber schwankte ich – man kann wohl sagen notgedrungen – zwischen Maurus und Lorenz hin und her. Beide quälten mich abwechselnd. Jeder wollte, daß ich nur seine Neigungen annehme. Lorenz, oder, wie er genannt wurde, der Lenz, las zwar auch, wenn auch lange nicht soviel und so gründlich wie Maurus. Ihn zogen die Abenteurer, die Indianer, Karl May, die großen Naturforscher, die Weltreisenden und die Detektivgeschichten an. Seine Lieblinge waren Nansen, Stanley, Livingstone und – (neben einigen Indianerhäuptlingen) Sherlock Holmes. Und vor allem: Lenz suchte es diesen kühnen Männern nachzumachen. Er war abenteuerlich und phantastisch, aber naiv zugleich. Er war kräftig und jähzornig, dabei aber doch wieder gutmütig. Er kaufte heimlich Flobertgewehre, streifte sonntags mit mir durch die Wälder, und wir schossen Fasanen und Hasen. Um ihn sammelten sich gleichaltrige Schulkameraden, die er nach und nach alle bewaffnete und anführte. Es gab auch etliche leerstehende Villen, in die wir im Winter einstiegen wie eine echte Räuberbande. Wir demolierten einige Möbel und beschmierten die Wände mit dem Blut des erlegten Wildes. Lenz hatte aber noch eine andere, sehr merkwürdige Leidenschaft. Allem Anschein nach genügten ihm die Abenteuer, die er las und durchführte, nicht. Darum schrieb er ganze Notizbücher voll mit selbsterfundenen, unwahrscheinlichen Geschichten, die jedoch niemand verstehen konnte. Nämlich, er erfand sich eine eigene Sprache, sehr seltsame Sätze, und es waren Worte in diesen Büchern, die einen sonderbar-geheimnisvollen Klang hatten, wie etwa »Lago di verma of Vespuzio Amerigo« oder »Claro fines Delaware«. Dazu zeichnete er Illustrationen, die irgendwelchen Wappen ähnlich waren. Befragt darüber, was denn solche Ausdrücke zu bedeuten hätten, antwortete er ärgerlich: »Das verstehst du nicht! Das geht dich nichts an!« Im übrigen verbarg er diese Notizbücher stets ängstlich und geriet in heftigste Wut, wenn sie jemand zufällig entdeckte. Nur mir las er ab und zu einige Stellen daraus vor. Seine sonderbaren Worte und Sätze klangen dann fast wie unentwirrbare Beschwörungsformeln, und ich hörte verständnislos, aber bewundernd zu. Lenz hatte außerdem die Gewohnheit, sich auf den weißen Wänden einsamer Kapellen, in Badehütten und auf Bänken mit seinen wappenartigen Zeichnungen zu verewigen. Unter jedem dieser Wappen war in sehr verschnörkelter Schrift zu lesen: »Ottawa in finis, of Lakes Starnbergivo by Henry Bull Unitat Amerigo.« Stundenlang zeichnete Lenz daran. Oft, wenn ich vom Brotaustragen heimkam, fragte er mich streng: »Hast du's gesehen?«

»Was denn?« fragte ich ahnungslos. Nicht selten gab er mir dann eine Ohrfeige und schrie mich böse an: »Du Depp, wenn du auf meine Zeichen nicht aufpaßt, können wir dich nicht brauchen.« Das hieß soviel wie: ich dürfte sonntags nicht mehr mitkommen. Es läßt sich denken, daß ich von da ab peinlich achtgab, um alle Zeichen zu entdecken und Lenz davon zu berichten. Der sagte alsdann ernst: »Nie vergessen, verstehst du? Henry Bull muß man überall merken.« Das hörte sich stets an wie eine dunkle Drohung. Es imponierte mir. Dem Anschein nach bildete sich Lenz zu damaliger Zeit allen Ernstes ein, er sei eine übermächtige Persönlichkeit, ein Wesen, halb Indianerhäuptling, halb unüberwindlicher Detektiv. Für unsere Bande jedenfalls war er der rechte Häuptling, abenteuerlich, kühn und geheimnisvoll. Wie kühn und – man konnte es wirklich so nennen – zugleich realistisch er bei aller Verstiegenheit war, zeigte sich an folgendem Erlebnis: An einem Sonntagnachmittag im Winter wilderten wir auf einem schwach bewaldeten Hügelkamm. Rechter Hand, unten, lief ein ausgefahrener Weg. Wir schossen gerade auf auffliegende Fasanen, als plötzlich von unten herauf die Schneidermichlin, ein berüchtigtes Klatschweib, laut rief: »Jaja, da schau! Was machen denn die Bubn? Fasanschießen, was?« Einige Sekunden lang starrten wir benommen auf sie. Dann rannten wir in jähen Sprüngen auf der andern Hügelseite abwärts und verkrochen uns im verschneiten Dickicht. Es wurde Rat gehalten. Keinem fiel etwas Gescheites ein. Alle sahen wir auf Lenz.

»Hm, die muß erschossen werden«, sagte der, brach aber geschwind ab, sprang auf und sagte in ganz anderm Tone: »Oder wart ...! Ich geh zu ihr.« Uns verschlug es buchstäblich den Atem. Er stieg rasch hügelaufwärts und verschwand hinter dem Kamm. Wir warteten beklommen. Nach ungefähr einer Viertelstunde kam er wieder.

»Die sagt nichts«, meinte er beruhigt, »ich hab ihr gesagt, entweder müssen wir sie erschießen, oder sie kriegt eine Mark, wenn sie nichts sagt ... Sie hat die Mark genommen.« Die Schneidermichlin war sehr habgierig. Wir atmeten auf und waren zufrieden.

»Hoch Henry Bull!« rief der Schmerber-Hans, und wir alle fielen ein.

Wir Geschwister Graf hatten alle die unbewußte Vorstellung, als ragten wir in jeder Hinsicht weit über unseresgleichen empor. Familienstolz und Kastengeist waren in uns ungewöhnlich stark ausgeprägt. In unserer verschwiegenen Überheblichkeit verachteten wir im Grunde genommen jeden, der nicht unmittelbar zu uns gehörte. Da wir freundlich, heiter und gesellig waren, merkte niemand unsere herrschsüchtige Lieblosigkeit.

Das Nachfolgende ist nichts als die Erinnerung an den ersten Proletarier, der mir in meinem Leben begegnet ist. Ich verdanke, wenn ich jetzt, nach langen, langen Jahren darüber nachdenke, dieser damaligen Begegnung so viel, daß ich zuweilen glaube, sie sei das Grundlegende und Bestimmende meiner späteren Anschauung und Gesinnung gewesen. Und wie wir die Welt anschauen, wie wir zu den Menschen innerlich stehen, das ist schließlich das Wichtigste im Leben.

Eben um jene Zeit unserer Jugend, an einem Vorherbstabend, kam einmal die Schwester meines Vaters, die Kathl, in unsere geräumige Wohnküche. Wir alle wußten, das hatte eine besondere Bedeutung, denn die beiden Geschwister stritten sehr oft und verharrten dann meist in einer wochenlangen stummen Feindschaft. Wahrscheinlich wollte die Kathl sich wieder einmal mit meinem Vater versöhnen.

Es war ihr anzusehen, wie schwer sie diesmal mit sich gerungen hatte.

»Max«, sagte sie ohne jede Einleitung und schaute dabei meinem Vater ein wenig hilflos, aber unverwandt in die Augen: »Max, ich hab' mir's überlegt, ich zieh jetzt doch in die Stadt ... Ich will bloß wegen meinem Lorenz mit dir reden. Den muß ich bei dir lassen.» Sie war traurig und ein bißchen verstört. »So«, antwortete mein Vater bewegt, ohne sich's anmerken zu lassen. »Noja, du mußt es ja wissen, was dir gut tut. Ich treib dich nicht weg ... Um den Lorenz brauchst du dich nicht zu kümmern ... Solang ich leb, komm ich für ihn auf.«

Und dann redeten sie lange miteinander. Ihre Worte bekamen nach und nach einen immer wärmeren Klang. Der Kathl traten ein paarmal die Tränen in die Augen, und auch mein Vater stockte ab und zu. Sie sprachen, als hätten sie nie miteinander Streit gehabt, und ihre Unterhaltung wurde so herzlich und rührend, daß, während unsere älteren Geschwister schweigend zuhörten, wir zwei jüngsten, Anna und ich, auf einmal zu weinen anfingen, uns ein um das andere Mal zärtlich an die Kathl anschmiegten und wehmütig bittend sagten: »Nein, Kathl, du darfst nicht fort! Bleib doch bei uns! Bleib doch da!« Das tat der Kathl erst recht weh. Ihre Hände zitterten, und sie schluckte schwer, aber sie blieb bei ihrem Entschluß.

Die Kathl war eine Näherin, schon weit über fünfzig und unverheiratet. Sie hatte eine Tochter namens Marie und den eben erwähnten Sohn Lorenz, der damals schon vierzehn Jahre alt war und in die Feiertagsschule ging. Beide Kinder stammten von verschiedenen Vätern. Derjenige Maries war ein Gendarm und jener vom Lorenz ein Fischer aus Starnberg, doch diese Väter kümmerten sich nie um sie. Sie kannten einander kaum. Ganz allein, mit vieler Mühe und Not hatte die Kathl ihre Tochter und ihren Sohn großgezogen und – wie sie manchmal sagte – nie einen Dank dafür geerntet. Die Marie war zum Glück schon längere Zeit mit einem vermögenden Zigarrenhändler in München verheiratet, aber sie schämte sich ihrer Mutter und besuchte sie nur ganz selten, fast verstohlen. Darüber geriet die Kathl stets in Wut, und stets stritten die beiden giftig miteinander. Den Lorenz hatte mein Vater in unser Haus aufgenommen. Er arbeitete als Lehrling in der Bäckerei. Ihre Tochter haßte die Kathl. Den Lorenz ertrug sie und war, wie das bei armen Leuten meistens zu sein pflegt, auch hin und wieder herzlich zu ihm. Bei solchen Gelegenheiten gab sie ihm rührende Lehren und streichelte über seinen runden Kopf mit ihren zitterigen Händen. Stumpf hörte der Bub zu und ließ es mit sich geschehen. Ab und zu brummte er teilnahmslos: »Jaja, selbstredend, selbstredend … Freilich, freilich …« Das waren die einzigen Worte, die er beständig im Munde führte. Er machte immer einen abwesenden, gefühllosen Eindruck.

Bis jetzt hatte die Kathl in unserem Nebenhäuschen, hinten im Hof, in zwei kleinen ebenerdigen Kammern gewohnt. Die andern Räume dienten als Werkstätte und Warenlager. Schlecht und recht brachte unsere Tante sich fort. Gegen Kost und geringes Entgelt schneiderte sie bei den Leuten in der Umgegend. Wenn sie auswärts zu tun hatte, brachen wir Buben oft in ihre Zimmer ein und durchstöberten alles von unten bis oben. Es läßt sich denken, daß sie uns nicht allzu gern hatte. Nur unsere Schwester Emma durfte, wenn Kathl ausnahmsweise einmal zu Hause zu tun hatte, bei ihr sein. Der erzählte sie dann viel von früheren Zeiten, von ihrer Jugend und sonstigen Begebnissen. Manchmal durfte Emma auch in dem in rotem Samt eingebundenen Photographiealbum blättern. Viele Bilder waren darin, die Kathl als junges Mädchen zeigten. Sie war einst schön gewesen, und man verstand sehr wohl, daß die Männer sie begehrten. Nicht ohne Stolz sagte sie oft zu Emma: »Jaja, ich bin ein sauberes Madl gewesen, Emmerl, und lustig und fidel ist's früher gewesen … Ich hab nie einen Tanz auslassen.« Dann fingen, wie stets, wenn sie von heiteren Dingen und guten Erinnerungen redete, ihre lebhaften, dunkelbraunen Augen zu glänzen an, und auf ihre blassen Bäckchen trat ein Huscher von zartem Rot. Ich sehe sie immer noch vor mir, die Kathl, so wie wir sie in unserer besten Jugend oft gesehen haben, wenn wir die Gesichter heimlich auf die Scheiben ihrer Kammerfenster drückten: nachdenklich über ihre Nähmaschine gebeugt, klein, zart, ein wenig eingeschrumpft, aber mit geradeauslaufenden, breiten Schultern. Das mattschwarze, dünne, zurückgekämmte Haar spannt sich fest über ihren runden, kleinen Kopf, winzig sind die anliegenden Ohren, winzig ist der Knoten des Zopfes. Dann kommt ein Stück weißer Nacken, den der Blusenkragen begrenzt. Die Stirn ist leicht gewölbt und hat feine Falten, die Brauen sind dicht, tief in die hervortretenden Backenknochen sind die Augen gebettet, die Wangen sind blaß, ein bißchen durchädert, und sie sacken ein klein wenig nach unten. Die kurze Nase läuft spitz zu und verbreitert sich am Ende nach beiden Seiten. Zwei tiefe Falten umzäunen den schmallippigen Mund, und nach dem zierlichen Kinn beginnt ein dünner, noch sehr wenig gerunzelter Hals. Stets, wenn sie so allein ist, brümmelt oder summt die Kathl halblaut vor sich hin. Ab und zu werden dabei ihre schneeweißen Zähne sichtbar. Sie hat eine eigene Art, sich zu kleiden, und hält sich dabei weder an das Alte noch an das Neumodische. Immer trägt sie enganliegende, schmucklose, dunkle, zweiteilige Kleider, eine glatte, gemiederte Bluse mit zierlichen Schößchen an den Hüften und einen Faltenrock. Sie bevorzugt in sich gemusterte blaue oder schwarze Stoffe, die ihr gut zu Gesicht stehen.

Obgleich ein schlagfertiger Humor die Kathl in guten und schlechten Zeiten auszeichnete und sie sich gerne mit andern Menschen unterhielt, lieber war es ihr doch, wenn man sie allein ließ. Alter und Not, Enttäuschungen und ein stolzer, zäher Wille, niemandem zur Last zu fallen, hatten sie eigenbrötlerisch und sonderbar gemacht. Es muß, so wenigstens will es mir heute vorkommen, einmal eine schreckliche Verzweiflung über sie hergefallen sein, eine Hoffnungslosigkeit, bei welcher der Mensch allen Glauben an die Menschen verliert. Da er aber eine solche grausige Leere, ein solches tödliches Nichts unmöglich ertragen kann, ohne sich selbst auszulöschen – was liegt näher, als daß er sich wieder dem von Kindheit her überlieferten Überirdischen zuneigt, dem Gott, von dem uns gelehrt worden ist, er strafe die Schlechten und belohne die Guten, er gleiche alles aus und mache das Krumme grade. Die Kathl wurde aber deswegen noch lange keine bigotte Betschwester, im Gegenteil, sie ging nur selten in die Kirche und stand in einem weit lebendigeren, eindringlicheren Verhältnis zu Gott. Für sie war er ein zwar übermächtiges, aber durchaus vorstellbares menschliches Wesen, das Fehler hatte und Irrtümern unterlag. Darum ging sie mit ihm um wie mit ihresgleichen. Sie betete nie zu ihm. Wenn sie allein war, unterhielt sie sich sehr lebhaft mit ihm. Je nachdem, wie sie mit ihm zufrieden war, wie der Tag für sie verlaufen war, so fiel diese Unterhaltung aus. Sie redete ihm gut zu, sie lobte ihn, aber sie machte ihm auch recht derbe Vorwürfe, geriet zuweilen in eine solche Erregung, daß sie ihn wie einen Ehemann, der ihr Verdruß bereitet hatte, beschimpfte. Wir Kinder belauschten sie oft und fanden seltsamerweise diese Gespräche Kathls gar nicht lächerlich. Wir hatten dabei eher ein Gefühl, als sei sie nicht ganz recht im Hirn. Irgendeine dunkle, furchtsame Ahnung aber hielt uns davon ab, Vater und Mutter etwas zu erzählen. Indessen die Kathl machte aus ihrer seltsamen Gewohnheit gar kein Geheimnis. So, als sei das selbstverständlich, sagte sie manchmal zu meinem Vater: »Also gestern, da hab ich dem Herrgott aber die Leviten wieder gelesen ...! Ich hab's ihm gesagt, wie er Schindluder mit mir treibt.« Mein Vater fand gar nichts dabei. Er mußte nur ab und zu lachen, wenn die Kathl verdrossen räsonierte: »Also gesagt hab ich zu ihm, ich kann das ganz einfach nicht mehr verstehen. ›Sakrament! Sakrament!‹ sag ich, ›Herrgott! Warum hast du denn jetzt die Marie gar so verdorben? Warum hast du eigentlich die Heirat mit dem ekelhaften, geizigen, hochnäsigen Kerl, dem Roßkopf, zugelassen? Ist das vielleicht eine Gerechtigkeit? Bin ich vielleicht eine unehrliche, schlechte Person, daß du mir so was angetan hast? Verdien ich das von dir ...? Mein lieber Herrgott‹, sag ich zu ihm, ›das ist schandmäßig von dir! Da möcht einem ja faktisch der ganze Glauben vergehen!‹«

So hörten wir Kinder sie oft reden, wenn wir die Ohren an ihre verhängten Fenster drückten. Wenn sie endlich müde war, legte sie sich ins Bett und seufzte: »O ja, o ja, Herrgott, schauen wir halt, wie du dich morgen wieder benimmst zu mir.«

Es war recht traurig, als die Kathl in die Stadt fuhr. Von ihrem Lorenz nahm sie schon nach dem Mittagessen Abschied. Die Bäkkerarbeit wurde nämlich damals noch zur Nachtzeit verrichtet. Die Gesellen und der Lehrling schliefen bei Tage. Die Kathl machte ihrem Sohn eine kurze Lehre, streichelte ein paarmal über seine Wangen und drückte ihm die Hand mit den Worten: »Also sei brav, lern gut und mach's gut, Lorenz.« Wieder sah sie der Bub mit seinen ausdruckslosen Augen an und brummte unbewegt: »Jaja, selbstredend, selbstredend ...! Freilich, freilich, Mutter.«

Tief am Nachmittag verabschiedete sich die Kathl ausgesöhnt und bewegt von uns allen. Sie weinte nicht und dankte meinem Vater herzlich dafür, daß er ihr versprochen hatte, allezeit für den Lorenz aufzukommen. Wir Kleinsten begleiteten sie weinend bis zum Dampfschiffsteg hinunter. Als das Schiff wegfuhr, winkten wir noch lange, und das Herz tat uns weh.

»Die arme, arme Kathl!« seufzten wir gleicherzeit, und auf einmal kam sie uns vor wie die beste und liebste Person. Schweigend gingen wir heimwärts. Noch mitten auf der Bergstraße, die vom Unter- ins Oberdorf führt, blieben wir stehen und schauten auf den dunklen, leicht bewegten See hinunter, Starnberg zu, wo das rauchende Dampfschiff eben anlegte. Es war ein farbloser Tag. Triste Wolken trieben am Himmel dahin, und es sah nach Regen aus. Weitum roch es nach welkem Laub.

»Die arme, arme Kathl! Jetzt ist sie ganz fort, ganz fort«, sagte Anna wehmütig. Die Brust war uns eng. Wir atmeten schwer ...

Kathls Sohn Lorenz stand von Anfang an ziemlich außerhalb unseres Familienkreises. Er gehörte zu den Gesellen, und deren Leben spielte sich in der Backstube ab. Dort arbeiteten sie, dort hielten sie sich auf, dorthin wurde ihnen das Mittagessen und der Wochenlohn gebracht. Zudem hatten sie ein eigenes, gemeinsames Schlafzimmer, in welches nur die Magd zum täglichen Aufbetten oder Bodenscheuern kam. Schon deshalb, weil die Gesellen wegen der Nachtarbeit bei Tage schliefen, kamen wir nicht allzusehr mit ihnen in Berührung. Erst nach langen, langen Dienstjahren lockerte sich unser Verhältnis zu ihnen manchmal ein wenig. Dann wagten Vater oder Mutter es hin und wieder, einen Gesellen zu bitten, er möge beim Kälberziehen oder beim Heuabladen an gewitterschwülen Tagen mithelfen. Aber das geschah nur im alleräußersten Fall. Ein Geselle galt als Respektsperson. Jeder im Hause redete ihn mit »Sie« an. Außer seiner Arbeit war er sein eigener Herr. Aber er blieb auch immer ein fremdes Element für uns. Niemals betrat er ohne triftigen Grund unsere Wohnküche oder den Laden. Nur wenn er ein besonderes Anliegen hatte oder den Dienst kündigte, kam er in die gute Stube, die neben der Küche lag. Dort redete Vater alles Nötige mit ihm, hier händigte er ihm das Buch und das Zeugnis aus.

Lorenz hingegen war nicht nur Bäckerlehrling, er war eigentlich das Faktotum in unserem Hause. Er hatte keine besonderen Interessen und war ein schlechter Schüler gewesen, dafür besaß er eine fast unvorstellbare Gutmütigkeit. Er widersprach nie, und darum trug man ihm alle möglichen Arbeiten auf, die er stets ohne Murren und ganz mechanisch verrichtete. Wenn das Brot in der Frühe gebacken war, trugen wir Kinder es zu den verschiedenen Kunden. Lorenz wurde in die entfernteren Dörfer geschickt. Kam er gegen zehn Uhr am Vormittag zurück, so mußte er mit der Magd für das Vieh Häcksel schneiden. Hernach kam das Holzspalten für die Backofenheizung. Nach dem Mittagessen waren, hauptsächlich im Sommer, meist wieder viele Bestellgänge zu machen. Wir alle bekamen Aufträge, aber wir halsten dem Lorenz stets die langweiligsten und weitesten Wege auf. Kam er endlich heim, so mußte er noch beim Einernten mithelfen. Im Herbst nahm man ihn zur Kartoffellese mit, im Winter und Vorfrühling lud er oft bis zum Dunkelwerden Mist auf die Düngerwagen, welche die Magd auf die Felder fuhr. Zum größten Teil waren das Arbeiten, die einem im Wachstum stehenden vierzehn- bis fünfzehnjährigen Buben wehe taten und schädlich sein mußten, doch das sah niemand. Lorenz wuchs auch nicht mehr sonderlich, blieb gedrungen und mittelgroß, aber er war kräftig, und weil er alles bewältigte, fand man nichts weiter daran. Immer jedoch kam er viel zu spät ins Bett, und da die Bäckerarbeit im Sommer bereits um neun, in ruhigeren Geschäftszeiten um elf oder halb zwölf nachts begann, läßt es sich denken, daß er beständig schläfrig war. Dann wiederum sekkierten ihn die Gesellen und prügelten ihn mitunter. Lorenz hingegen schien völlig unempfindlich zu sein, ja, es machte zuweilen den Eindruck, als dringe überhaupt kein Schmerz durch seine dauernde Schlaftrunkenheit. Kein Schmerz, aber auch keine Freude. Er weinte und klagte nie. Lachen sah man ihn auch nie. Er werkelte mit stumpfer Unverdrossenheit weiter, und sein rotes, etwas gequollenes, pickelübersätes, gleichgültiges Gesicht behielt stets denselben Ausdruck. Seine Haut glänzte, seine Hände waren immer feucht, er roch nach ungesundem Schweiß, wusch sich nicht gerne, war uns allen ein bißchen unappetitlich und sah an Werktagen und Sonntagen schlampig aus.

Wir hatten damals einen leicht versoffenen, immer lustigen Bäckergesellen, der fortwährend zu Späßen aufgelegt war. Er mußte als Wanderbursch in allen möglichen Weltgegenden herumgekommen sein, denn seine Arme, seine Brust und sein Rücken waren überreich tätowiert, und er hatte die an Lenz gemahnende Gewohnheit, in seine Gespräche fremdartig klingende Worte einzuflechten, so zum Beispiel: »Well, Signore, machen wir! Wird travailliert!« Oder »Avanti! Avanti pressario! Rucka rukurum!« Es sollte ungefähr heißen: »Marsch! Marsch! Es pressiert! Rühr deine Knochen!« Dieser Geselle belegte eines Tages den Lorenz mit dem wunderlichen Spitznamen: »Quaschko Vincenz Golo Hehnerfleisch«, und es war unergründlich, wieso er auf diese Wortzusammenstellung gekommen war. Wahrscheinlich wußte er es selber nicht, denn wenn man ihn darnach fragte, schmetterte er nur martialisch und geräuschvoll diese Bezeichnung aus sich heraus. Wir fanden das sehr lustig, und dem Lorenz blieb der Name von da ab. Nur – wir verkürzten denselben mit der Zeit und sagten einfach: »Quasterl«. Das entsprach unserm gewohnten Dialekt und war gleichzeitig eine sehr bildliche Bezeichnung für das Wesen vom Lorenz, der wie eine Quaste haltlos im Leben hin und her baumelte und alles mit sich geschehen ließ.

Wir sagten nicht, wie es richtig gewesen wäre, »das«, sondern »der Quasterl«, und bald rief man den Lorenz im ganzen Dorf so. Er fand nichts dabei. Im übrigen verlor dieser Spitzname auch für uns sehr bald allen Spott und wurde zur Gewohnheit.

Der Quasterl bekam auffallend früh die ersten Bartfläumchen und zupfte gerne daran. Eine boshafte Magd riet ihm, Taubenkot darauf zu schmieren, das fördere den Bartwuchs. Lorenz glaubte ihr aufs Wort, und als er nach einer Weile merkte, daß das Mittel vergeblich gewesen war, sagte er es ganz ernst der Magd. Die meinte mit der biedersten Miene: »Ja, mein Gott, du hast eben nicht aufgepaßt … Sicher war Hühner- oder Gockeldreck darunter.« Quasterl leuchtete das ein. Er hielt sich genau an den Rat der Magd und mußte schließlich einsehen, daß sein Bart trotz alledem nicht besser wuchs. Im ganzen Hause lachte man schon über ihn. Er stellte die Magd wiederum zur Rede, und die beteuerte mit unschuldigstem Ernst, indem sie alle möglichen Ausreden erfand: »Jeder Mensch ist eben nicht gleich … bei andern kann das Mittel ja wirken.« – – »Jaja, selbstredend … Freilich, freilich«, sagte der Quasterl.

Hunger brauchte Quasterl nicht zu leiden. Und er konnte erstaunlich viel essen. Menschen mit starkem Appetit mochte meine Mutter. Es freute sie, wenn Lorenz nach seinem Mittagessen auch unser Übriggebliebenes mühelos verzehrte. Er trank gern und konnte schon damals zwei bis drei Liter Bier vertragen, ohne im geringsten berauscht zu sein. Das alles zusammengerechnet waren seine einzigen Vergnügungen. Mehr schien er vom Leben nicht zu verlangen. Wer ihn all die Jahre, die er bei uns war, genauer beobachtete, der brachte unschwer heraus, daß der Quasterl sich nicht weiterentwickelte. Weder im Leben noch in seinem Denken, noch in seinem Beruf. Er blieb der dauernd verschlafene, einfältige Lehrling, oder genauer gesagt, er lernte bei der Vielfalt der Beschäftigung keine Arbeit gründlich und ganz. Er blieb gewissermaßen stets ein unselbständiger, fleißiger Hilfsarbeiter, der auch keinen Drang hatte, mehr zu werden. Mein Vater hatte ihn nicht ungern. Oft redete er ihm gut zu: »Also Quasterl, schau doch, du wirst immer älter und älter! Du kannst doch nicht dein Lebtag Lehrbub bei uns sein!«

Der Quasterl schaute ihn ungerührt an und brummte sein immergleiches: »Jaja, selbstredend, selbstredend! Freilich, freilich … Wenn man mich halt nicht mehr braucht, nachher muß ich halt gehen …«

»Aber nein …! Unsinn …! Verstehst du mich denn nicht! Ich will dich doch nicht davonjagen!« setzte ihm mein Vater ärgerlich auseinander, doch der Quasterl fand nichts zu erwidern. Er brummte nur wieder: »Jaja, selbstredend, selbstredend, selbstredend …« Weiter kam er nicht. Mein Vater schob ihn zur Seite und schloß ungut: »Nicht einmal reden kann man mit dir, du saudummer Kerl …! Mach, daß du weiterkommst!« Wenn der Quasterl draußen war, wurde er nachdenklich, stützte mit der rechten Hand den Kopf, schaute kurz vor sich hin und murmelte: »Er ist eine arme Haut, der Quasterl … No, solang ich leb, geht's ja.«

So ging das Jahre und Jahre. Der Max kam von der Wanderschaft zurück und mußte bald darauf zum achten Infanterieregiment nach Metz einrücken. Dort lernte er halbwegs das Schreiben. Der Eugen war bereits junger Buchhalter bei der Brauerei im Bezirksort Starnberg und wurde von allen Mädchen umschwärmt. Die Theres wußte noch nicht recht, sollte sie heiraten oder einen Beruf ergreifen. Die Emma war schon ausgelernte Näherin und besuchte noch eine Haushaltungsschule in München. Der Maurus war zu einem Hofkonditor in Karlsruhe in die Lehre gegeben worden. Der Lenz arbeitete in unserer Backstube und nahm mehr und mehr die Gewohnheiten der Gesellen an. Meine kleine Schwester Anna ging in die fünfte und ich in die letzte Klasse der Schule. Gesellen waren gekommen und wieder gegangen, Mägde hatten gewechselt. Der Quasterl blieb unverändert. Er hatte inzwischen nur ein kleines Bärtchen bekommen. Er gehörte zum Haus wie das Roß in den Stall, wie der Herd in die Küche. Jeder konnte ihn einspannen, er zog willenlos und geduldig. Mochte man ihm auch noch soviel zu essen hinstellen, er vertilgte es wie die Herdflamme die großen Holzklötze. Ob ihn die Gesellen schlugen, oder ob ihn einer von uns zum Narren hielt – nichts focht ihn an. Es schien auch, als könne er Schlechtigkeit und Unrecht, Güte und Recht nicht voneinander unterscheiden. Grobheit und Schmeichelei nahm er gleichermaßen hin.

Er bekam jetzt im Sommer sechs und im Winter fünf Mark Wochenlohn und jedesmal zu Weihnachten einen Anzug oder Wäsche und

Schuhe. Mit dem Geld wußte er nicht recht viel anzufangen. Er kaufte sich manchmal einen Liter Bier mehr oder ab und zu ein Dutzend Würste, die er auf einmal aufaß. Das übrige Geld sparte er, aber der Lenz borgte oft bei ihm. Er hatte stets Verwendung dafür. Quasterl zögerte nie, er fragte nicht, weswegen Lenz das Geld brauchte, und er verlangte auch nie welches zurück. Bekam er es, war es gut, wenn nicht, war es auch gut. Zu Ostern und zu Allerseelen besuchte uns die Kathl, um mit der ganzen Familie an die Gräber zu gehen. Da brachte sie dem Quasterl meistens irgendeine Kleinigkeit mit: ein Paar warme Socken, Handschuhe, Taschentücher, oder eine billige Krawatte. Man merkte, sie hatte sich das Geld für diese Geschenke sauer vom Munde abgespart. Der Quasterl dankte stumpf und brummte: »Jaja, selbstredend, selbstredend ... freilich, freilich, ich kann's schon brauchen.« Sie nahm diese trockene Art nicht übel. Wütend wurde sie nur, wenn der Quasterl, sobald sie über ihre geizige Tochter Marie zu schimpfen anfing, ebenso gleichgültig meinte: »Jaja, selbstredend, selbstredend ... freilich, freilich, die ist verheiratet ... Sie muß auf sich schaun.«

»Du bist ein Hackstock!« schrie sie ihn dann an. »Aus dir wird nie was ...! Hab ich das als eure alte Mutter, die euch aus dem Dreck gezogen hat, verdient ...? Unser Herrgott wird die Marie schon noch strafen, aber dich ...? Dich vergißt er überhaupt ganz und gar!« Der Lorenz hörte unbewegt zu und gab seiner Mutter das ersparte Geld. Sie war aber manchmal so aufgebracht über ihn, daß sie es nicht nahm. »Ich will deine paar schundigen Markl nicht!« belferte sie giftig. »Ich hab mich noch immer allein fortgebracht ... Du wirst dein bißl Geld noch einmal notwendig brauchen können ...! Hab ich bis jetzt leben können, so werd ich auch weiter ohne meine Kinder auskommen!«

Sie war erschreckend gealtert, die Kathl. Die Not konnte man ihr von den Kleidern ablesen, die Entbehrung schaute aus ihrem ausgemergelten Gesicht. Nichts als Haut und Knochen war sie noch. Ihr Körper war noch mehr eingeschrumpft. Das Atmen und Gehen wurde ihr schwer, aber sie konnte immer noch lebhaft plaudern und lachen, sie erzählte noch gleicherweise von ihren Gesprächen mit dem Herrgott. Nur wenn sie auf ihre Tochter Marie und deren Mann zu sprechen kam, dann wurde alles giftiger Haß an ihr.

»Maxl!« sagte sie wutzitternd und schaute meinen Vater an. »Maxl, wenn die unser Herrgott nicht straft für ihr schandmäßiges Benehmen, nachher glaub ich ihm nichts mehr ...! Nachher kann er mich gern haben, der Herrgott ...! Aus ihrem Laden hat sie mich gewiesen, das Schandweib! Pfui Teufel! Pfui, pfui!« Sie spuckte dreimal aus. »Und ihr sauberer Mann, der Schuft, der windige, der hat ihr geholfen ... Gesagt haben sie, ich verscheuch ihnen die Kunden, Max ...! Wenn das noch eine Gerechtigkeit ist, wenn das unser Herrgott zuläßt, nachher pfeif ich auf ihn!« schrie sie mit ihrer klanglosen Stimme und wurde kalkweiß im Gesicht.

»Soso, soso ... Drum kommt die Marie bloß immer so unverhofft auf Besuch und redet alsdann immer so süßmäulig daher!« meinte mein Vater und geriet gleichfalls in Wut. Er war gerecht genug, um einzusehen, daß man mit der sonderbaren Kathl nur schwer auskommen konnte, aber sie war seine Schwester. Schon einige Male hatte er ihr angetragen, sie sollte auf ihre alten Tage wieder zu uns aufs Land ziehen. Die Kathl aber wollte nie etwas davon wissen. »Du hast deinen Kopf, und ich hab den meinen, Maxl!« pflegte sie ein solches Gespräch meist abzubrechen: »Bei unserer Bäcker-Rass' ist's besser, wenn wir uns im Jahr bloß ein paarmal sehen.« Das war zwar zutreffend, aber es verwundete meinen Vater immer ein wenig. Er hatte Mitleid mit der Kathl und machte sich Vorwürfe, daß er sie durch seine Streitsucht weggetrieben hatte.

Marie und ihr Mann waren in unserer Familie gar nicht beliebt. Mein Vater bezog vom Roßkopf die Zigarren, Zigaretten und Rauchtabake für unseren Laden. Das Verhältnis zu diesem Vetter war mehr geschäftlich als verwandtschaftlich. Daß er und Marie die Kathl nicht mochten, wußten wir alle. Aber daß die eigne Tochter sich derart unglaublich zu ihrer alten Mutter benommen hatte, das brachte meinen Vater außer Rand und Band. Und wenn er einmal so weit war, kannte er keine Grenzen mehr. Auf der Stelle fuhr er mit der Kathl in die Stadt und ging mit ihr in den Roßkopfschen Laden. Marie und ihr Mann erbleichten, als sie ihn sahen. Sie kamen zu keinem Wort. Mit »Dreckmensch« und »Schandbande« fing mein Vater an und bellte das ganze Register seiner Schimpfwörter so laut aus sich heraus, daß alsbald ein Menschenauflauf vor dem Laden entstand. Der erschrokkene Zigarrenhändler drängte die neugierigen Leute aus der Tür und beruhigte in aller Eile den herbeigeeilten Schutzmann. Dann zog er den eisernen Rolladen herunter. Mein Vater aber stieß ihn weg, riß den Rolladen wieder auf, nahm die Kathl bei der Hand und schrie, indem er mit ihr durch die zurückweichenden Leute ging, mit aller

Kraft: »Ja, da gaffts nur ...! Das sind zwei Leute, die ihre alte Mutter verkommen lassen! Schaut sies nur an, das saubere Gaunerpaar!«

Der Rolladen ratterte schon wieder herunter. Eine Weile gingen Neugierige neben Vater und Kathl her. Kräftig hielt er die Hand seiner Schwester und zerrte sie mit wie ein gebrechliches Tier. Tränen rannen ihr über die eingefallenen Wangen. Atemlos war sie und konnte nicht mehr Schritt halten.

»Maxl ...! Maxl, es geht nimmer!« ächzte sie mit einem Male erschöpft. Da griff er rasch und erschrocken unter ihren Arm und schaute sie schmerzlich an: »Um Gottes willen, Kathl! Du wirst mir doch nicht sterben ...! Geh, geh weiter!« Er zog sie in eine Gaststube, und erst nach einer guten Weile beruhigten sich beide. Immer zärtlicher redeten sie miteinander und wurden sogar rührselig. Sie aßen und tranken, und das Bier heiterte sie langsam auf. Die Kathl lachte auch wieder und trank meinem Vater wacker zu. »Prost, Maxl! Nur der Not keinen Schwung lassen!« sagte sie dabei. »Die Bäcker-Rass' geht nicht unter!«

Mein Vater war nobel. Er bestellte einen Fiaker, um die Kathl nach Hause zu fahren. Sie schwankte, als er ihr in den Wagen half. »Ohoho, ohoho, bist du aber heut splendid, Maxl ... Ohoho-ohoho«, lallte sie lächelnd. Beim Abschied drückte er ihr einen Geldschein in die Hand. Da sie das viele Bier weich und gleichgültig gemacht hatte, wehrte sie sich nicht dagegen.

Tief in der Nacht kam mein Vater heim. Er hatte einen leichten Rausch und war sehr zufrieden. Nach dem, was er am andern Tag meiner Mutter erzählte, muß die Schimpferei bei den Roßkopfs die reichhaltigste, beleidigendste und wütendste gewesen sein, die je über seine Lippen gekommen war.

Die Roßkopfs klagten wohlweislich nicht bei Gericht. Sie ließen von da ab nur nichts mehr von sich hören, und wir bezogen die Tabakwaren von einer anderen Firma.

Etliche Monate später verstarb die Kathl in einem Münchner Spital. Die Roßkopfs ließen nicht die übliche Todesanzeige drucken. Es kam nur ein Brief von der Marie, der genau denselben Text wie eine solche Anzeige hatte: »Möchten alle Verwandten und Bekannten davon in Kenntnis setzen, daß am Freitag, dem 14. Oktober 19..., unsere innigstgeliebte, unvergeßliche Mutter, Katharina Graf, Näherin, nach kurzem, schwerem Leiden sanft entschlafen ist. Die Beerdigung findet am Sonntag, dem 16. Oktober, im Schwabinger Friedhof statt.« Darunter stand in der Schrift Roßkopfs: »Einen Platz fürs Grab haben wir gekauft – hochachtungsvollst Familie Roßkopf.«

Als mein Vater das las, vergaß er alle Trauer um die Kathl. Eine jähe Empörung überkam ihn. Wutzitternd ging er in der Wohnküche auf und ab und schimpfte: »Den Grabplatz haben sie gekauft. Den Grabplatz gekauft! Den Grabplatz ...! Aber so haben sie die Kathl krepieren lassen! Elend verrecken haben sie s' lassen, das niederträchtige Gesindel! Die Lumpenbande ...! Den Grabplatz gekauft ...? Für wen denn? Für sich selber haben sie den Grabplatz gekauft! Für das spätere Roßkopfsche Familiengrab gehört er, aber nicht für die Kathl!« Er hielt inne und schaute wieder auf den Brief: »Was will er eigentlich damit sagen, der saubere Herr Zigarrenhändler? Was? Was meint der rothaarige, käsweiße Lump damit ...? Grabplatz haben sie gekauft ...? Das ist doch selbstverständlich! Das ist doch ihre verdammte Pflicht und Schuldigkeit! Geht das vielleicht auf mich ...?« Er schaute kurz in die Luft. Seine Augen wurden böse und mißtrauisch.

»Ah! Sie haben doch weiter nichts gemeint damit!« wollte ihn meine Mutter besänftigen, aber er wurde nur noch gereizter und schrie: »Das geht auf mich ...! Das soll am End gar heißen: Du, Bäcker Graf von Berg, du als ihr Bruder könntst auch was beitragen! Eigentlich solltest du den Grabplatz zahlen ...! Schau, schau, die feinen Leute wollen sie spielen, diese hundsordinäre Sippschaft! Frech sind sie auch noch! Niederträchtig und frech! Die Bagage, die mistige ...! Aber wart! Aber wart!« Er ballte die Faust und hob sie: »Die können was erleben! Die merken sich das!« Meine Mutter, der seit jeher Streitigkeiten zuwider waren, sagte abermals: »Aber Max! So reg dich doch nicht so auf ... Die Roßkopfs sind so was ja gar nicht wert!« Sie ahnte nichts Gutes. Doch mein Vater fuhr sie wütend an: »Nicht wert! Nicht wert ...! So was erlaubt sich die Hundsbande? Und da soll ich nichts sagen ...? Höher geht's nimmer ...! Du freilich! Du läßt dir ja alles gefallen! Du sagst ja zu allem ja und amen!« Er steigerte sich immer mehr in eine Kampflust hinein. Gleich mußte ich zum Hofgärtner hinunter und einen teuren Kranz bestellen. Nach Feierabend wurde er gebracht und war geradezu pompös.

»Wart! Wart nur, Herr Roßkopf!« brümmelte mein Vater und schien bereits einen Plan zu haben. In aller Frühe am andern Tag fuhr er mit dem Quasterl nach München. Er hatte noch zwei andre, gutverheiratete Schwestern in der Stadt, die uns aber nur selten besuchten. Mein Vater stand nicht gut und nicht schlecht mit ihnen. Man hatte sich auseinandergelebt. Sie wußten nichts von Kathls Tod. Außer meinem Vater und dem Quasterl standen nur die Roßkopfs mit ihrem achtjährigen Sohn und etlichen zufälligen Friedhofsbesuchern am Grab. Es war eine triste, armselige Beerdigung. Nur der mächtige Kranz meines Vaters gab ihr gewissermaßen einen leichten Glanz. Kurz läuteten die Glocken, der Pfarrer verrichtete nur die allernötigsten Zeremonien und hielt eine trockene, sehr kurze Totenpredigt. Unschwer erkannte man, daß die Roßkopfs die Kosten auf das billigste berechnet hatten. Ihr unscheinbarer Kranz aus häßlichen künstlichen Blumen lag auf der aufgeschaufelten Erde und machte ein schlechtes Gesicht. Mein Vater stand die ganze Zeit schweigend da, kalkweiß war sein Gesicht, und er hielt die Lippen fest aufeinandergepreßt. Er hatte die Finger nur lässig ineinander verschränkt und schaute unverwandt in die dunkle Erdgrube. Ab und zu schnaubte er tief. Dann spannten sich seine Wangen ein wenig. Mit dummem Gesicht sah der Quasterl geradeaus und vergoß keine Träne. Um so mehr weinten die Roßkopfs und wischten sich abwechselnd die nassen Gesichter ab. Nach den letzten Gebeten, als der Geistliche und die paar fremden Leute sich entfernt hatten, hob mein Vater endlich das Gesicht und sah auf die Roßkopfs. Die hatten immer noch die Köpfe gesenkt, die Hände gefaltet und bewegten noch in einem fort ihre lispelnden Lippen. Mein Vater ergriff plötzlich Quasterls Hand und umspannte sie fest.

»Was – was bet'st denn noch? Was – flennt ihr denn noch?« fragte er stockend und wurde lauter: »Was tut euch denn so weh? Die Kosten?« Er zitterte am ganzen Körper. Entsetzt und sprachlos schauten die Roßkopfs auf ihn. Sie atmeten nicht mehr.

»Ma-Max!« seufzte die Marie flehentlich: »Ma-Ma ...« Das Wort brach ihr mitten auseinander. Er war furchtbar. Im herbstlich stillen Friedhof blieben die Leute staunend und erschreckt stehen und glotzten verstört in die Richtung des Grabes. Laut, mit einer sich überschlagenden Stimme schrie mein Vater: »Froh seid ihr, daß sie verreckt ist, die Kathl! Krepieren habt ihr s' lassen wie ein Vieh, u-und jetzt ...? Ver-Verbrecherbande ...! Schu-Schuftengesindel ...!« Die Marie tat einen kurzen Schrei und schaute sich wie nach Hilfe um. Mein Vater schwankte und hielt sich noch fester an Quasterls Hand an. Der Schaum stand ihm vor dem Mund. Es war, als bräche das ganze Gift der zurückgedrängten Wut, der stürmische Schmerz seiner wehen Trauer aus ihm.

»Das Grab gehört der Kathl! Ihr ganz allein! Bloß ihr ...! Und keiner von euch kommt mir da hinein! Keiner! Merkt's euch das!« bellte er drohend, gab sich einen Ruck, riß den Quasterl mit und verließ fast fluchtartig den Friedhof. Jäh von einem Schwindel ergriffen, hielt er erst auf der belebten Straße inne. Er schluckte einige Male trocken, dann brach er in ein kurzes, unterdrücktes Weinen aus. Ganz große Tränen rannen hemmungslos über sein hartes, bleiches Gesicht. Er biß die Zähne aufeinander, schluckte wiederum und sagte zum Quasterl: »Die Roßkopfs brauchst du nie zu grüßen, verstehst du? Nie ...! Sie sind's nicht wert!« Der Quasterl sagte gar nichts und ging wortlos neben ihm her. Nach und nach bekam der alte Mann einen festeren Schritt. Er suchte ein Steinhauergeschäft auf, das in der Nähe des Friedhofs war, ließ sich eine Menge Abbildungen und fertige Steine zeigen und bestellte schließlich für die tote Kathl ein schlichtes Monument aus Sandstein, mit einer eingelassenen schwarzen Marmorplatte. Er gab genau den Text an, der mit vergoldeten Buchstaben eingemeißelt werden sollte. Oberhalb der Schrift war ein Palmenzweig anzubringen. »Und –«, sagte mein Vater, indem er dem Steinhauer einen Zettel übergab, »das ... die paar Worte müssen unten, am Schluß vom Text stehen.« Der Geschäftsmann las murmelnd: »Gerecht gelebt und arm gestorben – Auf Wiedersehen!« Er nickte und sagte: »Ja, bitte ... bitte, in vierzehn Tagen steht der Stein.«

Jetzt war mein Vater erleichtert. Er fuhr mit dem Quasterl zu einer seiner zwei Schwestern, die Oberlehrersfrau war. Sie freute sich ungemein über den Besuch, aber sie war nicht minder überrascht und empört, daß die Roßkopfs ihr Kathls Tod nicht mitgeteilt hatten. Eine Weile saß sie traurig da und betete kurz. Ab und zu zerdrückte sie eine Träne. Später kam ihr Mann, der Oberlehrer Geiger, ein leicht pedantischer, etwas zurückhaltender Mensch, aber grundbieder. Er hatte eine sonore Predigerstimme und liebte leicht verständliche Sentenzen.

Mein Vater erzählte den Auftritt beim Grabe, und der Oberlehrer schüttelte nur schweigend den Kopf. Einmal sagte er: »Schändlich, schändlich, von der eigenen Tochter! Wirklich schändlich!« Und als man auf den Grabstein zu sprechen kam, wurde er gerührt. »Gerecht gelebt und arm gestorben«, murmelte er nachdenklich und schaute nicht ohne Respekt auf meinen Vater: »Das hast du dir selber ausgedacht, Schwager …? Ganz von allein ist dir das eingefallen …? Das ist sehr schön! Sehr zutreffend …! Gerecht gelebt und arm gestorben, das paßt auf die arme Kathl. Selig hab sie Gott.« Alle bekreuzigten sich stumm und schwiegen eine kurze Weile. Mein Vater beauftragte die Geigers, für die rasche Aufstellung des Grabsteins zu sorgen und das Grab zu pflegen. Er kannte sie als verläßliche Leute.

Wer ihn nicht genau kannte, hätte leicht sagen können, meinem Vater ginge der Tod Kathls nicht nahe. Mit einer fast ausschweifenden, höhnischen Lust erzählte er nur immer wieder, wie er den Roßkopfs die Meinung gesagt hätte. Er war stolz auf den Grabstein und eitel auf die Inschrift, die er erfunden hatte. Meiner friedlichen Mutter, der eine tiefe bäuerliche Frömmigkeit eigen war, gefiel der Auftritt am Grab gar nicht. Für sie mußten, wenn man einen nahen Menschen in die Erde senkte, alle Zwistigkeiten der Überlebenden vergessen werden. Sie sagte aber nichts. Nach einer ziemlichen Zeit kam einmal ein Brief von der Geigerin, daß die Tafel auf Kathls Grabstein jetzt die Aufschrift habe: »Letzte Ruhestätte der Familie Roßkopf.« Mein Vater raste. Nie wäre es meiner Mutter gelungen, ihn von einer neuerlichen Fahrt in die Stadt abzuhalten. Es gelang ihr nur deshalb, weil Vater sich vor einigen Wochen bei einem Unfall, wobei das autoscheue Pferd samt dem Wagen über eine steile Böschung hinuntergerannt war, eine gefährliche Wunde an der Schläfe zugezogen hatte. Ungeachtet dessen schrieb er sofort einen Brief an die Roßkopfs, der von unflätigen Schimpfwörtern, Beleidigungen und Drohungen nur so strotzte. Er ließ sie wissen, daß er, falls die Tafel nicht in acht bis zehn Tagen ihr ursprüngliches Aussehen wiederhabe, die Angelegenheit dem Gericht übergäbe. Er fuhr mit dem verbundenen Kopf zum besten Rechtsanwalt nach Starnberg hinüber, und der mußte ebenfalls einen energischen Einspruch an die Roßkopfs schicken. »Aber Herr Graf? Herr Graf …! Ihr Brief? Ihr Brief!« belehrte ihn der Anwalt behutsam: »Wenn der Brief nicht wäre, hmhm … An sich liegt alles sehr einfach, wenn Sie auch noch den Platz für die Grabstätte bezahlen – da kämen wir glatt durch … Aber der gefährliche Brief, Herr Graf! Der Brief …! Da kann er Sie ja glatt wegen Erpressung belangen!« Mein Vater richtete sich steil auf und sagte eigensinnig: »Was Brief …! Ich bin im Recht, und die Roßkopfs haben ein schlechtes Gewissen! Basta …! Das wollen wir doch sehen!» Der Anwalt hatte wahrscheinlich Angst vor dem Wütenden. Er redete nichts mehr dawider. Und – sogar er wunderte sich baß – schon nach einer Woche schrieb die Geigerin, die Grabsteintafel habe wieder ihr früheres Aussehen. Ganz still und heimlich hätten die Roßkopfs dafür gesorgt.

Mein Vater trank sich trotz seines wunden Kopfes an diesem Tage einen Rausch an und war überschwenglich fidel. Er war stets ein ausgiebiger, immer zuversichtlicher Kampfhahn. Solche Siege waren für ihn das reinste, lauterste Glück im Leben.

Vielleicht fühlte sich mein Vater der so jämmerlich verstorbenen Kathl gegenüber in der Schuld. Er hatte bei all seiner Grobheit ein empfindsames Herz. Erlebnisse, die sich in seinem Innern nicht ausgeglichen hatten, beschäftigten ihn viele Jahre, ja, das ganze Leben lang. Vielleicht waren die Erfahrungen, die er mit den Roßkopfs gehabt hatte, der Grund, weshalb er den Quasterl im Hause behielt. Dabei waren ihm ausgewachsene Menschen, die keinen rechten Beruf erlernt hatten und nicht recht vorwärtskamen, tief zuwider. Für ihn mußte ein junger Mann in die Welt hinaus und mit eigener Kraft dem Leben standhalten. Er sah indessen ein, daß Quasterl zu all dem nicht fähig war, und er sagte sich wohl auch im stillen: »Schicke ich ihn fort, so verkommt er. Die Roßkopfs werden sich nie um ihn kümmern.« Schließlich, ob einer mehr oder weniger bei uns mitlebte, das machte nichts aus. Also blieb alles beim alten.

Aber das Leben blieb nicht still. Es wandelte sich unablässig. Mein Vater fing zu kränkeln an. Inzwischen war Max vom Militär heimgekommen und Eugen schon seit einem Jahr nach Augsburg eingerückt. Theres hatte sich für einen Beruf entschieden und lernte bei einer Modistin in München, Emma verdiente schon als Schneiderin ihr eigenes Geld, Maurus war Gehilfe geworden und hatte eine Stelle in Oggersheim. Lorenz verließ nach einer wüsten Rauferei mit Max das Haus, und wir hörten nichts mehr von ihm. Ich war Lehrling in unserer Backstube und mußte mit Anna täglich dem Max bei der Konditoreiarbeit helfen. Der Quasterl war ziemlich überflüssig. Er stand im Wege. Max nämlich riß nach kurzer Zeit – wie man so sagt – das Heft an sich und zwang alle unter sein gewalttätiges militärisches Kommando. Er war ein völlig stumpfsinniger, unnachgiebiger Grobian geworden und duldete keinen zwecklosen Menschen im Hause. Es gab gefährliche Streitigkeiten zwischen ihm und Vater. Sie wurden giftige, unversöhnliche Feinde. Trist, düster und böse wurde es nach und nach im Hause. Mein Vater, der das Bier immer gern gemocht hatte, ergab sich gänzlich dem Trunke. Sein einstiger Humor war wie weggelöscht. Er wurde mürrisch, gleichgültig und von Tag zu Tag elender. Er hockte, wenn er nicht im Wirtshaus war, auf dem Kanapee in unserer Wohnküche, das Bier vor sich auf dem Tisch, und starrte blicklos ins Leere. Er aß nicht mehr mit uns gemeinsam zu Mittag und Abend, nur um Max nicht mehr sehen zu müssen.

Einmal kam zufällig der Quasterl in die Wohnküche. Mein Vater schaute ihn wehmütig an und sagte: »Quasterl, es wird gescheiter sein, du gehst fort ... Dich mag keiner mehr im Haus.«

»Jaja ...«, meinte Quasterl, aber mein Vater ließ ihn nicht weiterreden. Er streckte ihm lahm die Hand hin und sagte wiederum: »Du bist jetzt zwanzig Jahre alt ... Die Bäckerei kannst du ja ... Geh fort. Es wird sich schon was finden für dich.«

»Freilich, freilich, selbstredend, selbstredend«, antwortete der Quasterl, ging aus der Küche, hinauf in die Gesellenkammer, packte seine Siebensachen in ein kleines Köfferchen, und nach einer Stunde war er nicht mehr im Hause. Es hatte ihn niemand fortgehen sehen, aber es fragte auch keiner mehr nach ihm.

Zwei oder drei Tage darauf mußte mein Vater sich hinlegen, nach einer Woche starb er. Max herrschte jetzt unbeschränkt. Beim geringsten Anlaß schlug er sinnlos und mit allem, was ihm in die Hände kam, zu. Auch ich hielt es nicht mehr aus. Eines Tages, als ich einen Bestellgang machen mußte, schwindelte ich der Kassiererin dreihundert Mark, die für mich auf der Sparkasse in Aufkirchen lagen, heraus und fuhr nach München. Ich mietete ein Zimmer und sah mich vorläufig nicht nach Arbeit um. Schon zu Hause nämlich hatte ich heimlich Gedichte geschrieben und bildete mir nun ein, alsbald ein berühmter Schriftsteller zu sein. Unbesonnen gab ich mich jedem Zufall hin. Wochen- und monatelang führte ich ein zwar klägliches, aber freies Leben, denn dreihundert Mark waren damals sehr viel.

In einer dünn verregneten, herbstkalten Nacht stieß ich unverhofft auf den Quasterl. Er sah schrecklich verwahrlost aus, trug keinen Mantel und einen sehr zerschlissenen, schlampigen Anzug. Er fröstelte, hatte die Schultern hochgezogen und die Hände tief in die Hosentaschen vergraben. Er blieb vor mir stehen und schaute mich glasig an.

»Jaja, Quasterl? Quasterl!« rief ich halb erstaunt und halb erfreut. »Mensch, wie siehst du denn aus ...? Was machst du denn? Hast du keine Arbeit?« Er hüstelte trocken, und ein penetrant übler Geruch entströmte seinem Munde. Er mußte schon tagelang nichts mehr gegessen haben, und natürlich hatte er keine Arbeit, keine Bleibe und kein Geld. Erst nach und nach erzählte er mir das in seiner klaglosen, gleichgültigen Art.

»Ja, hmhm«, sagte ich kopfschüttelnd und ging langsam mit ihm weiter: »Hm, das geht doch nicht …! Warum gehst du denn nicht zur Marie? Die muß dir doch helfen!« Wenngleich ich das einigermaßen bezweifelte, glaubte ich doch, daß Marie beim Anblick ihres Bruders nicht ganz hartherzig bleiben konnte. Ich redete und redete auf Quasterl ein und kam mir vor wie ein rettender Menschenfreund. Ich fühlte mich geschmeichelt, weil er so widerspruchslos meinen Ratschlägen zustimmte. Ich lud ihn ein, mit mir in ein Automatenrestaurant zu gehen, und bezahlte dort, was er essen und trinken konnte. Wir saßen an einem kleinen Tischchen, und jetzt erst sah ich deutlich, wie schauerlich heruntergekommen er war. Die Ellenbogen seines Jacketts und die Knie seiner Hosen waren durchgescheuert, feucht und zerknittert sah der ganze Anzug aus, die Zehen lugten aus den zerrissenen Schuhen. Quasterls Pickelgesicht war eingefallen, immer hingen seine Augenlider halb herunter. Er schlang und schlang in sich hinein, brummte wie vollkommen abwesend seine üblichen Redensarten und nickte mechanisch. Ich sprach und erdachte fortwährend neue Möglichkeiten, wie ihm zu helfen wäre. Die Leute gingen an unserem Tischchen vorüber, betrachteten den zerlumpten Quasterl, dann wieder mich mit unbestimmten Blicken und hatten keine allzuguten Gesichter. All das aber gefiel mir außerordentlich. Ich wurde immer überschwenglicher, denn, ach wie wohltuend, wie romantisch, wie abenteuerlich und emporhebend das war, einen verhungernden Menschen gewissermaßen aus der Tiefe seines Elends herausgeführt zu haben! Wie oft hatte ich das schon in den Büchern gelesen. Mein Herz war voll, mein Hirn war kühn.

»Da! Da habe ich dir meine Adresse aufgeschrieben, Quasterl. Du kannst jederzeit zu mir kommen«, sagte ich leicht überheblich und erbot mich, gleich morgen zu Marie zu gehen. Ein Mensch, und noch dazu ein weltfremder Jüngling, der unerwartet erlebt, wie leicht es mitunter ist, Gutes zu tun, zweifelt nicht an der Unbezwinglichkeit seines Herzens.

»Da, such dir doch eine Schlafstelle … Und morgen treffen wir uns am Nachmittag, so um zwei oder drei Uhr, wieder im Automaten. Da bin ich dann schon bei der Marie gewesen!« sagte ich zum Quasterl beim Abschied und gab ihm sieben Mark, die ich noch bei mir hatte. Stumpf dankte er und trottete in den schwarzen Nebel hinein.

Ich war so belebt, so freudig überspannt, daß ich lange nicht einschlafen konnte. Unablässig überlegte ich mir, was ich zu der Marie alles sagen würde. Es fiel mir eine Fülle pathetischer Redewendungen ein. Kein Zweifel, ich mußte sie überzeugen!

Aber nach einer durchschlafenen Nacht sind oft die besten Gefühle verweht. Am andern Tag merkte ich wieder einmal, wie bedenklich schnell mein Geld hinschwand. Unklar tauchte die nächste Zukunft auf. Vielleicht – wer weiß – erging es mir bald ebenso wie dem Quasterl. Und im übrigen – mein Bruder Max hatte sich zwar mit den Roßkopfs ausgesöhnt und bezog wieder die Zigarren und Rauchtabake von ihnen, man respektierte sich wieder verwandtschaftlich und geschäftlich, aber ich hatte doch schon lange nichts mehr mit zu Hause zu tun, war ein davongelaufener Taugenichts, dem man am liebsten nicht begegnete! Ausgerechnet ich wollte in einer Angelegenheit zur Marie kommen, die ihr sicher äußerst lästig und unangenehm war! Ich, ich wollte sie moralisch umstimmen? Ich?

All diese Bedenken kamen mir. Zweifel hemmten mich und Kleingläubigkeit befiel mich, als ich in den Roßkopfschen Zigarrenladen trat. Marie war zum Glück allein da. »Jaja, der Oskarl, ja, wo kommst denn du auf einmal her?« rief sie scheinbar freudig, aber, weiß Gott, ich roch geradezu, daß sie von meiner Flucht und meinem jetzigen faulen Herumlungern wußte und gewappnet war. Das zerschlug all meine schöne Entschlußkraft. Ich kam auch lange nur dazu, all die auf mich bezüglichen neugierigen Fragen der Marie zu beantworten. Schließlich aber raffte ich mich doch auf und sagte ziemlich unvermittelt: »Ich hab gestern nachts den Quasterl getroffen. Dem geht's fürchterlich schlecht.« Das hatte eine Wirkung, die ich nie für möglich gehalten hätte.

»Wa-was, mit dem gibst du dich ab, Oskar …? Mit dem verkommenen, niederträchtigen Saulumpen? Mit dem nichtsnutzigen Kerl? Mit dem schuftigen Bazi, dem Vagabunden, dem windigen Strolch? Mit dem Taugenichts, der schon unsere arme Mutter selig ins Grab gebracht hat?« geiferte die Marie und bekam mit der Zeit eine fast tränenerstickte Stimme. Wirklich, sie fing zu weinen an und schimpfte immer mehr. Die unglaublichsten Beschuldigungen erhob sie gegen den Quasterl.

»Ein junger starker Mensch, ein ausgewachsenes Mannsbild, das dein Vater selig ordentlich erzogen hat …! Und streunt in der Stadt herum, faulenzt und – kommt in einem Aufzug zu mir in den Laden, daß die Kundschaften davonlaufen, kommt daher und bettelt mich an! Der Lump, der Gauner, der …« Sie brach ab und schnaubte. Sie wischte ihre Tränen aus dem Gesicht und fuhr schon wieder fort: »Oskarl? Nein, Oskarl, mit so einem Vagabunden wenn du verkehrst, das geht nicht gut aus …! Oskarl, merk dir's, ich hab auch als blutjunges Ding in die Welt hinaus müssen, und kein Mensch hat mir geholfen …! Ich weiß, wie schwer das ist, bei fremden Leuten sein Geld verdienen! Aber ich hab meiner seligen Mutter nie einen Verdruß gemacht! Ich hab gewußt, was meine Pflicht und Schuldigkeit war …! Und ich, ich, Oskarl, bin ein alleiniges armes Landmädel gewesen, nicht ein ausgewachsenes Mannsbild!« Lüge und Wahrheit vermengte sie hinreißend geschickt.

»Jaja! Ja, aber …«, wollte ich einfallen, indessen aus der Marie sprudelten die Worte wie eine frisch aus dem Felsen gebrochene Quelle: »Da gibt's kein Wenn, da gibt's kein Aber, Oskarl … Ein ehrlicher Mensch kann sich fortbringen, wenn er will! Aber der Lorenz, der Lump, der will ja gar nicht arbeiten …! Zu mir kommt er und will betteln …! Das Herz dreht's mir im Leib rum, wenn ich denk, daß das mein Bruder ist …! Einsperren sollt man ihn! Ins Arbeitshaus gehört ein solcher Lump.« Ihr Gesicht durchlief dabei alle Wandlungen der Gefühle. Sie weinte zerknirscht, sie entrüstete sich, herzzerreißend klangen ihre Worte, dann wieder wurde sie zornig und schließlich hemmungslos wütend. Wie sie lügen kann! Wie sie lügt, dachte ich, und Ekel ergriff mich vor soviel Verstellung. Doch ich stand nur da wie überfallen. Haß und Wut überkamen mich, aber – seltsam – ich schnitt fortwährend ein dumm-verbindliches Gesicht, versuchte ab und zu etwas zu sagen und kam nicht dazu.

Als ich wegging, lud mich Marie mit zerschlissener Freundlichkeit ein, sie doch öfter aufzusuchen.

Niedergedrückt, ganz zertrümmert kam ich auf die Straße und suchte nach einer Weile das Automatenrestaurant auf. Ich wartete und wartete, aber der Quasterl kam nicht. Immer wieder fielen mir die widerwärtigen Worte der Marie ein. Je länger ich dasaß, desto übellauniger wurde ich. »Vielleicht hat sie gar nicht so unrecht, die Marie«, sagte ich ärgerlich, »jetzt kommt er nicht, der Quasterl. Warum eigentlich? Vielleicht hat er wirklich das Geld verbraucht und lacht jetzt über meine blöde Gutmütigkeit!« Endlich gab ich mir einen Ruck, stand auf, verließ das Lokal und durchwanderte stundenlang und ziellos die naßkalten Straßen.

Von Quasterl hörte und sah ich nichts mehr. Ich vergaß ihn fast. Mein Geld war längst zu Ende gegangen. Mit Mühe und Not hatte ich eine Stelle als Liftboy bekommen. Im strengsten Winter mußte ich den ganzen Tag lang im zugigen, gepflasterten Gang eines großen Geschäftshauses stehen und die Kunden in die verschiedenen Stockwerke fahren. Immer fror ich. Meine erstarrten Hände und Füße schwollen mit der Zeit an. Ohrenschmerzen bekam ich, und dabei war mein Lohn so gering, daß er kaum zu einem täglichen warmen Essen reichte. Aber ich hatte keine andere Wahl, als alles zu ertragen. Freundlich und liebedienerisch mußte ich zu den feinen Kunden sein, damit sie mir doch hin und wieder einige Pfennige Trinkgeld gaben. Alle Bitterkeiten eines aussichtslosen Lebens bekam ich zu spüren. Unbarmherzig war der Reiche, verloren und ausgeliefert der Arme – wie oft hatte ich es in den Büchern gelesen! Jetzt aber begriff ich es erst deutlich und schmerzlich. Jeder Tag war voll von dieser grausamen Wirklichkeit. Dachte ich weiter, so wurde alles noch hoffnungsloser. Was war denn nun aus meinem ererbten Familienstolz, aus dem Kastengeist und aus der überheblichen Vorstellung, ich sei besser und klüger als alle anderen Menschen, geworden? Weggelöscht waren sie! Ein Prolet unter Millionen anderer Proleten war ich. Benommen schaute ich mich um, sah auf jene, die nunmehr meinesgleichen waren, und empfand die Hoffnungslosigkeit nur noch greifbarer bestätigt. Da fiel mir manchmal ungewollt der Quasterl ein. Ich verglich sein Leben mit dem meinen, und ein brüderliches Gefühl stieg nach und nach in mir auf. Ich wurde krank und verlor meine Stellung. Ich lungerte hungernd herum und suchte viele Wochen vergeblich die Arbeitsvermittlungsstelle auf. Eines Tages war ich Plakatausträger bei einer Reklamefirma.

»Dreihundert Stück Mineralwasserplakate, steif, bei Flad abholen. Sind abzuliefern im Zentralbüro der städtischen Trambahngesellschaft, verstanden?« schnauzte mich der Bürobeamte an. Ich fuhr mit meinem Fahrrad los, fand die Firma Flad, trat in den Laden und übergab meinen Brief.

»Ja, gehn Sie ins Büro ... Da! Hinten rechts, im Hof, erster Gang, erste Tür!« sagte ein Herr hinter dem Ladentisch. Im Hof standen etliche Arbeiter, die eben in einen Aufzug stiegen, der in die Kellereien Kisten bringen sollte. Ich grüßte flüchtig, und plötzlich hielt ich inne. Ich erkannte den Quasterl unter ihnen. Eine jähe Freude befiel mich. Ich lief auf ihn zu und drückte seine Hand.

»Quasterl! Quasterl? Servus ...! Wunderbar!« rief ich lachend, »du hast also jetzt doch endlich Arbeit? Wie geht's dir denn ...? Herrgott, du, wir müssen uns treffen!«

»Jaja, selbstredend, selbstredend ... Freilich, freilich, Oskarl«, brummte der Angesprochene erstaunt. »Jaja, selbstredend ... Arbeit hab ich, jaja, freilich, freilich ...« Er trat auf die Bodenfläche des offenen Aufzugs.

»Wann kommst du aus 'm Geschäft? Um sieben, was ...? Da hol ich dich ab! Heut abend, ja?« schrie ich geschwind, denn der Aufzug setzte sich schon in Bewegung und fuhr in die Tiefe. Ich hörte gerade noch Quasterls »Selbstredend!« und sah ihn nicken. Warm war mir plötzlich geworden. Mein Herz schlug ein wenig belebter.

Während der Zeit meiner Arbeitslosigkeit hatte ich im Stellenvermittlungsbüro einige Sozialdemokraten und Anarchisten kennengelernt, die mir ihre Lehren beibringen wollten. Auch in einigen öffentlichen politischen Versammlungen war ich schon gewesen. Ich las etliche sozialistische Broschüren und Zeitungen, und viel von ihrem Inhalt leuchtete mir ein. Aber ich blieb doch für mich und verkehrte mit keinem Menschen. Den Quasterl kannte ich in- und auswendig. Mit ihm wollte ich mich anfreunden.

Ich war hocherfreut am Abend unserer Wiederbegegnung, bestürmte ihn mit allen möglichen Fragen und redete in einem fort lebhaft auf ihn ein. Ich merkte kaum, daß er noch immer so teilnahmslos war. Ja, erfuhr ich von ihm, seit einem halben Jahre sei er Hilfsarbeiter bei Flad. In der Kellerei habe er zu tun. Siebzehn Mark Wochenlohn habe er, damit sei auszukommen. Mit drei andern Arbeitern hatte er eine gemeinsame Schlafstelle in der Sendlingerstraße. Ich wollte von mir erzählen, von der Marie, von den Sozialdemokraten und Anarchisten, aber ich kam nicht weit. Mittendrin sagte er: »Ja, ja, ja, selbstredend, selbstredend, eine schöne Arbeit beim Flad ... Freilich, freilich, die Finny sagt, wir können heiraten ... Selbstredend, selbstredend, läßt sich ja machen.«

»Finny? Heiraten? Du heiraten?« stotterte ich verblüfft und blieb stehen. Auch der Quasterl hielt inne. Das Licht der Straßenlaterne fiel auf ihn. Ich sah ihn an von unten bis oben, und mein Blick blieb stehen auf seinem Gesicht. Er war unverändert. Nur er sah nicht mehr so elend aus.

»Jaja, ja, selbstredend, hm, die Finny ist Ladnerin bei uns ... Freilich, freilich, zu zweit läßt sich leichter leben, sagt sie ... Selbstredend, selbstredend, sag ich zu ihr, wenn sie meint ... Freilich, freilich, sie hat fünfundvierzig Mark im Monat«, redete er weiter und beachtete mein Staunen nicht im geringsten. Ein kleines Zimmer hätte die Finny, meinte er, und die Papiere würden schon auf dem Standesamt sein, die Finny habe das alles schon besorgt. Ich fand das Wort nicht gleich und glotzte den Quasterl nur an. Alles, was er sagte, war mir unbegreiflich. Ich gab es auf, mit ihm über meine Angelegenheiten zu reden.

»Hm, ja, mein Gott, hm ... Quasterl ...? Also dann wirst du bald Ehemann sein?« sagte ich im Weitergehen, und wir sprachen nur mehr über ganz gleichgültige Dinge. So viel brannte mir auf der Seele, brüderlich hingezogen fühlte ich mich zum Quasterl, jung war ich, und die eisige Vereinsamung tat mir weh – einen Menschen, einen Freund wollte ich haben, aber der Mensch da neben mir hatte etwas unfaßbar Fremdes. Es ging eine solche Leere von ihm aus, daß mich fast schauderte.

»Servus, Quasterl! ... Ich komm wieder einmal und hol dich ab«, sagte ich nach einer Weile, und wir trennten uns. Es klang gleichgültig. Ich hatte keine Lust mehr, mit ihm zusammenzukommen. Es war sinnlos.

Zufällig hatte ich nach zirka drei Wochen wieder etwas von der Firma Flad abzuholen. Im Laden erkundigte ich mich schüchtern nach dem Quasterl.

»Graf, Lorenz, ja, das ist nämlich ein Verwandter von mir«, sagte ich zu der Ladnerin und merkte erst jetzt, daß sie ein verweintes Gesicht hatte.

»D-der liegt im Schwabinger Krankenhaus«, stammelte sie tränenerstickt, »e-e-er ist mein Verlobter ... Gegestern-gestern hat ihn der Aufzug ...» – sie konnte nicht mehr weiter und mußte sich auf den Ladentisch stützen. Sie schluchzte gepreßt.

»W-was-was? Er ist ...?« stotterte ich fassungslos und starrte das hagere, schlotternde Mädchen an. Da sagte eine etwas blecherne Männerstimme: »Ja, der Herr Graf ist gestern vom Aufzug erfaßt worden.

Er liegt im Schwabinger Krankenhaus.« Als ich mich umsah, war es der stoppelbärtige Abteilungsleiter.

»Danke! Danke schön«, brachte ich nur mehr heraus und lief aus dem Laden. Ich schwang mich auf das Fahrrad und fuhr nicht mehr in das Reklamebüro zurück. Im Krankenhaus kam ich schweißtriefend an und erfragte das Zimmer, in dem der Quasterl lag. Es war ein heller, geräumiger Gemeinschaftssaal mit vielen Betten. Es roch nach Menschenschweiß und betäubenden Medikamenten. Da wimmerte jemand, dort röchelte einer, wieder in einem andern Bett lag einer starr und reglos. Der erste Blick und Atemzug, und man wußte: das hier, rundherum, war zertretene Armut.

Vorne am Fenster fand ich den Quasterl. Er schien leblos zu sein. Sein Kopf war verbunden. Er rührte sich nicht. Sein pickliges, halbverdecktes Gesicht war krankhaft gedunsen und glänzte schweißig. Seine leeren Augen waren glasig. Die kurzen, kräftigen, unverletzten Arme lagen auf der hochgewölbten Bettdecke, und eine Hand war leicht verschrammt. Hin und wieder schnaubte er schwer und stokkend.

»Quasterl? Was ist denn passiert? Quasterl, kennst mich denn noch? Quasterl?« rief ich flehentlich und suchte seine rechte Hand. Sie war eiskalt. Ich setzte mich rasch auf den Stuhl, der neben dem Bett stand. »Qua-quasterl, wie-wie geht's dir denn? Hast arge Schmerzen ...? Quasterl?« fragte ich wiederum und konnte nur schwer das Weinen zurückhalten. Jetzt bewegten sich seine Augen. Und dann seine Lippen. »Quasterl?« wiederholte ich und beugte mich vor.

»Chka-ja-jaa, s-selbstredend, frei-frei-freilich ... in so einem gro-großen G-Geschäft, da-da gibt's Unfälle ... Frei-freilich, i-ich hab' den Au-aufzug nicht gesehn«, stotterte er mühsam aus sich heraus, aber in keinem Wort war ein Gefühl. Er rang nach Luft und zog dabei die Finger seiner Hände ein.

»Die Finny ... frei-freilich, freilich-frei ...«, ächzte er und brach ab. Er mußte unerträgliche Schmerzen haben.

»Brauchst nicht reden, Quasterl ... Nein-nein!« sagte ich bedrängt. Ich sah mit Schrecken, daß sein Gesicht blau anlief. Es überrieselte mich kalt. Mit aller Kraft schluckte ich den würgenden Schmerz, der auf meiner Gurgel saß, hinunter.

Jetzt ging die Tür auf, und mit behendem Geschwindschritt, mit zerknirschter Miene kam die Marie auf das Bett zu. Ihre schwarze

Mantille flog. Ohne mich zu beachten, fing sie laut zu jammern an, beugte sich über Quasterls Bett und heulte herzzerreißend aus sich heraus: »Jaja, ja Lorenz? Jaja, um Gottes willen! Ja, Lorenzl, so ein Unglück, so was! Der Verdruß wieder, Lorenzl, jajaja, Lorenzl ...? Wie hat denn das passieren können, Lorenzl ...? Jajaja-ja, so ein Verdruß! Du wirst mir doch nicht sterben, Lorenzl? Lorenzl!« Ihre Tränen regneten gleichsam auf den unbewegten Kranken hernieder. Immer zerbrochener schluchzte sie: »Lo-Lorenzl? Lenzl? Quasterl ...? Ich bin's, die Marie ...! Hast Schmerzen ...? Jajajaja, daß ich so was erleben muß ...! Wie geht's dir denn, Lorenzl ...? Jaja-hm-ja, um Gottes willen, ganz eiskalt sind deine Händ ...! Wo hast du denn dein G'wand ...? Hast noch Geld, daß ich was besorgen kann, Lorenzl ...? Mein Gott! Mein Gott!«

Alle Kranken, soweit sie das konnten, schauten auf sie. Sie aber sah ihre Umgebung nicht. Ihr zerstoßenes Klagen füllte den ganzen Raum. Die Schwester war herbeigeeilt und zog sie sacht vom Bett zurück: »Sssst, ssst, Frau. Er ist zu schwach!« Auch ich machte mich bemerkbar und murmelte unmutig: »Marie, du siehst doch, er verträgt das nicht!« Die aber ließ den Quasterl nicht aus den Augen und hörte nicht. Sie schüttelte nur noch untröstlicher den Kopf und klagte bitter: »Hmhmhm, mein einziger Bruder ...! Mein Gott! Mein Gott, so was! Ganz blau ist er!« Und nicht ließ sie sich davon abbringen, wieder beugte sie sich zitternd über den Kranken und jammerte von neuem: »Lorenzl? Lorenzl? Lenzl, sag doch was ...! Sag was ...! Dein G'wand nehm ich zu mir, Lorenzl ...! Ich wasch dir's aus ... Hast noch Geld drinnen, Lorenzl? Lenzl, hast ...« – »Chja-a, ja, sss-selbstredend, freifreilich, du brauchst es ... Fü-fünf Ma-Mark sind ...«, hauchte der Quasterl aus sich heraus, und seine trockenen Lippen klappten lautlos aufeinander. Er reckte sich. Seine Arme zuckten haltlos. Seine Schläfenadern schwollen dick an, und das Weiße der Augen färbte sich gelb. Die Pupillen verschwanden fast gänzlich. Die Augen schienen aus den Höhlen zu quellen.

»Um Gottes willen, Schwester! Schnell den Herrn Pfarrer ... Sie geben mir sein G'wand!« sagte die Marie leise und hastig und lief mit ihr aus dem Saal. Ich stand wie gelähmt da. Bleischwerer Schmerz beengte meine Brust. Ekel und Wut kochten in mir. Der Quasterl röchelte. Ich sah hilflos auf ihn nieder und biß auf die Lippen.

»Mit dem geht's zu End … Ist auch 's beste«, brummte der bärtige Kranke vom Nebenbett und schaute mit einem kurzen, stumpfen Blick auf mich. Die Saaltüre ging wieder auf, und ein Geistlicher kam mit der Schwester. Hinter ihnen schritt – die blutigen, verschmierten, zerfetzten Kleider Quasterls auf dem Arm – mit tränenüberströmtem Gesicht, mit gesenktem Kopf und gefalteten Händen die Marie. Ihre lispelnden Lippen bewegten sich unausgesetzt. Ich hielt es nicht mehr aus. Ich wollte schreien und konnte nicht. Rasch ging ich zur Türe und schlug sie krachend zu. Drunten, eben aus der Trambahn steigend, traf ich die Ladnerin Finny. Sie trug Blumen und ein Paketchen. »Es ist schon zu spät! Er wird schon tot sein«, sagte ich fast grob und starrte sie verstört an. Ich sah eigentlich nichts an ihr, als ihren schwangeren Bauch. Ich blieb steif stehen und weinte auf einmal wie ein Kind …

Am andern Tag war der Quasterl schon in der Leichenkapelle des Krankenhauses aufgebahrt. Der Sarg war bereits verschlossen. Vorne stand ein Zettel mit Namen und Geburtsdatum. Etliche Blumen und ein frommes Bildchen lagen auf dem Deckel. Am Nachmittag fand die Beerdigung im nahen Friedhof statt. Neben dem schon längst vermorschten Sarg seiner Mutter wurde der Quasterl in die Erde gesenkt. Ich sah die marmorne Tafel auf dem Grabstein an und schaute zu den Roßkopfs hinüber, die auf der andern Seite des Grabes standen. Es muß ein schrecklicher Blick gewesen sein, denn sie wichen ihm jäh aus und senkten den Kopf.

»Letzte Ruhestätte der Familie Roßkopf«, war auf der Marmortafel wieder zu lesen. Wahrscheinlich aber, weil sie das Abschleifen des eingemeißelten Spruchs »Gerecht gelebt und arm gestorben« zu kostspielig gefunden hatten, war er stehengeblieben. Und unter diesem Stein würde man einstens auch sie begraben …!

Ich wußte nicht mehr, wo ich hinschaun sollte. Ein niegekanntes Grauen erfüllte mich. Ich hörte nur wie von weitem das eintönige Beten des Geistlichen, hörte, wie die Roßkopfs einfielen und vernahm das stille Schluchzen der Finny. Erschüttert überdachte ich das ganze bittere Leben Quasterls und – weiß Gott wieso – verglich es mit dem meinen. Am Vortag, als ich so spät ins Geschäft gekommen war, hatte mir der Chef gekündigt. Kalt blies der Novemberwind durch den menschenleeren Friedhof. Graue Schneewolken hingen am Himmel. Bald kam der Winter, und ich stand ausgestoßen in der eisigen Not.

Ich ergriff, ohne mich weiter um die Zeremonien zu kümmern, die kleine Schaufel, die im aufgeworfenen Erdhaufen steckte, und schüttete schweigend dreimal ein bißchen Erde ins Grab. Die rieselnden Steinchen klapperten hohl auf dem Sargdeckel. Ich drehte mich wortlos um und ging.

Es war schon spät. An der Haltestelle stiegen die Arbeiter einer nahen Fabrik mit mir in die Trambahn. Ich sah einen nach dem andern an. Jeder hatte ein Stück vom Quasterl. Der die Pickel im Gesicht, jener die stumpfen Augen, dieser die schweißglänzende Haut, ein anderer seine Stimme oder seine müde Schläfrigkeit.

Tausende leben und sterben so wie er. Und die andern? Sie sehen gleichgültig zu.

Doch das begriff ich erst viel später …

# Der General Vogl

Mein Vater lag schon über ein Jahr unter der Erde. Unser ältester Bruder Max führte ein sinnloses Gewaltregiment im Haus, so wie er es beim Militär gelernt hatte.

Es war schon September, die Sommerfrischler waren fort, und es gab nicht mehr allzuviel Arbeit in der Backstube. Da verschlief der Geselle einmal, und ich natürlich auch. Max kündigte ihm kurzerhand, und ich bekam Prügel. Am andern Nachmittag kam ein neuer Geselle aus München, den Max bei der dortigen Bäckerherberge angefordert hatte. Dieser neue Schießer kam in den Laden und gefiel meinem Bruder gar nicht, aber München war weit, und die Bäckerherberge hatte gemeldet, daß momentan nur dieser einzige Geselle da sei.

»Haben Sie Zeugnisse?« erkundigte sich Max ziemlich abweisend und musterte den hageren, kleinen, grauhaarigen Gesellen. Da aber geschah schon gleich etwas sehr Sonderbares.

»Was ...? Zeugnisse ...? Zeugnisse möchten Sie?« sagte der kleine Graukopf keck und drückte seinen Zeigefinger auf die eingefallene Brust: »Zeugnisse wollen Sie, Herr Beekmeister? ... Mein Name ist General Vogl, möcht ich bitten! General Vogl, Ritter hoher Orden, Herr Beekmeister! General Vogl, bekannt im ganzen Land! Inhaber des Max-Rindvieh-Ordens und vieler anderer Auszeichnungen!« Es war unmöglich, seinen Redefluß zu unterbrechen, so geschwind hastete er die Worte heraus. Heiser und ein wenig blechern klang seine alte Stimme. Er lachte nicht. Er bekam durch seinen Eifer nur kleine rote Flecken auf den ausgezehrten Backen.

»Was schwätzen Sie denn da?!« konnte mein Bruder endlich sagen, aber der kleine Mensch schien jetzt erst richtig im Zug.

»Schwätzen ...? Schwätzen, Herr Beekmeister?« ereiferte er sich und fing mit seinen langen, mageren Armen zu gestikulieren an: »Wie ich seh', bin ich hier unbekannt ...? Macht nichts, macht gar nichts ...! Wenn's also absolut sein muß, hier sind meine Zeugnisse, Herr Beekmeister!« Er warf ein schmutziges Bündel zerschwitzter Papiere auf den Ladentisch, ohne im Reden einzuhalten: »General Vogl, bitt ich zu bedenken, ist der beste Bäckergesell', den's weitum gibt! ... Lassen Sie mich Brot machen, Herr Beekmeister, und nachher reden wir! Meinetwegen kosten- und risikolos, Herr Beekmeister! General Vogl kann sich so was leisten!« Jetzt mußte er endlich Atem holen. Max hatte unterdessen die Zeugnisse durchgesehen und war noch erstaunter. Sie waren gewissermaßen das beste vom besten.

»Also gut, ich nehm' Sie«, sagte Max, wollte Wochenlohn und sonstige Bedingungen nennen, aber – ausgeschlossen, unmöglich!

»Und wenn ich mir eine bescheidene Bemerkung erlauben darf, Herr Beekmeister ... Ganz bescheidenerweis«, sprudelte der bewegliche, kleine Mann bereits wieder.

»Herrgott, jetzt reden Sie doch keinen Unsinn!« knurrte Max. Vergeblich.

»Wenn ich bescheidenerweis um das Silentium bitten dürft, Herr Beekmeister!« fuhr Vogl fort und schnaubte Max ins Gesicht: »General Vogl hat drei höhere Schulen mitgemacht: Ochs, Esel und Rindvieh! ... Drei –«

»Ja, Herrgott, sind Sie besoffen oder aus 'm Narrenhaus?« fuhr Max dazwischen, und durch den Lärm waren Mutter, unsere ältesten Schwestern, Anna und ich aus der Kuchl in den Laden gelockt worden. Verblüfft schaute alles auf den heftig redenden, springlebendigen Menschen, der nur sich zu hören schien.

»Ah! Ah!« rief er und schaute auf unsere Mutter: »Wie ich seh, das ist gewiß die ganze Beekmeisterfamilie? ... Habe die Ehre, grüß Gott zu wünschen! ... Eine kreuzbrave Frau Beekmeisterin, meiner Schätzung nach! ... Vogl, mein Name, General Vogl.« – Er war fast atemlos, machte eine strichhafte Bewegung mit dem rechten Arm, und unerschrocken sah er mit seinen wässerig glänzenden, blauen Augen auf den mürrischen Max, indem er resoluter fortfuhr: »Basta, Herr Beekmeister! Vogl macht Dienst! ... Und es bleibt dabei – die erste Nacht risikolos, wenn Sie wollen ... General Vogl steht zur Verfügung, Herr –«

»Das ist der neue Schießer«, sagte Max zu uns und befahl mir, dem Vogl die Backstube zu zeigen und ihn in die Gesellenkammer zu führen. Immer noch so fortredend, folgte mir der seltsame Mensch. –

Damit nahm also alles seinen Anfang. Max und wir alle dachten ganz ernsthaft, der Vogl bleibe nicht einen Tag, aber es kam anders, ganz anders.

In der ersten Nacht, als wir zwei in der Backstube drunten ankamen und ich die Tröge aufmachen wollte, hielt mich der Vogl zurück, und indem er sich bedeutungsvoll hinstellte, sagte er: »Einen Moment, Oskarl, ein Momenterl, Siegfriedl, Aioisl –«

»Oskar heiß ich«, sagte ich.

»Also Oskarl, Xaverl, Seraphimerl, Aioisl, Hansl, Nepomuck!« sprudelte er aus sich heraus und erklärte: »Einem Menschen muß man nämlich alle Namen geben, die man weiß! Alsdann hat er auch alle Eigenschaften, die man mag.«

Etwas beunruhigt dachte ich: Der ist total verrückt! Das kann ja nett werden!

Aber dazu war keine Zeit. Vogl stellte sich jetzt gewaltsam stramm, furchte seine Stirne und machte eine militärische Miene: »Also merk dir zuallererst, daß du mit dem Vogl verkehrst!« Wie warnend hob er seinen spitzen Zeigefinger. Es fiel mir auf, daß sich das reimte. Noch unsicherer ging mir durch den Kopf: Ob wir da das Brot überhaupt fertigbringen, ist ja ein bißchen schleierhaft, aber was kann ich machen. Nur einen Verrückten nicht reizen!

Und in meiner Verwirrung verzog ich das Gesicht ein wenig.

»Du willst lachen, Nepomuckerl, Abraham? ... Das geht nicht! Das geht absolut nicht!« fuhr der sonderbare Mann beinahe befehlshaberisch fort: »Beim General Vogl geht alles nach der Formalität! Sonst hat's keinen Schwung und Zug, verstanden? Also paß auf –

was der Vogl tut, ist wohlgetan,
was andre Beekn tun, geht auch noch an,
aber ...« –

er stieß blitzschnell, fast habichtsmäßig auf mich los und packte mein Hemd vorne an der Brust, daß ich etwas zurückschrak und schon meinte, jetzt bekomme er einen Anfall –, »aber die verfluchten Lehrbuben!«

Er lachte auf einmal krachend gemütlich und schloß: »Nur nicht schrecken lassen, Ezechiell! Also jetzt fangen wir an! Und zusammengehalten wird wie Pech und Schwefel, Siegfriedl!« Ich lachte auch ein wenig, aber ziemlich verwirrt. Vogl ging an die Tröge und hob die Deckel.

Um es kurz zu machen und gleich zu sagen: Der Vogl war ein geradezu bewunderungswürdiger Bäcker. Schönere Semmeln, Eierweckerln, Kaisersemmeln, Brezen und Wecken hat keiner vor und nach ihm je wieder fertiggebracht. Und außerdem: Alle früheren Gesellen hatten mich stets von oben herab behandelt und viel verprügelt, beim Vogl gab es das nie, er war grundanders. Wir arbeiteten gut zusammen, und das allerschönste dabei war – es gab nie eine langweilige Viertelstunde bei ihm.

»Herrgott! Herrgott, die Semmeln gehn nicht mehr in den Ofen hinein!« rief er schon in der ersten Nacht, obgleich er erst ein Brett voll drinnen hatte und noch Raum für alle übrigen war. Etwas verstört sah ich in sein todernstes Gesicht und meinte: »Aber, aber der Ofen ist doch noch fast leer! Die gehn doch noch leicht hinein!«

»Ausgeschlossen!« bestritt Vogl: »Ausgeschlossen, sie gehn nicht!«

»Ja, da wett ich doch gleich eine Mark, daß die noch alle Platz haben … Die müssen doch hineingehn!« wurde ich kühner.

»Gut! Siegfriedl, Aloisl, Ezechiell, du sollst recht haben«, sagte Vogl und setzte sich hin. Er rührte keine Hand mehr. Ich starrte ihn begriffsstutzig an. Es verging eine Minute, noch eine, noch eine. Ich wurde etwas unruhig.

»Gehn die Semmeln vielleicht hinein, gehn sie hinein?« fragte Vogl endlich: »Sie gehn eben nicht, sie haben keine Füß …« Jetzt verstand ich. Der Vogl fing wieder zu arbeiten an.

Tausend solcher Späße fielen ihm ein. Dabei verflog die Zeit nur so, die Mühe war keine Mühe mehr, und der Vogl hantierte trotz seiner fünfzig Jahre wie ein Junger. Ich stand ihm nicht nach. Schon nach der ersten Nacht wußte ich, daß dieser kleine, grauköpfige Mensch mir ans Herz gewachsen war, daß ich ihn nie wieder verlieren wollte.

In der Frühe um vier Uhr kam meine Mutter über die Stiege herunter, und ihr erster Blick galt den vollen Brotkörben. Sie vergaß vor lauter Verblüffung das »Guten-Morgen-Sagen«. Der Vogl kam aus der Ofengrube auf sie zu und machte eine fast galante Verbeugung: »Frau Beekmeisterin! General Vogl nimmt sich die Ehr, guten Morgen zu wünschen! … Semmeln, Weckerln und Kaisersemmeln – bloß für Majestäten! General-Vogl-Semmeln!« Es stimmte vollauf. Meine Mutter war glücklich. Der Max aber meinte nach dieser ersten Nacht: »Na ja, Glücksfall, weiter nichts! Warten wir ab!«

Der »Glücksfall« indessen war beim Vogl dauerhaft. Das Brot war jeden und jeden Tag gleich schön und knusperig. Es »lachte«, wie meine Mutter zu sagen pflegte. Jetzt verstummte auch der mürrische Max. Vogl blieb, Vogl hatte gesiegt. Keiner war froher, als ich.

Nur *eines* sollte es beim Vogl nicht gegeben haben: Den Lohn. Den nämlich versoff er jedesmal drüben in der Windlwirtschaft bis auf den letzten Heller. Er rutschte dann unter den Tisch und fing heiser zu singen an. Alte, seltsam traurige Reservistenlieder schrie er. Die Pächterin der Wirtschaft, eine sehr adrette, sich immer wichtigmachende Person, war zwar froh, in dieser flauen Herbstzeit einen so guten Bierkunden zu bekommen, hinwiederum aber war sie doch auch darauf bedacht, es sich bei den besseren Nachbarn nicht zu verderben. Also kam sie zu uns in den Laden und sagte: »Also Herr Bäckermax, also Ihr Schießer! ... Er hat einen Brandrausch und liegt bei mir unterm Tisch!«

Der Max, dem es immer darum zu tun war, in allem recht zu behalten, bekam eine fast triumphierende Miene und sagte zur Mutter: »Na, was hab ich gesagt? ... Ein ganz versoffener, untauglicher Kerl ist er, der Vogl! Da werden wir ja morgen ein nettes Brot erleben!«

Zwei Stunden vor Arbeitsanfang kam der Vogl in die Gesellenkammer gewankt, sackte auf meine Bettstatt, weckte mich und brüllte weiter: »Dru-hum Brüder stoßt die Gläser an – e-hes lebe der Re-heservemann –« Er umschlang mich und sagte fast zärtlich: »Nur keine Angst, Xaverl, der General Vogl –« Er plapperte bierheiser, sank um und schlief ein. Ich aber blieb bang wach, und als es Zeit war, weckte ich ihn. Er schnellte auf, rieb sich mit der Hand über die Augen, übers kurze graue Haar und sagte resolut: »Ganze Kompagnie, vorwärts! Marsch! Angetreten! ... General Vogl führt!« Ohne sich um etwas anderes zu kümmern, marschierte er im Stechschritt trampelnd den langen Gang entlang, landete mit mir in der Backstube drunten, und da sagte er auf einmal ganz weich, fast wehleidig, indem er sein herausragendes Halszäpfchen strich: »Also, Rudolferl, Oskarl? Einen Durst hab ich! ... Ganz verbrennt bin ich inwendig! Jetzt hol mir nur gleich eine Maß Bier ...« Ich zögerte ein wenig, denn nüchtern schaute der Vogl doch gar nicht aus, ich wußte nicht gleich, was tun.

»Oskarl, Ezechiell, ich hab kein Geld nimmer ... Sagst zu der Wirtin, der General Vogl zahlt am Samstag ... Bring bloß schnell ein Bier!« bedrängte er mich und ging zu den Trögen. Ich holte das Bier und zahlte es insgeheim. Er setzte den Steinkrug an und trank buchstäblich wie ein Verdurstender. Und dann lobte er mich: »Ah! Aaah, Siegfriedl, das vergess' ich dir nie! Du verstehst mich!« Schier die Augen hatte es ihm herausgedrückt von dem gewaltigen Schluck, und dann fingen wir zu arbeiten an, und – in der Frühe war das Brot wie immer. Das machte den rechthaberischen Max ärgerlich. Er regierte zu gern. Er suchte irgend etwas und kam in die Backstube: »Also das gibt's nicht, Schießer, die ganze Nacht dieses Singen und Plärren!« In einer solchen Rauschnacht war nämlich Vogl nicht zu bändigen, er sang ununterbrochen.

»Daß mir das ja nicht mehr vorkommt, verstanden!« schlug der Max einen Feldwebelton an. Doch Vogl schaute ihn ganz ungeschreckt an und sagte ebenso militärisch: »Herr Beekmeister? General Vogl hat die Beschwerde gehört ... Er nimmt sie zur Kenntnis! Aber wann ich mir erlauben darf –, was ist Ihnen lieber? Ein gutes Brot oder Batzen?«

Darauf konnte Max auch nichts mehr sagen. Wütend und verächtlich musterte er den Vogl, und der machte eine linkisch-komische Kehrtbewegung, indem er wie herausgehackt schrie: »Aus! Schluß! Dominus vobiscum ... Abtreten, General Vogl! Höheren Orts ist nichts einzuwenden!« Die Mutter, die Dirn, meine Schwestern schüttelten den Kopf und lachten. Der Max ging mit giftigem Gesicht aus der Backstube. Dem Vogl war nicht beizukommen. Das Bier und er gehörten zusammen, schier schon wie Körper und – ja, sagen wir schon – Seele.

Schließlich aber haben sich im Laufe der Zeit zwei Vorfälle ereignet, die mir – ich kann es nicht anders ausdrücken – den viellieben General Vogl entrissen haben.

Im darauffolgenden Sommer hatte sich eine kuriose Amerikanerin im Haus vom Siebenhüter eingemietet, der in München eine Apotheke hatte. Dieses Haus stand direkt an der Straße, die von unserm Oberdorf nach Unterberg hinabläuft. Eine kleine Grünfläche breitete sich vor dem Haus aus, und sie war nicht umzäunt. Die Amerikanerin fiel uns dadurch auf, daß sie trotz ihres Reichtums keine Dienstboten hielt und stets alle Türen Tag und Nacht weit offenhielt. Einmal in einer solchen Sommernacht hörten die Nachbarsleute gellende Hilferufe aus dem Siebenhüterhaus hallen. Alles stürzte mit Prügeln, Sensen und Mistgabeln daher und fand im Schlafzimmer der Amerikanerin, das zu ebener Erde lag, den um und um besoffenen General Vogl vor dem Bett der schreienden, wildfuchtelnden Dame. Ohne in seinem Brandrausch zu wissen, wo er war und was er tat, gestikulierte der Vogl schier wie ein Besessener herum und brüllte fort und fort: »Ofen auf! Marsch, marsch! General Vogl siegt! Semmeln her, Aloisl! Semmeln her, nichts wie Semmeln! Das Vaterland soll leben, hoch, hoch, hoch! … Ofen zu! Punktum, Schluß!« Grad als die Leute ins Zimmer kamen, fiel er schief um, direkt auf die entsetzt zurückweichende Amerikanerin. Die stürzte wie eine aufgescheuchte Furie in die Arme der Leute. Der Vogl lag über das Bett gestreckt und grölte. Die Dorfleute aber, nachdem sie begriffen, konnten das Lachen nicht mehr verhalten, sie lachten schallend und trugen den Vogl aus dem Haus. Dort goß ihm der Friedl-Xaverl einen Kübel Wasser über den Kopf. Plötzlich ernüchtert, tropfend und schlotternd stand Vogl da, riß die Augen weit auf und sagte recht sonderbar: »Da-das war nicht schön, meine Herrschaften!« Dann tappte er stumm davon.

»Siegfriedl, ich sauf nimmer … Nein, der Vogl trinkt jetzt sein Bier daheim«, sagte er in jener Nacht zu mir. Er war dabei zum erstenmal ernst. Die empörte Amerikanerin verließ auf der Stelle das Dorf und ließ verlauten, so ein Mensch wie der Vogl würde in Amerika glatt gelyncht. Der Max stellte den Vogl zur Rede, und auch da blieb er diesmal ziemlich nüchtern und schweigsam.

Im darauffolgenden Frühjahr mußte der Vogl einmal nach München fahren. Nichts Gutes ahnend, redete ihm unsere Mutter fast beschwörend zu, doch nicht so zu saufen, damit er wieder rechtzeitig heimkomme.

»Und wann's Dreck regnet, Frau Beekmeisterin, der General Vogl ist zur Stelle!« versprach er hoch und heilig.

Um elf Uhr in der Nacht weckte ich den Max. Der Vogl war nicht gekommen. Ich sollte derweil den Teig machen, meinte der Max, vielleicht komme der besoffene Kerl doch noch. Ich schuftete für zwei, aber schließlich mußte ich den Max doch holen. Verbrummt arbeitete der mit mir. Die Stunden verliefen. Kein Vogl kam. Draußen in der windverwehten Nachtluft schlugen einmal die Hunde an. Mir war es, als hörte ich ein Wagenrollen. Es kam näher und näher. In der Windlwirtschaft brannte noch Licht. Wahrscheinlich hockten dort noch etliche späte Gäste beisammen. Das Wagenrollen wurde jetzt ganz deutlich, kam, meiner Berechnung nach, auf die Wirtschaft zu und hörte auf. Ich hörte Stimmen und schlich mich hinten in den Garten. Ich hörte Vogls heisere Stimme schreien: »Weg da, Wirtin! Vogl steht zu Diensten!« Ich lief schnell wieder zur Türe herein. Max stand in der Ofengrube und bellte mich an: »Kerl, wo bleibst du denn! Bretter her!« Ich lief, ich brachte ein Brett – da ging die hintere Türe auf und Vogl stand da, ganz scharf am Rand der Ofengrube. Er versuchte sich stramm hinzustellen und plärrte: »Zur Stelle, Herr Beekmeister! Der General Vogl ist da! Und wenn's Dreck regnet, hab ich gesagt, der Vogl ko-o –« Er brach ab, denn mittenhinein schrie der Max: »Halten Sie Ihr Maul, besoffner Kerl!« Der Vogl verlor die Haltung, er hielt sich wankend und plapperte: »U-und ganz richtig bin ich i-in München in den Zug, a-aber eingeschlafen bin ich ... I-ist mir noch nie – jupp – jupp – nie pa-passiert, jupp –« Er gab sich einen Ruck und wollte in die Ofengrube, aber er fiel einfach hinunter wie ein Sack. Er klammerte sich an die Füße meines Bruders, und dem riß die Geduld. Er stieß ihn weg, hob ihn auf und warf ihn aus der Grube, ich erwischte den Vogl und zerrte ihn über die Stiege hinauf zur Gesellenkammer. Dort fiel er haltlos auf das Bett. Ich zog ihn aus, ich redete auf ihn ein. Er streichelte mich dabei in einem fort zärtlich und lallte wehmütig: »Du bist ein guter Mensch, Oskarl! ... Ezechiell, du bist ein treuer Kamerad! ... Ich bin ja da, aber der Herr Beekmeister – ich spür's schon, jetzt ist's aus, ganz aus ...«

Meine Augen wurden naß, ich schluckte schmerzlich. Schon schrie der Max von unten.

Der nächste Tag war ein Freitag. Am Samstag darauf mußte der Vogl gehen. Der Max hörte nicht auf das Einreden der Mutter.

Noch einmal buk der unvergeßliche General sein wunderbares Brot. Noch einmal leerte er seine gewohnten fünf Maßkrüge und fing wieder zu singen an. Noch einmal half ich ihm mit allem Eifer. Am andern Tag, als wir hinten vor dem Dorf voneinander Abschied nahmen, weinten wir alle zwei. Später habe ich erfahren, der Vogl sei in eine Säuferheilanstalt gebracht worden und dort gestorben. Oft und oft denke ich mit Rührung und Dankbarkeit an ihn ...

# Zweiter Teil

## Menschen aus der Stadt und der weiten Welt

# Der unentwegte Zivilist

Seitdem ich den Johann Otto Schönleber erlebt habe, kommt mir das Heldentum in jedem Kriege völlig fragwürdig vor. Wenn nämlich, wie es dabei doch der Fall ist, alle zwangsmäßig mutig sein müssen, kann der einzelne schon gar nicht mehr anders, als auch mutig sein. Das ist das ganze Geheimnis.

Hingegen, wenn einer, nun einmal ins Getriebe dieser höllischen Machtmaschine gezerrt, dennoch sein eigener Mensch bleibt, wenn er diesem scheinbar unbesiegbaren Gegner nichts entgegenstellt als sein natürliches Leben und dabei unversehrt obenauf bleibt, das ist zweifellos imponierend.

Johann Otto Schönleber hat nichts anderes getan, oder vielmehr – um ganz objektiv zu sein – er hat gar nichts getan, er konnte sich nur seiner ganzen Natur nach überhaupt nicht in die Sache einlassen, in die er, weiß Gott wieso, hineingeraten war. Allerdings herrschten im ersten Weltkrieg, der mich mit Schönleber zusammenführte, noch gewisse gesetzliche Grundregeln und Rechtsbegriffe in den Armeen, an die sich jede Obrigkeit und jeder Offizier gebunden fühlten. Das Hitlerheer des zweiten Weltkrieges war in dieser Hinsicht weit fortgeschrittener und moderner. Da gab es das alles nicht mehr.

Schönleber stammte aus Wien und war dort im Frieden Fiaker gewesen, hatte aber wahrscheinlich schon die Fahrerprüfung als Taxichauffeur abgelegt und kam – ich weiß nicht wie – bereits als Unteroffizier von der Kraftfahrerabteilung München mit einem Nebenmann namens Max Römer zu unserem »Stab der Eisenbahntruppen Ost«. Er war ungefähr dreißig Jahre alt, hatte einen äußerst schmukken Kaiser-Wilhelm-Bart, den er ebenso sorgfältig pflegte wie sein sonstiges Äußere.

»Aufmochung«, pflegte er zu sagen. »Aufmochung is nämlich alles!« Mehr wußten wir anderen sieben Kameraden nicht von ihm. An einem kalten Tage anfangs Januar 1915 wurden wir mit unseren zwei

Offizieren und allem sonstigen Material in einen Zug verladen und fuhren zur russischen Grenze. Vom ersten Fahrtag ab legte Schönleber seine Bartbinde an, rasierte sich sehr oft und richtete sich ganz zivil im Coupé ein.

»Ein Kaffee ist das, ein Kaffee!« sagte er jedesmal in der Frühe und schüttelte den Kopf. »Hm, so was einem anzubieten?! ... Allerhand! ... In Wien tät man die Brüh dem Ober ins Gesicht schütten!« Und als wir ihm belustigt entgegenhielten, daß eben jetzt Krieg sei, sagte er ebenso: »Hob ich ihn gemocht ... Na, alsdann!« Er nahm sein Feldgeschirr und goß den Kaffee zum Fenster hinaus. Er kochte sich den seinen selber. Außer seinem Bagagesack, den er nie anrührte, und seinem Tornister, von dem er ironisch wegwerfend sagte, »es soll wirklich auch Leute geben, die so was tragen«, hatte er ein elegantes, gelbledernes Kofferchen bei sich, das seine Waschsachen, viele Zigarren und Zigaretten, feines Gebäck, Kaffee, kondensierte Milch und einen vernickelten Spiritusapparat enthielt. Sein Kaffee duftete und schmeckte großartig. Er stellte stets etliche hübsche Tassen hin und lud uns ein – zweimal am Tag, morgens und nachmittags. Das Kaffeetrinken am Nachmittag nannte er »Jause«. Hernach spielte er gern einen Tarock mit uns.

Als wir langsam ins ostpreußische Einfallgebiet, das die Russen erst kürzlich hatten räumen müssen, kamen und von unseren Coupéfenstern aus die zerschossenen Häuser, ruinierten Dörfer, verlassenen Schützengräben und Stacheldrähte sahen, wurden die meisten ernster und ein wenig ängstlich.

»Jetzt wird's ernst!« hieß es, und, obgleich wir uns noch tief in der Etappe befanden, nahm seltsamerweise jeder sein Gewehr, lud es und war gewärtig, daß wir jeden Augenblick Feuer bekommen könnten. Einige beteten. »Eier Herrgott, scheint's, is für so einen umfassenden Schutz noch nicht eingerichtet«, sagte Schönleber und lud seinen Karabiner. Vor allem aber erkundigte er sich eingehend nach den Himmelsrichtungen, und als er endlich wußte, da war Nordosten, unser Zug hingegen fahre direkt nordwärts, setzte er sich sofort auf die Westseite des Coupés und meinte beruhigt: »Meiner Schätzung nach kann das Feier nur von der Ostseite kommen ... Setzts eich rüber zu mir, da sind wir gedeckt.«

Er riet nur, die Bagagesäcke an den Fenstern der Ostwand hochzustapeln und äußerte: »Die Säck haben's nämlich in sich ... Dadrinn' verirrt sich jedes Geschoß.« Er hängte den Karabiner an die Wand und kämmte seinen in die Binde gepreßten Schnurrbart wieder.

»Im übrigen möcht' ich sagen«, bemerkte er bei dieser Gelegenheit, »ich bin zum Schießen durchaus nicht verpflichtet! Mich geht bloß mein Wogn[8] was an!« Er fühlte sich lediglich als Chauffeur, der mit seiner Herrschaft zufällig in eine etwas unwirtliche Gegend übersiedelt. Das Mittagessen, das unser Koch für die Offiziere und uns bereitete, war reichlich und gut. Schönleber aß höchstenfalls das Fleisch davon. Solange es ging, speiste er bei jeder größeren Haltestelle im Restaurant des Wartesaales auf eigene Kosten, aber auch dort schmeckte es ihm nicht. »Ein Land, das so schlecht ißt, kann den Krieg nicht gewinnen«, resümierte er, und manchmal saß er nachdenklich da, schüttelte den Kopf und meinte: »Ich kann eins nicht fassen ... Wie is unser alter Herr in Wien bloß auf die Idee kommen, Krieg zu machen? ... Ich versteh das nicht! ... Bloß weil ihm ein paar Naderer was Schlechtes über die Serben eingesagt haben!« Der alte Herr war der Kaiser Franz Joseph, und die Naderer, auf die Schönleber besonders schlecht zu sprechen war, waren Kriminalbeamte. Sonst interessierte ihn in diesem Zusammenhang nur der Rückgang des Besuches der weltberühmten österreichischen Kurorte wie Ischl, Bozen, Karlsbad und Marienbad.

Nach tagelanger Fahrt endlich hielt unser Zug an einem unfreundlichen, schon stark dämmerigen Nachmittag in Insterburg. Es schneite dicht, Schnee war rundum, und es war sehr kalt. Vorne stiegen der Major und der Oberleutnant aus ihren Wohnwagen und riefen nach Schönleber und Römer.

»Das hab ich gern – mitten in der Jause!« brummte Schönleber, aber er folgte.

»Abladen! Marsch, vor allem das Auto herunter!« befahl der Major. »Marsch, alles zusammen helfen!« rief der Oberleutnant ebenso, und wir griffen zu. Schönleber dagegen stand fortwährend vor den beiden Offizieren und sagte in genau berechneten Abständen: »Beföhl, Herr Major! Beföhl! ... Beföhl, Herr Oberlaitnant, geht in Ordnung! Wird gemacht!« Wir machten das Auto, das dickverschneit unter einer riesigen Plane auf dem offenen Güterwagen stand, frei und hörten nur wutgeladen immer wieder dieses »Beföhl, Herr Majur, Beföhl!« Die

[8] Wagen, Auto

Offiziere gingen davon, und kaum waren sie verschwunden, da wandte sich Schönleber an einen herumlungernden, ängstlichen Juden, mit dem er sich eifrig unterhielt. Wir fluchten, wir schimpften auf ihn ein. Er nahm kaum Notiz davon.

»Also Max! Maxl! ... Besurge das! ... Ich geh rasieren!« rief er nur noch und ging mit dem Juden weiter. Wir gerieten außer Rand und Band vor Wut, schrien und drohten, Johann Otto Schönleber war schon weg. Er war ein absolut städtisch kultivierter Mensch. Nach ungefähr einer halben Stunde tauchte er wieder auf. Sein Gesicht war glatt, sein Bart stand stolz nach oben. Wir hatten das Auto heruntergeschafft, und Römer untersuchte es. Wie kläffende Hunde fielen wir über Schönleber her. Der blieb ungerührt. Er wunderte sich baß über unsere Aufregung.

»Na also, ich versteh eich nicht! ... Ich kann doch in einer Stadt nicht daherkommen wie ein Hallodri!« rief er und verfreundlichte seinen Ton: »Na, also san ma fesch, streitn wir nicht! ... Max? Host du den Wogn geprüft? Geht er?« Und als Römer bejahte, schloß er grundgemütlich: »Na, was ich gesagt hab! Es funktioniert ja alles tadellos ... Einfach Klass'!« Er war zum Dienst bereit.

Die Stadt war nur wenig zerstört, aber die meisten Einwohner waren geflohen. Wir bezogen eine verlassene, ziemlich gut möblierte, dreistöckige Villa. Dort wurden die Stabsbüros und die Wohnungen für die Offiziere eingerichtet. Wir mußten samt Pferden, Auto und Bagage in die Kaserne. Tagsüber aber hatten wir uns in der Küche des Stabsquartieres aufzuhalten, um stets zur Hand zu sein. Zu tun hatten wir nichts, das heißt unser Tag war ausgefüllt mit Pferdeputzen, Füttern, Depeschen auf die Post zu bringen, Essen und beim Proviantamt Verpflegung zu fassen. Sonst spielten wir Karten oder lungerten in der Stadt herum. Schönleber wußte im Handumdrehen Bescheid in allem. Er kannte die wenigen zurückgebliebenen Leute, die Teebuden, die ärmlichen Läden, mit einem Wort, das gesamte Zivile. Ihn grüßte auch schon jeder Mensch wie altbekannt. Er machte Handelschaften mit den Juden, die Mädchen und Huren warfen ihm Augen zu, und er ging sofort auf sie zu, verhandelte nüchtern und hatte stets Glück.

Leider aber mußten unsere beiden Offiziere oft und oft zu den verschiedenen Eisenbahnbaukompanien fahren, die knapp hinter der Kampffront die Schienen umlegten und neue Strecken bauten. Die

Chauffeure Schönleber und Römer hatten viel zu tun. Aber das war abwechslungsreicher als unsere eintönige Etappe. In geradezu ausschweifender Weise verbreitete sich Johann Otto Schönleber nach jeder Rückkehr über die Weiblichkeit ringsherum.

»Also, ich sog eich – die pollackischen Madln! Einfach Klass'! Direkte Zuckerln! Zuckerln!« rief er, mit der Zunge schnalzend. Kriegerisch-Militärisches interessierte ihn nicht. Über seinen Dienst hatte er seine eigenen Auffassungen, und wir hörten bald heraus, daß er von Autoreparatur und dergleichen nicht das mindeste verstand. Das überließ er völlig dem kleinen Max Römer. Sie stritten oft heftig deswegen, doch Schönleber sagte nur: »Also Max! Max, du bist da durchaus falsch informiert! Mein Ressurt is bloß Fahren! ... Dein Ressurt is das anderne!« Mochte sich der heißspornige Römer noch so giften, mochte er noch so geifern – Schönleber zog sein schwersilbernes Zigarettenetui heraus, bot ihm friedlich eine echte österreichische »Dritte Sorte« an und begann mit uns zu tarocken.

»Ein Drecksack bist du!« knurrte Römer geschlagen. Der rüde Ton störte Schönleber nicht. Römer war Schwabe, war Deutscher, und an sich hatte Schönleber gegen die Piefkes, gegen uns Deutsche nichts, wir waren nur tüchtig, und das war ihm unbegreiflich.

»Tüchtig«, pflegte er zu sagen, »das ist durchaus eine rein piefkalische Krankheit. Das kommt bei uns in Wien nicht vor ... Bei uns ist man fesch.« Dabei zog er seinen kleinen Handspiegel, betrachtete sich darin und bürstete seinen schönen Schnurrbart.

Einmal aber – Schnee und Schnee fiel, kalt und kalt war es – erlebten unsere zwei wackeren Chauffeure eine schwere Panne. Mitten auf freier Strecke. Der Wagen bockte plötzlich und stand.

»Was ist denn das?! Zum Donnerwetter!« bellte der griesgrämige Major von hinten. Er war nicht nur in unserem Stab, sondern auch bei allen Eisenbahnbaukompanien berüchtigt und gefürchtet. Er verhing wegen nichtiger Kleinigkeiten oft die strengsten Strafen. Zudem war er gallen- und magenleidend, was ihn besonders mißlaunig und reizbar machte.

»Los! Warum geht der Wagen nicht, los!« kläffte er abermals. Vergeblich. Johann Otto Schönleber sprang bereits aus dem Wagen, der verantwortungsvolle Römer hatte schon sein Werkzeug zur Hand und kroch unter den Wagen. Die beiden Offiziere standen endlich auch im Schnee. In strammer Haltung, aber ganz unmilitärisch kulant erstattete Schönleber Meldung: »Herr Major, bitt' um Verzeihung, der Wagen steht!«

»Ja Himmeldonnerwetter, was ist denn das wieder für eine Schweinerei! Quatschen Sie doch nicht so saudumm daher, Kerl!« fuhr ihn der wütende Major an, doch Schönleber rührte sich nicht vom Fleck. Mit einer einnehmenden Handbewegung rief er abermals: »Bitt um Verzeihung, Herr Majur, aber der Wogn steht! Er steht!«

»Sie Idiot! ... Sie Irrenhäusler!« tobte der Major und der zurückhaltende Oberleutnant brummelte kopfschüttelnd: »Das ist doch einfach unglaublich!« Schönleber war nicht zu treffen. Es fiel ihm nicht ein, unter das Auto zu kriechen.

»Also meine Herrn!« begann er von neuem. »Also wann ich Ihnen sag, der Wogn steht! Er steht! ... Es ist nichts zu mochn, er steht!« Die Offiziere waren machtlos.

»Zehn Tage strengen Arrest!« zischte der dürre Major giftig. Dadurch kam freilich das Auto nicht in Bewegung. Schönleber aber auch nicht.

»Beföhl, Herr Majur!« rief er etwas militärischer und fuhr abermals fort: »Aber der Wogn steht! Ich kann Ihnen nicht hölfn!« Jetzt spang der Major im aufstäubenden Schnee und gab Schönleber zwanzig Tage strengen Arrest.

»Stehn Sie doch nicht so frech herum, Sie Faulpelz, Sie! Marsch, zugreifen!« wagte sich nun auch der Oberleutnant einzumischen. Immer das gleiche: »Der Wogn steht!« Erschöpft kroch Römer unter dem Auto hervor, richtete sich auf und meldete militärisch korrekt, daß eine Feder gebrochen sei.

»Zehn Tage strengen Arrest auch für Sie!« knirschte der Major. Von Schönleber hatten sich die zwei Offiziere abgewandt. Sie mußten einsehen, daß an ein Weiterkommen nicht mehr zu denken war, und hielten unbehaglich Ausschau im dichten Schneetreiben. Zum Glück kam ein anderes Auto vorüber. Sie winkten und wurden mitgenommen.

»Morgen Punkt neun Uhr früh haben Sie mit dem Wagen vor dem Kasino in Suwalki zu stehn, verstanden?« schrie der Major noch, fertig. Römer und Schönleber standen allein auf der schneeverwehten weiten Flur.

»So was ist bloß dir zu danken, du Drecksack, du!« weinte Römer fast. Indessen Schönleber riß nur den Wagenschlag auf und sagte seelenruhig: »Max, moch nicht in Eifer, komm rein!« Er zog seine Feldflasche mit dem stärkenden Rum auf und bot seinem Kameraden eine Zigarette an, indem er unverwüstlich sagte: »Unser Wogn steht, Max, aber wir kommen nach Suwalki, garantiert!«

»Wie denn, du Hornochs! Du bist doch vollkommen verrückt!« knurrte ihn Römer fassungslos an.

»Garantiert, wir kommen nach Suwalki! ... Moch nicht in Eifer, Maxl!« sagte Schönleber nur noch einmal. Da riß dem Römer die Geduld, und verbissen plärrte er: »Ja, Himmelherrgott, du bist ja aus dem Irrenhaus! ... Wir können uns doch nicht einschneien lassen! Wir müssen doch was tun!« Er schlotterte vor Wut und konnte nicht mehr ruhig sitzen. Schönleber faßte ihn begütigend am Arm.

»Max, alterier dich nicht!« redete er ihm zu und fuhr fort: »Irrenhaus sagst du? ... Der Krieg, der Majur, das is ein Irrenhaus! ... Bin ich ein Chauffeur oder eine Reparaturwerkstatt? ... Alterier dich nicht, Max, wir kommen nach Suwalki!«

Sie kamen auch hin. Ein Lastauto stampfte durch den Schnee. Hinreißend unterhandelte Schönleber mit den zwei preußischen Fahrern. Das Lastauto schleppte den Stabswagen eine ziemliche Strecke weiter und blieb dann selber stecken. Unter großen Anstrengungen, bei denen Schönleber zwar meistens redete, aber ausnahmsweise doch mithalf, wurde der Lastwagen wieder flott gemacht, das Stabsauto mußte stehenbleiben, bald waren sie in Suwalki.

»No, no, Max, wos hob ich gsogt?« rief Schönleber aufgefrischt: »Wir sind in Suwalki!« Aber was mit dem Stabswagen sei, wollte Max Römer wissen; sie müßten doch morgen früh Punkt neun Uhr vor dem Kasino stehen.

»Moch nicht in Eifer, Max, moch nicht in Eifer!« beruhigte ihn Schönleber. Das Zivile war sein Element, jede Stadt frischte ihn auf, und nur der Augenblick galt.

»Also, ich sog dir, Maxl, Madln gibt's hier, einfach dulli! ... Zukkerln, sog ich dir, diese pollackischen Madln«, fing er belebt an und nannte ein hübsches Bordell. Krieg, Major, Stabsauto, all das existierte nicht mehr. Römer drang in ihn, er flehte ihn an. Erstens, meinte Schönleber, hätten sie sowieso schon ihren Arrest, auf ein paar Tage mehr oder weniger komme es nicht an.

Römer ließ nicht locker. Er wurde noch dringlicher. Schönleber ließ sich endlich erweichen, allerdings nur, wenn Max nachher mit ihm ins Bordell gehe.

»Alsdann, richten wir uns das zuerst«, sagte Johann Otto. Nichts war für ihn einfacher, als sich's »zu richten«. Er nämlich bekam fast mit jeder Post ziemlich viele Liebespakete aus Wien: beste Zigarren und Zigaretten, feine Seife, Würste, Schokolade, Kirschwasser, Haarpomaden, kurzum alles, sogar Geld. »Sie lassen nicht aus, meine Zukkerln in Wien«, sagte er bei jedem Paketempfang, und er war stets generös. Er ließ jedem etwas zukommen.

»Kumm, Maxl! ... Wir lassen's uns richten«, sagte er also, und sie suchten einen Kraftwagenpark auf. Schönleber öffnete sein gelbledernes Köfferchen, das er stets mit sich führte, und spendierte reichlich. Die preußischen Fahrer, die sie nach Suwalki mitgenommen hatten, waren auch da. Schönleber hatte sich bereits mit ihnen angefreundet – mit einem Wort, es gelang ihm mit zehn Leuten den im tiefen Schnee stehengelassenen Stabswagen abzuschleppen, und für gutes Geld setzten die Mechaniker des Wagenparks das Auto auch wieder instand. Schönleber lobte sie überaus, herzgewinnend, und er lud sie alle ins Bordell ein.

»Man kann sich doch nicht seine Montur ruinieren! ... Zu wos sind Reparanten da!« sagte er zum Römer, nachdem sie den Wagenpark verließen, und er fing wieder von den »Zuckerln« im Bordell zu reden an. Sie amüsierten sich, und am andern Tag, Schlag neun Uhr, standen sie fahrtbereit vor dem Kasino. Frisch rasiert, mit wunderbar hochgebürstetem Bart, gewaschen und gewichst stand Schönleber stramm und sagte zu den etwas verblüfften Offizieren: »Wünsch einen guten Morgen, Herr Major! Wünsch gut geschlofn zu haben, Herr Oberlaitnant!« Er riß den Wagenschlag auf, verbeugte sich leicht und sagte: »Der Wogn ist in Ordnung!»

Als sie nach dieser ereignisreichen Reise wieder in unsere Villa zurückkamen, gab es in der Stabsküche ein heftiges Hin und Her. Damals nämlich waren noch die meisten deutschen Soldaten der Auffassung, daß der Militärpaß, wie einst in Friedenszeiten, sozusagen als Führungszeugnis fürs ganze fernere Leben gelte. Vor dem Krieg, wenn ein Meister oder Fabrikchef einen Militärentlassenen einstellte, sah er Zuallererst im Militärpaß nach, ob und wieviel Strafen darin vermerkt seien. Kein Wunder, daß Römer sehr bedrückt war wegen der zehn Tage strengen Arrest, Die meisten Kameraden bestärkten ihn auch in seiner Meinung. »Peperl«, unser Unteroffizier mit der zu langen Zunge, die beim Sprechen immer gegen die Zähne stieß, sagte ganz ernst: »Für dein weiteres Fortkommen ist das ein schwerer Schlag!«

Johann Otto Schönleber hob seinen pomadisierten Kopf. Unverblüffbar sah er mit seinen Fiakeraugen auf uns. Unfaßbar schienen ihm solche Sorgen.

»No, hörst du? ... Bin ich als Militär oder als Zivil auf die Welt kumma?« rief er. »Wos frag denn ich nach dem Militärpaß? ... So ein Papierl is doch Powidel!« Und dabei kam endlich heraus, was Schönleber im Zivilleben für einen Hauptberuf ausübte. Er lebte in Wien seit eh und je vom Handel mit sogenannten »heiligen Buildln«, und diese Bildchen waren Straßenmädchen. »Also Zuhälterei!?« stieß »Peperl« plump heraus. Jeder echte Deutsche hat seine Sittlichkeit und feste Moral. Die meisten rückten gewissermaßen innerlich von Schönleber ab. Der aber gab die beste Antwort, die ich jemals hörte.

»Zuhälterei?« sagte er. »*Halt* ich vielleicht so ein Zuckerl ...? Sie geht doch gern für mich! ... Du bist doch ein Pferd, Peperl, ein Pferd, verstehst du? ... Ich betreib ein Geschäft, wo ein Mensch auf seine Kosten kommt. Meine Kundschaft amüsiert sich, sie is zufrieden, sie kommt wieder! ... Und wos betreibt man bei eich, bei die Piefkes? ... Tüchtig is man! Krieg macht man, dabei gehn die Menschen z'grund ... Ein Pferd bist du, Peperl, ein Pferd!«

Zu was also brauchte er einen Militärpaß? Was hatte er überhaupt mit unserer ganzen fragwürdigen Moral und Ordnung zu tun?

Immerhin aber – nicht etwa weil ihn die zwanzig Tage strenger Arrest störten! –, immerhin gefiel es ihm bei uns nicht mehr, der ewig griesgrämige Major ging ihm auf die Nerven.

»Ich tu mich verändern«, sagte er. »Ich such mir was Besseres.« Daß das so gut wie unmöglich sei, war ihm nicht beizubringen. Was unglaublich schien, traf bald darauf ein. Bei einer Inspektionsfahrt hatten die zwei Offiziere offenbar die Karten nicht richtig studiert. Max Römer und Schönleber fuhren nach ihren Anweisungen, und auf einmal bekam der Stabswagen Feuer. Stop – Schönleber bremste und – brrr – der Wagen stand. Er sprang heraus, rannte an die hintere Tür, stand stramm und meldete, sie öffnend: »Also, Herr Major! Das is unmöglich! Unmöglich!« Fast empört und beleidigt sagte er es. Eine Sekunde lang waren die Offiziere baff. Die Kugeln pfiffen, gefährlich sangen sie in der Schneeluft.

»Was denn? Zum Donnerwetter, weiterfahren! Marsch, weiter!« donnerte der Major mit seiner krächzenden Stimme aus dem Wageninnern. Ausgeschlossen – Schönleber blieb. Verwirrt hatte Römer den Motor abgestellt. Es krachte und krachte, beide Offiziere schrien gleichzeitig, doch Schönleber rief unentwegt in den Wagen hinein: »Also, Herr Majur, wann ich Ihnen sag, das is' unmöglich! Ich kann Sie doch nicht in den Tod fahr'n!«

Der dürre Major sprang aus dem Wagen und schrie drohend: »Ja, Himmelherrgott, ich erschieße Sie wie einen Hund! Weiter, marsch! Umkehren, marsch!« Der Oberleutnant stand auch schon da. Römer schwitzte im Auto vor Angst und Aufregung fast Blut. Es sang noch gefährlicher in der Luft.

»Mann! Kerl!« überschrie sich der Major und packte Schönleber an der Brust, beherrschte sich aber gleich wieder und kommandierte: »Rein in den Wagen! ... Los, wenden, zurück!« Vergeblich. Schönleber machte die freundlichsten Gestikulationen und beteuerte entwaffnend: »Es is Ihr sicherer Tod, Herr Majur! ... Wir werden uns hinlegen müssen!« Der verzweifelte Römer zerrte an ihm und wollte ihn in den Wagen ziehen. Das Kugelpfeifen trieb auch die Offiziere wieder in den Wagen. Sie strampelten, sie fuchtelten, sie schrien wie um die Wette, und endlich sagte Schönleber: »No, wann mir nicht gefolgt wird, alsdann ...« Er kroch in den Wagen, schlug die Türe zu. Römer fuhr schon an. »Aber wir werden einen Bugn[9] mochn müssn, Herr Majur ... Einen Bugn!« drehte er sich, ohne sich um das Gekeif der Offiziere zu kümmern, nach hinten. »Moch Sie drauf aufmerksam, wir müssn reterieren! Wann's glückt, ist's Ihre Sach ... Mein Vorschlag war hinlegen!«

»Maulhalten! Wahnsinniger!« bellte der Major, und Römer fuhr, fuhr. Sie kamen endlich aus der Gefahr. »Degradieren!« hörte der Schönleber einmal aus dem Gespräch der empörten Offiziere.

Doch Johann Otto Schönleber wurde nicht degradiert, er wurde überhaupt nicht mehr bestraft. Der Major hatte ihn einfach satt. In seinem Auftrag forderte unser Stabsbüro bei der Kraftfahrer-Ersatzabteilung in München einen anderen Mann an, der schon nach vier Tagen eintraf. Und – so war es nun einmal bürokratisch usuell! – Johann Otto Schönleber kam nach München zurück. Als freundlicher

[9] Bogen

Mensch verabsäumte er nicht, sich von den Herren Offizieren zu verabschieden. Schmuck aufgemacht, betrat er ihr Büro, nahm Haltung an, sagte aber unvergleichlich zivil: »Beföhl, Herr Major! Es hot zwischen uns verschiedene Mißverständnisse gebn … Nichts für ungut, an mir hat's nicht glegn –« Weiter kam er nicht. Die Offiziere bellten ihn buchstäblich aus dem Büro. Peperl und die paar Schreiber starrten ihn entgeistert an, als er herauskam. Er schüttelte ganz unangefochten den Kopf und sagte: »Also sowas Exaltiertes! … So was?! … Piefkalisch, piefkalisch!«

Etliche Wochen später schickte er uns aus München eine Karte: »Dulli, ich geh in den schönen Westen und erhoffe mir noch bessere Zuckerln!« Er wurde sogar zum Vizefeldwebel befördert. Dann hörten wir nichts mehr von ihm. Sicher hat er den Krieg gut überstanden und sein Geschäft mit den »heiligen Buildln« in Wien wieder aufnehmen können. In späteren Jahren habe ich oft und oft nach ihm geforscht. Leider vergeblich. Und so kann ich nur noch mit dem wohlbekannten Endsatz aus allen Märchen schließen: »Und wenn er nicht gestorben ist, so lebt er heute noch!«

# »Mio Carletto ...!«

»Mio Carletto! Constantino! Emilio! ... Michelangelo ist jeden Tag um sieben Uhr aufgestanden!« Mit diesen zärtlich modulierten, behutsam gedämpften, etwas italienisch akzentuierten Worten weckte die alte Frau Holzer ihre drei Söhne stets in der Frühe. Ursprünglich waren es ihrer vier gewesen, aber Eugenio, der älteste, galt seit langem als verschollen. Einmal hieß es, er sei in Australien Gärtner, dann wieder, er habe sich in Kanada als Farmer niedergelassen. Selten wurde ein Wort über ihn verloren. Den »Carletto«, der altersmäßig zwischen Constantino und Emilio stand, rief die gute Greisin immer zuerst. Ihn nämlich liebte sie am meisten, sie vergötterte ihn. Unter sich sprachen die Holzers noch vielfach italienisch, weil sie aus Trient stammten, das bis nach dem ersten Weltkrieg zur österreichisch-ungarischen Monarchie gehört hatte. In den glanzvollsten Kaiserjahren hatten sie in Wien gelebt und offenbar in ganz guten Verhältnissen. Der Vater war Bildhauer gewesen, und Frau Holzer webte und knüpfte für reiche Häuser kostbare Teppiche oder besserte schadhaft gewordene Gobelins für Museen aus. Der Vater war gestorben und die Söhne inzwischen zu Männern herangewachsen. Constantino, der Bildhauer, war ein saftig-derber, unübertrefflicher Trinker und damals ungefähr achtundzwanzig Jahre alt, Carletto oder – wie er sich nannte – Jakob Carlo war sechsundzwanzig, schwärmte für Stefan George, für Buddhismus und Michelangelo und galt unter uns Freunden als ein hochtalentierter Maler, während der kleine, schmale Emilio, ein blonder, etwas farbloser Mensch, der mit der Mutter zusammenarbeitete, kaum die Zwanzig überschritten haben mochte.

Wie und wann die Holzers nach München gekommen waren, weiß ich nicht, jedenfalls lebten sie schon lange, lange Zeit in einer geräumigen, aber ziemlich ärmlichen Wohnung im Schwabinger Künstlerviertel, und Frau Holzer webte und knüpfte noch immer ihre Teppiche und besserte Gobelins aus. Das nährte die Familie, denn sie war eine Meisterin in ihrem Fach, verfügte über alle dazugehörigen Kenntnisse und hatte einen sicheren Geschmack. In ihrem heiteren, südländischen Temperament, ihrem natürlichen Stolz, ihrer rührenden Weltfremdheit und ihrem Hang zum Pathos glich sie Carletto am meisten. Sie stand schon hoch in den grauen Sechzigern, war klein, schmal und zart, hatte ein feines, vielfältiges, hageres Gesicht mit großen, sprechend-lebhaften blauen Augen und schnupfte. Außerdem konnte sie Dantes »Göttliche Komödie« auswendig, zitierte deren klangvolle Verse oft in getragenem Altitalienisch und verehrte den alten Kaiser Franz Joseph wie etwas unverwelklich Gottgegebenes. Die Zeiten mit ihren Veränderungen konnten ihr nicht an.

Mit Constantino hatte sie viel Verdruß. Er verkaufte schon manchmal ganz gut, versoff aber sogleich das ganze Geld und machte meistens noch Schulden obendrein, die dann von seiner Mutter verlangt wurden. Er war zu solchen Zeiten oft tagelang nicht zu sehen, kampierte in seinem verwahrlosten Atelier oder wurde wegen nächtlichen Randalierens von der Polizei festgenommen. Wenn er wirklich total betrunken einmal heimkam, empfing ihn Frau Holzer streng und rief gebieterisch: »Constantino, ruhig! Carletto wacht auf davon!« An Emilio dachte sie nie.

»Mit deinem Carletto!« polterte alsdann Constantino, aber sie sagte nur noch strenger: »Schäm dich! Buona notte!« Worauf Constantino wortlos ins Zimmer ging und sich aufs Bett warf. Endlich fand er eine Stelle als erster Entwerfer bei der Bayrischen Porzellan-Manufaktur in Selb und kam nur noch selten nach München.

Carlo war ganz anders. Er ging jeden und jeden Tag in die Alte Pinakothek, stand stundenlang vor einem Bild Tizians, Dürers, Rubens' oder Rembrandts. Man mußte ihn dabei gesehen haben. Er stand gespannt da, die dünnen Arme fest an den Körper gepreßt, mit auf dem Rücken verschränkten Händen, deren behaarte Finger in einem fort erregt zuckten. Den schmalen, langen Kopf hatte er ins Genick gedrückt, seine Augenlider verengten sich, er blinzelte wie geblendet und schaute dann wieder groß auf das Bild. Jede Wimper, die kleinste Falte seines blassen, gnomenhaften, sommersprossenübersäten Gesichts mit der auffallend hohen, zu allem Überfluß noch stark ausrasierten Stirn, arbeitete, jedes einzelne seines dichten, gewölbt nach hinten gekämmten, krausen, roten Haares schien leicht zu zittern. Er fieberte, seine Zähne malmten hörbar, als friere ihn, er schnaubte asthmatisch und kam in plötzlichen Schweiß, löste endlich die Arme, hob die rechte Hand und machte irgendeine modellierende Bewegung in der Luft, wobei seine wasserblauen Augen selig aufblitzten. Abwesend und sonderbar lächelte er, fast tänzelnd trat er weit zurück und musterte das Bild immer intensiver, rannte dann mit kurzen geschwinden Schritten wieder ganz nahe hin, roch förmlich an Farbe und Leinwand, tastete behutsam darauf, ging wieder zurück, holte rasch seinen winzigen Bleistift und einen ebenso winzigen Notizblock aus der Rocktasche und warf die Skizze irgendeines Muskelteiles, eines Auges, eines ausgestreckten Fingers oder Astwerkes darauf, strichelte ungemein nervös und hastig, bekam noch größere Atemnot, brach in ein starkes, schüttelndes Husten aus und mußte sich zu guter Letzt stets völlig erschöpft auf die gepolsterte Rundbank in der Mitte des Ausstellungsraumes setzen. Minutenlang war er zu allem unfähig. So verging sein Vormittag. Zum Mittagessen kam er anfänglich noch heim, später hörte das auch auf. Er sagte nur ab und zu: »Mamminca? Mamminca – Tizian? Das ist gewaltig! Das ist dantesk!« Schließlich stand er auf, küßte seine Mamminca zart auf die Stirn, und sie küßte ihn ebenso auf die Wange.

Auf seinem Atelier, das sehr ärmlich war, malte er dann den ganzen Nachmittag an dem angefangenen Bild, das schon wochenlang auf der Stellage stand. Er pinselte heftig erregt, und er gebärdete sich dabei genauso wie in der Pinakothek, er keuchte und redete dabei laut, fast wie schimpfend, er übermalte meistens das ganze Bild, und es bekam immer die Farben des Meisters, den er am Vormittag gesehen hatte. Niemals wurde es fertig. Es standen massenhaft so unvollendete Versuche in seinem Atelier. Er stellte nie aus, er verkaufte nie, er zeigte Besuchern auch nie eine solche Skizze, und wovon er eigentlich lebte, wovon er beispielsweise seine Ateliermiete bezahlte, wußte nur seine Mutter. Allerdings, er war unvorstellbar bedürfnislos und verstand, ohne es jemals zu zeigen, mit einer Würde zu hungern, die sprachlos machen konnte, die den bloßen Gedanken, daß der Mensch auch essen müsse, geradezu profan erscheinen ließ, unangebracht und fast unappetitlich.

Besuche auf seinem Atelier hatte er nicht ungern, aber man durfte sich durch sein schrecklich zerfahrenes, absonderliches Benehmen, das er beim Öffnen der Türe an den Tag legte, nicht beirren lassen. Er lächelte erst ganz verstellt und gewaltsam, riß die Augen weit auf, hustete etliche bellende Worte heraus und schien erst nach einigen Minuten aus einem Trancezustand zu erwachen. Dann umschlang er den

Besucher, sagte viele Schmeichelworte und lief trippelnd voraus ins Atelier. Verwirrt vor Freude lief er fortwährend hin und her und wiederholte oft und oft: »Jajaja, Oskar Maria Graf besucht seinen Freund Jakob Carlo Holzer!« und mit unvergleichlicher Grandezza ging er an den runden Tisch, auf dem eine runde, hölzerne Schale mit einem verrunzelten Apfel und einem trockenen Kanten Brot stand. Er nötigte mich zum Sitzen, nahm ein schmutziges Messer, zerschnitt Apfel und Brot und bot es mir freundlich lächelnd an: »Jakob Carlo Holzer bietet seinem guten Gast, was er hat.« Die Erregung hatte sein chronisches Asthma verstärkt. Er setzte sich endlich hin und verschnaufte. Schwer ging seine enge Brust auf und nieder, und die zerschlissene, altmodische Lavallierkrawatte zitterte mit jedem Atemzug. Sein Gesicht aber strahlte, als wäre ihm das Beste von der Welt geschehen. Er fing langsam und sehr bedächtig zu essen an und hielt dabei die Schale seiner linken Hand unter das Brot oder den Apfel, um ja keine Krume zu verlieren. Er aß andächtig malmend, beinahe so, als handle es sich um ein religiöses Zeremoniell. »Des Armen Haus ist wie ein Altarschrein – drin wandelt sich das Ewige zu Speise«, zitierte er Rilke und setzte dazu: »Oskar Maria Graf, das ist groß! Das erreicht George!« Es kostete Takt und Beherrschung, dabei nicht zu lachen, aber man gewöhnte sich daran. Mich rührte es sogar mit der Zeit.

Das war und blieb der ganze Jakob Carlo Holzer, solange ich ihn kannte.

Es ist mir immer schwergefallen, einen Menschen als Genie anzusehen, und seitdem man mich den sogenannten »geistig schöpferischen Kreisen« zuzählt, kann ich's schon gar nicht mehr. Immer fällt mir dabei der nette Vers des seligen Wilhelm Busch ein:

Früher, da ich unerfahren
und bescheidner war als heute,
hatten meine höchste Achtung
andre Leute.

Später traf ich auf der Weide
außer mir noch meh're Kälber,
und nun schätz ich, sozusagen,
erst mich selber.

Jakob Carlo Holzer aber muß ein Genie gewesen sein, obgleich wahrscheinlich nur wenige seiner halbfertigen Bilder und skizzenhaften Zeichnungen, die Emilio auf Zureden von uns Freunden im Laufe der Zeit von ihm wegholte, erhalten geblieben sein werden. Carlo lieferte einmal einen untrüglichen Beweis dafür. Er mußte sich bei Ausbruch des ersten Weltkrieges, da er nach Österreich zuständig war, ausgerechnet in Laibach, dem nunmehr jugoslawischen Ljubljana – arme Schulkinder, wie oft werdet ihr bei dieser tollwechselnden politischen Unrast noch in der Geographie umlernen müssen! –, zum Militärdienst stellen. Zum Glück aber wurde Carlo für untauglich befunden und kam schnell wieder nach München zurück. Damals kam einmal eine rundliche, sehr aufgeregte österreichische Beamtenfrau mit einem schön gerahmten Ölbild, das den alten Kaiser Franz Joseph zeigte, zu ihm und begann sofort in hurtigem Wienerisch auf ihn einzureden: »Ja, grüß Sie Gott, Herr Kunstmaler! ... Ja, Herr Holzer, ja wissen Sie, Sie sind jetzt noch meine einzige Hoffnung ... Wissen Sie, ich hätt nämlich eine ganz eine große Bitte, Herr Kunstmaler ... Ich kenn' Ihnen doch, Herr Holzer, von Ihrer Frau Mutter her ... Mir ist doch bekannt, daß Sie ein ordentlicher Mensch sind, der was nicht zum Krieg fort muß ... Wissen Sie, Herr Holzer, mein Mann und ich, wir sind doch auch Österreicher, aber wir müssen nach Wien übersiedeln ... Hals über Kopf müssen wir weg, Herr Holzer ... Nicht einmal alles mitnehmen können wir ... Und net wahr, Herr Kunstmaler, da hab ich halt gemeint, net wahr, ob Sie nicht so freundlich sein möchten und mir dieses Erbstück, dieses wunderbare Bild von unserm lieben Kaiser Franz Joseph vorläufig in Verwahrsam nehmen möchten ... Wissen Sie, bei Ihnen, da ist doch so was sicher aufbewahrt, net wahr? Sie verstehn doch was von solche wertvollen Kunstgemälden ... Bloß vorläufig, Herr Holzer, wissen Sie ... Es nimmt ja auch gar nicht viel Platz weg, schau'n Sie, es ist ja nicht groß ...« Der Redeschwall war gut, er bewirkte, daß Carlo endlich begriff. Und natürlich nahm er das Bild bereitwillig in seinen Gewahrsam. Mit vielen Dankesbezeigungen verabschiedete sich die rundliche Frau. Noch im Hinausgehen sagte sie: »Es ist nämlich ein altes Erbstück, was Wertvolles, wissen Sie, Herr Holzer ... Sie verstehn das ja ... Und, gelln S', sobald ich kann, hol' ich meinen guten Kaiser Franzl wieder!« Monate und Monate vergingen. Mit geräuschvollen Siegen und immer wieder Siegen fing der Krieg an, mit dem Zusammenbruch Deutschlands und der österreichisch-ungarischen Monarchie ging er zu Ende, Revolution und Gegenrevolution stießen blutig aufeinander, die Inflation brach herein – nie wieder hörte Carlo etwas von der Frau. So vollkommen vergaß er sie, daß er sich überhaupt nicht mehr an den Vorfall erinnern konnte. Damals ging es ihm sehr schlecht. Er schlief nicht mehr daheim und hauste einsiedlerisch in seinem Atelier. Es gab kaum noch Farben oder Malerleinwand, und wenn, dann nur zu unerschwinglichen Schleichhandelspreisen. Zum erstenmal in seinem Leben fühlte Carlo seine künstlerische Existenz bedroht. Er hatte nichts, gar nichts mehr, worauf er hätte malen können. In dieser Bedrängnis stieß er einmal auf das vergessene, dickverstaubte Kaiserbild, hob es auf – und war glücklich. Er nahm das Bild aus dem Rahmen und verkaufte ihn an einen Trödler. Den Kaiser übermalte er, malte und malte wieder. Das begonnene Bild wurde einmal tizianisch, dann wieder dürerisch, oder es leuchtete wie ein Rembrandt. Wieder verliefen Monate, sogar die Inflation ging zu Ende. Das begonnene Bild stand längst wieder in irgendeiner Ecke, ein anderes ward begonnen. Plötzlich, an einem frühen Morgen, klopfte es sehr energisch an Carlos Ateliertüre. Er schreckte aus dem Schlaf, und als er zerzaust und benommen öffnete, stand irgendeine unbekannte, dickliche Frau vor ihm und redete fischgeschwind auf ihn ein: »Recht guten Morgen wünsch ich, Herr Holzer! Jaja, das ist ja großartig, daß ich Sie antreff'! Entschuldig'n Sie bloß, gelln S', Herr Holzer! … Gelln S', aufgeweckt hab ich Sie, entschuldigen Sie! … Wissen Sie, ich hab mir eben gedacht, in der Früh treff ich Sie am sichersten, net wahr … Können Sie sich noch erinnern, Herr Holzer? Wissen Sie, ich bin doch die Frau Konsulatsbeamtin Wanninger, wissen Sie, die was Ihnen seinerzeit, wie der Krieg angelangt hat, ein Kaiser-Franz-Josephs-Bild zum Aufheben hat geben … Wissen Sie, mein Mann hat mit dieser ganzen Revolution seinen Posten verloren, überhaupt, in Wien ist's ja rein zum Verhungern, und da sind wir wieder nach München gezogen zu unserer Tante … Jaja, Herr Kunstmaler, Herr Holzer, und damit ich Sie nicht aufhalt', ich möcht halt gleich mein Bild wieder mitnehmen … Haben Sie es da oder auf dem Speicher?«

Carlo sah sie vollkommen entgeistert an, sprachlos. Er konnte sich zunächst durchaus an nichts mehr erinnern, aber die schwatzhafte Frau half ihm nach, und schließlich dämmerte ihm etwas dunkel herauf.

»O ja, o ja, meine Gnädigste … Jaja, Ihr Kaiser Franz Joseph, jaja«, stotterte er, log irgend etwas daher, daß er es im Speicher unter vielen anderen Sachen liegen habe und heraussuchen werde.

»Das ist aber nett, Herr Holzer! … Wissen Sie, es eilt ja gar nicht, wenn ich nur weiß, daß Sie's noch haben … Ich komm' dann vielleicht in einer Woche wieder, net wahr!« gab sich die Frau Wanninger zufrieden und ging endlich die dunklen Treppen hinunter. Jetzt auf einmal fiel Carlo wieder alles ein. Beklommen, wie gelähmt stand er da.

»Das ist die Hölle! Das ist Dante! Dante, Dante!« murmelte er und wußte nicht mehr aus und ein. Aus war's mit seinem Malen, er konnte nicht mehr schlafen, er zermarterte sich das Hirn, er wurde ganz krank dabei. Die Frau kam wieder. Er vertröstete sie von neuem. Das ging noch ein paarmal. Die Frau wurde dringlicher und schöpfte schließlich Verdacht. Sie verwandelte sich im Nu in eine drohende Megäre.

»Aber meine Gnädigste, aber liebe Frau Wanninger!« beschwor sie Carlo. »Ich kann das Bild nicht finden! Ich will noch einmal alles durchsuchen!« Durch das heftige Geschrei waren in den unteren Stockwerken bereits die Leute auf die Stiege gekommen und schauten erstaunt in die Höhe. Der genierte Carlo ließ die schimpfende Frau ins Atelier. Sie durchsuchten all seine verstaubten, halbfertigen Bilder, sie gingen in den Speicher hinauf. Nichts fand sich. Der Frau Wanninger riß die Geduld.

»So!« sagte sie. »Sie haben also mein wertvolles Bild verscheppert, verhandelt? Das kriegen wir schon!« Empört ging sie davon. Am andern Tag bekam Carlo einen eingeschriebenen Brief vom Herrn ehemaligen k. und k. Konsularbeamten Franz Xaver Wanninger mit der strikten Forderung, das Bild innerhalb einer Woche, vom heutigen Tage ab gerechnet, abzuliefern, widrigenfalls man gerichtliche Schritte ergreifen müsse. Und was tat Gott? Pünktlich am angegebenen Tag fand sich Carlo vor der Türe der Wanningerschen Wohnung ein und überreichte das Bild. Er sah sehr mitgenommen aus, aber er wickelte das Bild rasch aus dem Papier und sagte sehr energisch: »Bitte! … Das Bild hat bei meiner Mutter gelegen! Ich hab's Ihnen auch noch gefirnist, bitte!«

In neuem Glanz strahlte den Wanningers der gute alte Kaiser Franz Joseph entgegen. Blamiert und wachsweich standen sie da, entschuldigten sich viele Male und wollten sogar wissen, was die »Adaptierung« koste. Carlo dagegen sagte nur noch: »Danke, aber jetzt hoffe ich Sie nie wieder zu sehen, meine Herrschaften!« und ging stracksen Schrittes zur Tür hinaus. So weit, so gut. Der Friede wäre sicher gewesen, wenn es nicht die alte Tante von den Wanningers gegeben hätte, die mit ihnen die Wohnung teilte, die scharfsichtige Frau Realitätenbesitzerswitwe Therese Bemlinger.

»Fanny!« sagte die Frau Bemlinger am dritten Tag und deutete mit dem energisch gespitzten Zeigefinger auf das Kaiserbild über dem nußbraunen Vertiko. »Xaverl!« rief sie. »Mich täuscht da durchaus gar nichts – ich will euch ja die Freud an eurem schönen Erbstück nicht verderben – aber *unser* selbiger Kaiser Franz Joseph ist das nie und nimmer! *Unser* selbiges Bild ist das nicht!« Und nachdem sich die Fanni und der Franz Xaver Wanninger halbwegs von ihrem Schrekken erholt hatten, erklärte sie, soviel sie sich erinnern könne, sei das »selbige« Kaiserbild um »gutding einen Fingerbreit an jeder Seite größer« gewesen.

»Das selbige Kaiser-Franz-Joseph-Bild, das hat nämlich der selige Herr Professor Dingfelder meinem seligen Joseph gemalt, wie er ihm anno dreiundneunzig die Villa in Scharnitz eingehandelt hat«, erzählte sie weiter und bekräftigte: »Der Professor Dingfelder von Innsbruck ... Ein recht ein patenter Mensch ist er gewesen. Schenken hat er sich gar nie was lassen, und seine Bilder, die haben einen Wert gehabt ... Bloß Majestäten und bessere Leut hat er gemalt bei Lebzeiten ...«

»Dingfelder?« meinte der Herr Wanninger kämpferisch entschlossen. »Das laßt sich ja leicht feststellen! Das Bild muß ja sein Signum haben!«

Es hatte kein Signum. Jetzt war der Fall einer betrügerischen Fälschung eklatant, und die Sache kam ins Rollen. Eines Tages bekam Carlo einen geharnischten Brief vom Rechtsanwalt der Wanningers und nahm sich ebenfalls einen Rechtsanwalt. Die angesehensten Kunstexperten wurden herangezogen. »Ja«, bestätigten sie: »Dingfelder, Jakob, geboren am 14. Juli 1826 in Wiener Neustadt, gestorben am 4. September 1903 in Innsbruck, ehemaliger Akademieprofessor. Porträtmaler und Schöpfer mehrerer Bilder seiner k. und k. Majestät Kaiser Franz Joseph von Österreich.« Eingehend untersuchten sie das Wanningersche Kaiserbild. Es kam zu einem aufsehenerregenden Prozeß, zu dem sich das ganze damalige künstlerische Schwabing einfand. *Zwei* Kaiser-Franz-Joseph-Bilder standen, für jeden sichtbar, auf dem Richtertisch. Sie ähnelten einander wie ein Ei dem andern, nur daß das eine davon, das Wanningersche, frischer glänzte. Die Klage wurde verlesen. Höchste Spannung herrschte im Gerichtssaal, als die Wanningers und ihre Tante aussagten.

»Sind Sie ganz sicher, daß Ihr Bild signiert war?« fragte der Richter die Frau Fanni Wanninger als erste. »Ich mache Sie darauf aufmerksam, daß Sie unter Eid aussagen.« Die rundliche Frau war ziemlich eingeschüchtert, sie besann sich angestrengt und bezeugte endlich nach schwerem Zögern, daß sie das, nie beachtet habe und deshalb auch nicht beeidigen könne, aber sie verwies auf Tante Bemlinger. Dasselbe geschah, als Herr Wanninger gleicherweise befragt wurde. Auch er berief sich auf die Tante. Sehr eindringlich und, wie sich heraushören ließ, fast warnend, richtete der Richter diese Frage an Frau Bemlinger. »Hoher Herr Amtsrichter, das war nämlich so, der Herr Professor Dingfelder selig hat das Bild meinem Joseph selig –« begann die Befragte, aber der strenge Richter duldete keine Weitschweifigkeit. Er nahm das mattere Kaiserbild, hielt es der Frau Bemlinger hin und zeigte mit dem Bleistift auf das Dingfeldersche Signum in der Bildecke, indem er erklärte: »Das ist das erste Kaiserbild von Professor Dingfelder, das Original aus dem Innsbrucker Landesmuseum … War, Ihrer Erinnerung nach, das dem Ehepaar Wanninger gehörende Kaiserbild auch auf dieser Seite genauso signiert? … Sehn Sie's?«

»Ja«, nickte Frau Bemlinger.

Alles starrte.

»Was ja?« drang der Richter in sie. »Sie können also beeiden, daß sich auf dem Bild im Besitz des Ehepaars Wanninger auch ein solches Signum auf der gleichen Seite befunden hat?«

»Nein, nein, das, hoher Herr Amtsrichter, ist mir nach meiner Gewissenserforschung nicht mehr erinnerlich … Nein, so was kann ich nicht auf meinen Eid nehmen«, antwortete Frau Bemlinger kleinlauter, konnte aber doch nicht umhin, noch einmal schnell hinzusetzen: »Aber mein Joseph selig hat vom Herrn Professor –«

»Schon gut, schon gut!« schnitt ihr der Richter das Wort ab und sah auf den sichtlich sprungbereit dastehenden Anwalt Carlos: »Ich hab im Moment keine Fragen mehr.« Der Anwalt, eine massive Bärengestalt, Liebling und Nothelfer aller Schwabinger Künstler, weitberühmt als Prozeßtaktiker und hervorragender forensischer Redner, forderte vor der Befragung seines Mandanten Holzer die nochmalige

Bekanntgabe der Gutachten aller Experten, unter denen sich einige Museumsdirektoren und höchste Kunstkapazitäten befanden. Nach einigem hartnäckigen Hin und Her drang er auch damit durch. Einwandfrei stellte sich heraus, daß Dingfelder eine ganze Anzahl seines erfolgreichen Kaiserbildes angefertigt habe, die er nicht zu signieren pflegte. Die Wanninger-Bemlingerschen Behauptungen, Carlo habe ihnen eine neuangefertigte, etwa nachgemalte Kopie ihrer Dingfelder-Kopie zurückgegeben, erwiesen sich als nicht stichhaltig.

»Denn«, so sagte ein damals berühmter Museumsdirektor, indem er vor Richter, Anwälten und Publikum das Dingfeldersche Originalbild und die Wanningersche Kopie verglich, »Sie sehen ja, was meine Herren Kollegen übereinstimmend bestätigt haben – die gleiche angebräunte, schadhaft gewordene Leinwand, die Dingfelder verwendet hat, die gleiche Faserung und Webart, dieselben Nägel, schon reichlich mit Rost überzogen, die der verstorbene Künstler zum Aufspannen der Leinwand auf den Rahmen verwendet hat, die Holzwürmerlöcher im Rahmen und, was das Bild anbelangt, der unverkennbare Farbauftrag Dingfelders auf dem Bild. Im übrigen handelt es sich bei der Wanningerschen Kopie um ein Objekt, das auf dem Kunstmarkt kaum Handelswert hat. Fälscher, wirkliche Bilderfälscher suchen sich ganz andere Objekte aus.« Auch die von Frau Bemlinger angezweifelte Größe des Bildes stimmte mit dem Original überein. All das wirkte erstaunlich. Es kam auf einmal gar nicht mehr zur Befragung Carlos, denn der Wanningersche Rechtsanwalt beantragte Zurückziehung der Klage.

»Niedergeschlagen! Ich gratuliere, Herr Holzer, Sie sind glänzend rehabilitiert! Ihre Unschuld ist erwiesen!« sagte dessen Anwalt beglückt und klopfte Carlo jovial auf die Schulter. Richter und Beisitzer erhoben sich schon, da aber geschah etwas Ungeheuerliches, etwas Noch-nie-Dagewesenes. Völlig hilflos, ganz entgeistert starrte Carlo auf den Richter, dann ging er jäh ins Knie und breitete seine langen Arme weit, wie beschwörend aus.

»Hoher Gerichtshof!« keuchte er dröhnend aus sich heraus. »Ich bin schuldig! Ich bin schuldig! … Ich habe das Bild für die Frau Wanninger wirklich gemalt! Ich habe es rein aus der Phantasie, aus dem Kopf gemacht! Ich habe ihr eine Fälschung geliefert!«

Unglaublich – aber es war die reine Wahrheit. Ein Auftritt war das, eines Shakespeare würdig. Sprachlos starrten Richter und Beisitzer;

stockstumm, wie gebannt stand das Publikum in den Bankreihen; die Anwälte glotzten begriffsstutzig, die blamierten Sachverständigen waren erbleicht. Und das Allerunglaublichste war – der Richter ließ Carlo nicht als Fälscher festnehmen, ging überhaupt nicht auf seine niederschmetternde Beichte ein.

»Das ist jetzt nicht mehr unsere Sache!« rief er nur wie beleidigt. »Da muß ein neues Verfahren beantragt werden!« Verärgert setzte er seine schwarze Kappe auf. Er und die Beisitzer wandten sich zum Gehen. Eiligst verließen die Sachverständigen den Gerichtssaal. In ganz Schwabing und weit darüber hinaus bildete der Fall lange, lange Zeit den wichtigsten Gesprächsstoff, aber es kam – wahrscheinlich weil die zu sehr blamierten Kunstsachverständigen bei den höchsten Stellen ihren Einfluß geltend machten – zu keiner neuerlichen Prozessierung. Wir hatten damals noch eine freie Zeit; in der Gesellschaft herrschte eine wohltuende Urbanität, und man besaß viel Sinn für Humor und Originalität. Sogar die Wanningers hatten auf einmal einen großen Respekt vor Carlo bekommen, derart groß, daß sie ihn naiverweise darum angingen, sein Signum auf ihr Bild zu setzen. Der aber lehnte dieses – wie er sagte – plebejische Ansinnen schroff und stolz mit den kühnen Worten ab: »Es soll eine Fälschung bleiben! Man soll nur wissen, daß sich Jakob Carlo Holzer auch auf dieses Handwerk versteht!«

»Mio Carletto ist ein Gigant! Mio Carletto kann alles!« sagte die gute alte Frau Holzer voll unerschütterter Bewunderung. Insgeheim aber wirkte sie den beleidigten Wanningers einen Teppich. Damit waren Stil und Friede gewahrt …

# »Aus unbekannten Motiven ...«

Ich habe die Erinnerung an einen alten Schauspieler nie verloren. Ich lernte ihn damals kennen, als ich 1917 vom Kriegs- und Militärdienst entlassen worden war und kurz darauf eine Aushilfsbeschäftigung als Vorsortierer bei der Münchner Hauptpost fand. Da saß er mit mir am gleichen Arbeitstisch, und wir hatten zu zweit das große vielfächerige Regal zu versorgen. Wenn ich eine Schrift auf einer Karte oder auf einem Kuvert nicht entziffern konnte, zeigte ich sie ihm. Er schaute flüchtig drauf und las mir in wenigen Minuten die Adresse fließend vor. Er sagte nie das Wort, das ich gerade wissen wollte, immer die ganze Adresse. Ich habe ihn auch nie kurz antworten hören, etwa mit »Ja« oder »Nein«. Er sagte stets den ganzen Satz. Weil mir dies bei ihm auffiel, machte ich ihn einmal darauf aufmerksam und erfuhr dadurch, daß er Schauspieler sei. Er war ein ruhiger Mensch und hatte bereits die Fünfzig hinter sich. Auf der schmächtigen, kleinen Figur saß ein mächtiger, angegrauter Gnomenkopf mit weit wegstehenden Ohren. Das Gesicht war ledergelb und schlaff, aber stets glattrasiert. Offenbar waren ihm die geringsten Bartstoppeln zuwider. Aus den tiefliegenden Höhlen schauten zwei melancholische, dennoch fast kalte graue Augen. Er sprach wenig, und wenn man ihn so dahokken sah, mit ewig ernster Miene, hatte man den Eindruck eines alten, mürrischen Kauzes. Es schien auch, als verachte er die Menschen, besonders aber diejenigen, welche augenblicklich seine Umgebung ausmachten. Seine Kleidung war nach altem Schnitt, stets sauber gebürstet und unauffällig einfach. Eine Wochenhälfte lang trug er einen grauschwarzen Anzug, vom Donnerstag ab kam er in gestreifter Hose, Phantasieweste und Bratenrock. Auf der Straße machte er ein eigentümlich altmodisches Bild in seinem weiten, blaugrauen Havelock mit der kurzen Schulterpelerine und dem schwarzen, steifen Hut auf dem Kopf. Er ging etwas nach vorn gebeugt, dennoch gemessen, und von Zeit zu Zeit riß er seine Gestalt immer wieder in eine stramme, gerade Haltung. Die Leute sahen ihn oftmals verwundert an, einige kicherten auch leicht. Er beachtete niemand.

Ich habe zwei Erlebnisse mit ihm gehabt.

Einmal, als ich in das große, helle Pissoir der Hauptpost trat, stand er dicht am Fenster, hatte ein kleines, rundes Taschenspiegelchen in der Hand und betrachtete sich darin. In der anderen Hand hielt er ein abgebranntes Streichholz und bestrich sich damit vorsichtig die Augenbrauen. Als er sich entdeckt sah, wandte er sich um und sagte mit seltsam bitterer Ruhe: »Schauspieler sind Huren. Sie müssen gefallen und treiben die Putzsucht ihr Leben lang.« Ich konnte vor Verwunderung nicht gleich etwas erwidern. Er steckte unterdessen rasch seinen Spiegel in die Westentasche, warf das Streichholz weg, zog etliche Male an seinen vorderen Rockschößen und ging etwas schneller als sonst auf die Türe zu. Dort drehte er sich noch einmal um und sagte mit ironischer Würde: »Entschuldigen Sie, ich habe ganz vergessen, daß ich bei der Post angestellt bin.« Ich glotzte, wollte leicht auflachen, aber er war schon draußen. Hernach am Arbeitstisch saß er wieder mit jener Miene, aus der man deutlich lesen konnte, daß ihm jede Anrede unerwünscht sei. Ich beobachtete ihn ab und zu unvermerkt. Er hatte immer sein gleichmäßiges Gesicht. Wenn er aufschaute, versuchte ich, seine Augen in mein Blickfeld zu fangen. Er sah mit einer fast bösartigen Absicht weg. Auf einmal machte er eine häßliche Grimasse, als schüttle ihn ein Ekel. Er spuckte gewaltsam und knurrte: »Pfui Spinne!«

Ich sagte nichts. Inwendig belustigte mich diese Raunzigkeit. Wir arbeiteten wieder schweigend weiter. –

Etliche Jahre später war ich Dramaturg und saß nun Tag für Tag in einem ziemlich vollgestopften Büro mit einem Buchhalter am gleichen Tisch. Als ich einmal morgens die Briefe der engagementlosen Schauspieler durchsah, die nach vakanten Stellen fragten, fielen mir einige Rollenbilder auf. Ich betrachtete sie genauer und erkannte den Mann von der Hauptpost wieder. Kurz und sachlich bot er sich als Chargenspieler für Dienerrollen an. Aus dem in sympathischer, nachlässig schiefer Schrift abgefaßten Brief erfuhr ich einiges über seinen Werdegang. Er hatte noch beim seligen Joseph Kainz gelernt, viele Jahre in kleinen Provinztheatern Engagements gehabt, war dann am Deutschen Landestheater in Prag, am Josephstädtischen in Wien und am Hoftheater in Karlsruhe gewesen, habe – wie er sich ausdrückte – am Anfang des Krieges »seinen Dienst quittieren müssen und sei erst nach Ausheilung seines Leberleidens in gleicher Eigenschaft an verschiedenen Fronttheatern tätig gewesen«.

Der Direktor sah die Photographien und ebenfalls den Brief.

»Hm. Er hat ein interessantes Gesicht. Aber, mein Gott, Diener brauchen wir nicht«, sagte er achselzuckend.

»Sie, den kenn' ich! Der war mit mir vor zirka drei Jahren bei der Hauptpost als Vorsortierer«, erzählte ich.

»So ... Kann er was, glauben Sie?« fragte der Direktor. Ich mußte lachen über diese komische Frage und erzählte bei dieser Gelegenheit die Geschichte im Pissoir von damals.

»Schreiben Sie ihm. Am End' läßt sich was machen mit ihm«, sagte der Direktor, und ich tat es. Ich freute mich darüber. Einige Tage darauf kam Heinrich Wollgast, wie der Mann hieß, auf unser Büro. Er war sichtlich bestürzt, als er mich hier wieder antraf, verbarg dies aber sofort wieder hinter seiner stolzen, verschlossenen Miene.

»Wir kennen uns«, sagte ich, und das schien ihn zu ärgern.

»Ja! Ja, wir hatten schon einmal das Vergnügen, bekannt zu sein miteinander«, sagte er gewählt und abweisend. Ich ließ dieses Thema fallen und meinte nur noch: »Bitte, wollen Sie einstweilen Platz nehmen, der Direktor wird bald kommen.«

»Danke schön, danke schön, ich stehe ganz gern«, erwiderte er, machte eine kurze, noble Verbeugung und schloß: »Lassen Sie sich, bitte, nicht stören.« Er schlug die Hände auf dem Rücken zusammen und tappte hin und her. Ich schielte manchmal auf ihn. Er schien es zu merken, tat aber so, als sei er allein. Er hielt den Kopf hoch und sah eigentlich immerzu geradeaus. Er trug noch immer den steifen, schwarzen Hut und seinen graublauen kuriosen Havelock. Auch – wie ich an der Hose feststellen konnte – den grauschwarzen Anzug, genau wie damals. Sein Gesicht war sehr gealtert, und ich wette, daß er nur deshalb seinen Hut aufbehielt, weil es ihm unangenehm war, daß jemand seine grauen Haare sah. Auch als jetzt der Direktor hereinkam, lüftete er ihn nur ein ganz klein wenig.

»Habe ich mit Herrn Direktor Felber die Ehre? So! Freut mich sehr! ... Mein Name ist Wollgast«, sagte er wieder so würdig, drückte Felber weltmännisch vornehm die Hand und ging mit ihm in dessen Zimmer.

Der Buchhalter hob den Kopf und sah mich fragend an. Schüchtern sagte er: »Der Herr paßt, glaub' ich, nicht für uns. Der ist, mein' ich, viel zu stolz für uns.«

»Und zu alt«, sagte ich. Ich meinte es nicht wörtlich. Wollgast schien mir vielmehr eine jener aussterbenden Mimengestalten zu sein, die ihrem ganzen Lebensgestus, ihrem Denken und Fühlen nach in die Hagestolzenzeit gehörten. Seine hochmütige Verschlossenheit hing sicher mit einer beinahe ererbten Vorstellung zusammen, der Künstler stehe über allem, genau wie der Geistliche, der Adlige oder der König. Das konnte der Buchhalter selbstverständlich aus meiner Antwort nicht herausgehört haben. Darum erwiderte er: »Jaja, zu alt ist er auch für uns ... Na, wie alt wird er sein? Fünfundfünfzig sicher.«

»Ja, das ist er gut«, sagte ich ebenso. Ich war gespannt, wie die Unterredung mit dem Direktor ausginge, und horchte hin und wieder. Durch die verschlossenen Türen aber konnte man nur ein undeutliches Gemurmel hören. Endlich kamen die beiden wieder in unser Büro zurück. Wollgast hatte noch immer den steifen Hut auf dem Kopf und sagte in herablassendem Ton zu mir: »Meine Rollenbilder schicken Sie, bitte, an meine Hausfrau zurück. Hier ist die Adresse.« Damit gab er mir eine Visitenkarte, worauf die Anschrift stand. Sein Name war sonderbarerweise durchgestrichen. Er wandte sich kurz und förmlich an den Direktor, lüpfte den Hut schnell und verabschiedete sich: »Guten Tag, Herr Direktor! Es war mir ein Vergnügen, Sie kennenzulernen.«

Vom Buchhalter und mir nahm er keine weitere Notiz und ging zur Tür hinaus.

Der Direktor blieb horchend stehen, bis die Schritte draußen verhallt waren, bis die Eingangstür ins Schloß fiel.

»Ein ausgespielter Mann! Tragisch, tragisch so was!« sagte er. Und so, als schüttle er ein Unbehagen ab, zuckte er mit den Achseln und meinte wiederum: »Na, es gibt schwerere Fälle heutzutag' ...« Er ging wieder in sein gegenüberliegendes Büro zurück. –

Etliche Tage später stand in der Zeitung, daß sich ein Schauspieler Wollgast in den Isaranlagen erschossen habe.

Der Direktor, dem ich die Notiz zeigte, meinte, so was sei eigentlich einen Roman wert. Ich vergegenwärtigte mir noch einmal das Bild dieses Menschen. Ich erinnerte mich an die Worte »Schauspieler sind Huren«, und es rollte gleichsam das ganze Leben dieses Sonderlings vor mir ab: Sohn besserer Eltern mit geringen Mitteln, Schauspielerschüler, Herumgeworfensein in allen möglichen Provinznestern, Not und Elend, immer Dienerrollen, sicher allmählich überzeugt von seiner mangelhaften Begabung, nachdenklich werdend, klüger als seine erfolgreichen Kollegen, die ihn mit Herablassung behandeln. Er hat Unglück und Pech, die Zeit läuft ihm gewissermaßen unter den Füßen weg, allmählich steigert er sich in Haß und gänzliche Menschenverachtung hinein, wird irgendwie aus der Bahn geworfen und versucht es noch einmal bei uns. Dieses Mißlingen zeigt ihm, daß er überflüssig geworden ist. Er geht ab, stolz und verschlossen, ohne Begründung oder, wie die Zeitung schrieb, »aus unbekannten Motiven« …

# Mein furchtbarstes Erlebnis und seine Folgen

## I

Nachdem ich mich neulich bei einem berühmten Juristen genau erkundigt habe, ob Bettelei, die man vor Jahren einmal ausgeübt hat, heute noch gerichtlich belangbar sei, und sozusagen dahin verbeschieden worden bin, daß man mir nichts mehr machen kann, wage ich es getrösteten Herzens, einer geneigten Öffentlichkeit mein furchtbarstes Erlebnis mitzuteilen.

Ich war nämlich eine Zeitlang Bettler, das heißt, ich bin nicht etwa in die Häuser gegangen, hab an die Türen geklopft und um ein Almosen gebeten. Nein, nein, ich betrieb das ganz anders: Ich hielt mich stets an meinen Stand und bettelte nur brieflich.

1917, nachdem ich vom Kriegsdienst entlassen worden war – es sind ja inzwischen, unserer Kulturmenschheit zu Ehren, so viel kriegerische Auseinandersetzungen passiert, unter anderem sogar der zweite, bisher gewaltigste Weltkrieg, daß man den ersten von 1914 bis 1918 schon fast vergessen hat –, also 1917, als ich durch meine starke persönliche Nachhilfe wieder privater Zivilist geworden war und in einer Münchner Keksfabrik arbeitete, hatte die fixe Idee, ich sei ein verkanntes Dichtergenie, in mir ihren Höhepunkt erreicht. Ich schrieb, was ich nur herausbringen konnte: Gedichte, Novellen, Erzählungen, ja sogar zwei Theaterstücke und verschickte diese Erzeugnisse an alle möglichen Redaktionen, Verlage und Bühnen. Komischerweise aber begriff man mein Genie nicht im mindesten. Ich bekam alles zurück, stets zurück, und es läßt sich denken, wie wütend ich auf all die eben genannten Einrichtungen war.

Ein philosophisch angehauchter Freund traf mich einmal in einer solchen Stimmung und sagte: »Oskar, du bist ein zu arger Idealist … Du gehst nicht mit der Zeit! Du vergißt, daß Vorwärtskommen und Ruhm in der Dichterei auf Protektion beruhen! Protektion macht heute alles!«

Dieses letzte Wort »Protektion« brachte mich auf einen guten Gedanken, den ich sofort in die Tat umsetzte. Nämlich, ich setzte mich hin und schrieb von jetzt ab Briefe an prominente Schriftsteller, in denen ich mein Dasein in den düstersten Farben schilderte. Wahre Jammerhymnen waren diese Briefe. Sie mußten selbst das verstockteste Herz erweichen. Und jedem solchen Brief legte ich auch zwei oder drei Gedichte bei. Ich muß allerdings gestehen, daß meine »großen Kollegen«, mit ganz seltenen Ausnahmen, sehr wenig Verständnis für meine Lage hatten, und zu diesen Ausnahmen gehörte – selig hab ihn Gott – unser guter, alter, unverwelklicher bayrischer Lieblingsschriftsteller Doktor Ludwig Ganghofer.

Auch er erhielt eines Tages einen solchen Brief von mir. Darauf antwortete mir ein Mann namens Friedrich Schanzer, der sich als sein Sekretär bekannte. Ich weiß nicht mehr genau, ob er auch ein Doktor gewesen ist. Jedenfalls nahm ich es damals und nehme es auch heute noch an, weil ich es devotions- und instinktmäßig für richtig hielt, daß man einem gebildeten Menschen einen gewiß wohltuenden Rang zuerkennen müsse.

Kurz und gut, der Doktor Schanzer bat mich brieflich, an einem Sonntagnachmittag zu ihm zu kommen, und ich tat es auch. Das war selbstredend keine sehr leichte Aufgabe für mich. Erstens nämlich mußte ich dort etwas schäbig erscheinen und mich von vornherein auf Jammer einstellen, und zweitens witterte ich, daß der Herr womöglich mit Nachforschungen anfinge, die mir keineswegs erwünscht gewesen wären.

Aber es kam anders. Herr Schanzer bewohnte ein häßliches, kleines Hinterzimmerchen in der Nähe des Mariannenplatzes und redete sehr gönnerhaft mit mir. Er erklärte mir lang und breit, daß meine Gedichte Anfängerarbeiten seien und daß Herr Doktor Ganghofer gar nichts übrig hätte für sogenannte »Neutöner«.

Er zeigte mir auch einige Zeitschriften, in welchen seine eigenen Gedichte abgedruckt standen.

»Wissen Sie, ich kann Ihnen natürlich nicht viel helfen und möchte Sie auch nicht irgendwie beeinflussen, aber ich meine, Herr Graf, Sie müßten mehr Goethe lesen. Gerade Goethes Gedichte können Sie auf den richtigen Weg bringen«, sagte er zu guter Letzt und gab mir die Inselausgabe von Goethes Gedichten.

»Lesen Sie darin einmal eingehender«, sagte Herr Schanzer wiederum, und er würde noch einmal mit Herrn Doktor Ganghofer

Rücksprache nehmen, wie mir zu helfen wäre. Ich hatte eigentlich die ganze Zeit nur immer »ja« und nochmals »ja« gesagt und verabschiedete mich jetzt mit den gewaltsamsten Dankesbezeigungen. Auf der Straße hingegen schnaufte ich auf wie ein müdes Roß, betrachtete ein um das andere Mal den mitgegebenen Goetheband und fluchte ärgerlich in mich hinein: »Kruzifix-Kruzifix! Der Kerl quatscht den ganzen Nachmittag daher mit seinem Hundsgoethe, und zuletzt gibt er mir doch nichts! Wenn nur der Teufel den ganzen Goethe holert!«

Es verging eine Woche, es verging noch eine. Den Goethe schaute ich nicht an, aber vom Ganghofer hörte ich nichts mehr. Eines Abends setzte ich mich abermals hin und schrieb einen gottesjämmerlichen Brief an unseren großen Lieblingsdichter. Schlauerweise unterließ ich es diesmal, auf dem Kuvert den Absender anzugeben und schrieb bloß vorne dick drauf: »Persönlich!« Das unterstrich ich außerdem noch viermal.

Wart, dachte ich mir, du damischer Schanzer mit deinem Goethe, ich werde dich schon darankriegen, wenn du mich nicht hinbringst, wo ich hin will!

Und unser gutes altes Sprichwort: »Geh lieber nicht zum Schmiedel, geh lieber gleich zum Schmied« bewahrheitete sich in diesem Falle für mich auf das vorzüglichste. Kurz darauf nämlich bekam ich einen schönen Brief vom Ganghofer, ich sollte zu ihm in die Steinsdorffstraße zum Essen kommen.

Das war wirklich gewaltig. Einerseits erfüllte mich diese Antwort mit Triumph, andererseits mit höllischer Angst, und wiederum war auch ein gewisser Ärger dabei. »Den Schanzer hast du jetzt geschlagen«, sagte ich mir nämlich, »aber jetzt mußt du zu diesen feinen Leuten zum Essen und kannst das gar nicht.« Und zudem – Herrgott! –, nicht *ein* Wort von Unterstützung stand in dem Brief! »Für ein einziges Essen«, knurrte ich mich selber an, »muß man soviel kalaminöse Anstalten machen!«

Aber was blieb schließlich anderes übrig? Ohne Risiko kommt man zu nichts, und »wer wagt, gewinnt!« sagte ich mir entschlossen. Ich ging also in die Steinsdorffstraße und setzte mich an die Tafel. Da saßen, wenn ich mich recht erinnere, Ganghofer, seine Frau, der Schanzer, und – ich weiß nicht mehr genau – großgewachsene Töchter und Söhne waren auch dabei. Ich war so fürchterlich verwirrt, daß ich überhaupt kaum etwas richtig sah, und heute noch, wenn ich daran denke, rinnt mir der kalte Schweiß aus den Achselhöhlen.

Zuerst gab es Suppe, dann Schweinsbraten mit Spätzle. Die Suppe, die ging ja noch, aber der Schweinsbraten mit den Spätzlen, das war direkt grauenvoll.

»Soso, aus Berg am Starnberger See sind Sie?« sagte der Doktor Ganghofer, als ich mich gerade plagte, die verdammten Spätzle sorgfältig aufzuspießen. Glitschige Teigkügelchen sind das, in siedendem Wasser herausgekocht. Natürlich hielt ich gleich inne und antwortete: »Ja, jawohl, Herr Doktor, jaja, von Schloß Berg.« Wie ich aber jetzt die Gabel schnell in den Mund stecken wollte, hatte ich kein Spätzle mehr droben. Ich wurde insgeheim wütend und stieß fester auf die Spätzle, die in der Soße immer wieder ausglitten. Zwei davon hatte ich schon erwischt.

»Also echter Oberbayer?« meinte in dem Augenblick Ganghofer schon wieder.

»Ja ... Jaja, sehr richtig«, gab ich beflissen zur Antwort und versuchte mit aller mir zu Gebote stehenden Behendigkeit, etwas von dem Schweinsbraten herunterzuschneiden, denn den esse ich für mein Leben gern. Aber jetzt spießte die Gabel wieder nicht recht. Ich drückte das versilberte Messer mit aller Gewalt auf das Fleisch, es kratzte auf dem Teller, es gab – weil mir das Messer ausrutschte – Soßespritzer auf dem weißen damastenen Tischtuch – ein schreckliches Hin- und Hergezumpel war es, und immer und immer wieder, wenn ich glücklich so weit war, eine Gabel voll in den Mund zu schieben, grad in dem Moment jedesmal fing der Ganghofer oder der Schanzer zu reden und zu fragen an. Schier zum Blutschwitzen war es. Und was am allerzuwidersten war: von irgendeiner Unterstützung fiel kein Wort. Ich faßte mir ein Herz, lugte geschwind auf den Ganghofer und sagte ganz unvermittelt: »Bitte, Herr Doktor, darf ich Sie hinausbitten!« Es klang, als sei mir auf einmal schlecht geworden, als müßte ich auf den Abort oder auch, als forderte ich den guten Lieblingsschriftsteller zum Duell. Die Wirkung war ungeheuer. Einen Moment war alles totenstill. Die Frau Doktor ließ das Besteck fallen, der Schanzer stierte, die andern sahen mich auch alle so verblüfft an, ich glotzte dumm, und der Ganghofer wurde sehr nervös. Er rekelte sich hin und her, wollte ein wenig lächeln und konnte nicht, denn ich war schon aufgestanden, und da sagte er, ebenfalls aufstehend: »J-ja, ja, bitte!«

»Bitte!« stotterte er und ging mit mir auf die Türe zu. Es war eine hohe, breite Schiebetür. Draußen im Vorraum trippelte er noch nervöser hin und her und fragte noch genauso verstört: »Ja, bitte ... haben Sie was zu-zu sagen?«

»Ja, Herr Doktor, ja ... Sie haben doch meinen Brief bekommen«, sagte ich in größter Verlegenheit und hörte sein »Jaja« gar nicht. »Wissen S', Herr Doktor, ich möcht' um eine kleine Unterstützung bitten.« Ganghofer schaute mich einen Moment lang an, wie mich nie wieder ein Mensch angeschaut hat, dann griff er schier wie konfus geworden in alle seine Taschen, fuhr wieder heraus mit den Händen und sagte in einem fort so hastig und abgehackt: »Jaja ...tjaja, natürlich, jaja, i-ich ... i-ich –«

Mich reute schon alles, und weil er mir auf einmal leid tat, sagte ich schnell: »Und wenn's bloß fünf Mark wären, Herr Doktor, bloß fünf Mark!«

»Jaja, ja!« stieß er jetzt wie gehaucht heraus. »Jaja, bitte, bitte!« und griff hastig in seine hintere Hosentasche, nahm die Geldbörse heraus und gab mir genau, was ich verlangt hatte. »Bitte hier ...«

»Be-besten Dank, Herr Doktor, besten Dank!« hastete ich ebenso und wollte ihm wie erlöst die Hand drücken. Er aber ging an die Schiebetür, schob Sie auseinander und sagte schon wieder ganz gefaßt: »Bitte, wollen wir nicht wieder hineingehen, kommen Sie!«, und ich erwischte mit einem kurzen Blick die erstarrten Gesichter an der Tafel, jedes Aug gespannt auf mich gerichtet.

»Kommen Sie, wei-weiteressen!« meinte der Ganghofer und machte eine einladende Geste. Ich aber legte keinen Wert darauf, mich abermals in diese Höllenqualen zu begeben und sagte rasch: »Nein-nein, Herr Doktor, ich möchte Sie nicht mehr länger stören! Bitte, bitte, darf ich mich verabschieden! Adjö, Herr Doktor, adjö, und besten Dank, besten Dank!« Zwischen Tür und Angel sozusagen drückte ich ihm die Hand. Die anderen glotzten noch immer unbewegt nach mir, und ich lief fast fluchtartig davon.

Erst auf der Straße kam ich wieder einigermaßen zu mir und sagte etwas erschöpft vor mich hin: »Na ja, die Unterstützung hast du, Gott sei Dank, Gott sei Dank! Fünf Mark sind immerhin fünf Mark, aber solche Kalamitäten dabei, hmhm, das ist zuviel!«

Dieses Vorkommnis hat mich schließlich vom Betteln abgebracht ...

II

Aber weh' dem, der lacht! Wehe ihm, auch wenn er sich selber vor der Öffentlichkeit auslacht! Das Publikum schätzt so etwas durchaus nicht. Es hat seine ungeschriebenen Gesetze. Es nennt so ein Benehmen ungehörig, taktlos und unverschämt. Und Schriftstellerei ist schließlich genauso ein Geschäft wie jedes andere. Man muß sich nach der Kundschaft richten, man muß Rücksichten nehmen. Kurzum: Wehe also dem, der lacht!

Ich bekam es zu spüren. Ich habe diese den Ganghofer ehrende und mich blamierende Erinnerung einst in der Münchner »Jugend« veröffentlicht. Unser Lieblingsschriftsteller lag längst unter der Erde, gute acht oder zehn Jahre schon. Aber was geschieht? Ich bekam einen eingeschriebenen Brief aus Frankfurt – vom Herrn Schanzer! Ganz empört schrieb er sich seinen Ärger vom Leibe. Freilich in etwas resigniertem Ton und höflicher, aber bestimmter Form. Es sei wenig nett und nicht sehr geschmackvoll, hieß es, wie ich ihn in meiner Skizze behandelt hätte, und, betonte er, wenn ich seine damaligen Bemühungen, seine dringende Fürsprache bei Ludwig Ganghofer gewußt hätte, wäre wohl die Charakterisierung seiner Person ganz anders ausgefallen. Recht hatte er, ganz recht. Ich bin in dieser Hinsicht sehr einsichtig, Zureden macht mich windelweich. Ich entschuldigte mich, so gut ich es fertigbringen konnte. Ungesäumt kam ein langer, beseligter Antwortbrief. »Ich will Ihnen, hochverehrter Herr Graf«, schrieb mein bisher ungeahnter Befürworter herzerwärmend, »bei dieser Gelegenheit nicht verschweigen, daß ich seit langem ein begeisterter Leser Ihrer lebenswahren, erdhaften Bücher bin und auf jedes Ihrer neuen Werke schon mit Spannung warte. Ich schätze mich glücklich, daß ich einer der ersten gewesen bin, der Ihr überragendes Talent erkannt hat.« Um mit einem damals sehr populären Volksredner, dem ich gerne zuhörte, zu sprechen: »Der Friede war wieder auf das prächtigste hergestellt.« Friedliebend zu sein, macht auch die wenigsten Umstände. Als höherer Beamter beim Statistischen Amt und Vater von zwei reizenden Kindern, bewege sich sein Leben seither in gesicherten Bahnen, teilte mir Herr Schanzer mit, aber »die Muse habe ihn immer noch nicht verlassen, und ich sei doch jetzt ein begehrter, einflußreicher Autor, auf dessen Urteil und Empfehlung man überall großen Wert lege.« Um es kurz zu machen, er kündigte mir die Zusendung seiner »Musenkinder« an und so weiter. Nach kurzen zwei Tagen schon brachte mir der Briefbote zwei umfängliche Pakete. Es waren gut an die tausend Gedichte, betitelt »Gänge durch das Leben«, und sie trugen das selbstverfaßte Motto:

»Wer die Courage hat,
wie ich es tat,
zu dichten,
der mag mich richten.«

Couragiert war Friedrich Wilhelm Schanzer – er hatte sich wahrscheinlich wegen des bedeutsameren Klanges zwei Vornamen zugelegt –, couragiert war er ganz offensichtlich. In einer markigen Ballade, die den Ausbruch eines kühnen Ritters aus seiner hoffnungslos belagerten Burg schilderte, merkte man sehr sinnfällig, daß diese Eigenschaft des Dichters auch auf seine Gestalten übergegangen war. Niemand wird das bei diesem Vers bestreiten:

»Was aber machte Ritter Nimmerlein?
Er hatt' wohl gar ein kleines Fimmerlein!
Er brach aus seiner Lagerburg
wahrhaftig wie ein toller Demiurg!«

Ich las sehr viele dieser »Musenkinder«, und – großer Gott, was hatte der Dichter in mir angerichtet! – ich beherzigte die letzte Zeile seines originellen Mottos, ich richtete. Das Schreiben, das ich nach der Rücksendung der Manuskripte erhielt, war überraschend nüchtern. Es endigte mit dem verhaltenen Vorwurf: »Es hätte Ihnen damals auch der selbstverständliche Anstand sagen müssen, mir den geliehenen Band Goethescher Gedichte wieder zuzustellen.«

Peinlich, so eine berechtigte Erinnerung! Noch peinlicher – ich hatte den Band nicht mehr. Ich kaufte sofort einen neuen in Luxusausgabe.

»Courage! Courage!!«

schrieb ich auf die erste Seite und schickte das Buch sofort nach Frankfurt. Mein aufmunternder Zuruf aber blieb offenbar ganz ohne jeden Widerhall. Ich habe nie wieder ein Gedicht von Friedrich Wilhelm Schanzer zu Gesicht bekommen.

# Ein barockes Malerporträt

Mit meinem Freund Georg, dem Maler, war das so: Er lachte bei jedem Witz, der erzählt wurde, gewaltsam, aber stets etwas – verlegen. Am andern Tag fiel ihm dieser Witz wieder ein, und er begann ihn umständlich zu erklären. Zum Beispiel erzählte ich in seiner Gegenwart einmal den altbekannten jüdischen Witz von der Hausierersfrau, deren Mann auf seinen Handelsgängen oft durch einsame Wälder oder dunkle Nächte zu gehen hat, wobei angenommen werden konnte, daß er einmal überfallen und beraubt würde.

»Moischi«, sagt seine Frau, »ich hab Angst, du kannst werden überfallen! Schaff' dir an eine Pistaul'!«

»Wenn ich schon hab' die Pistaul'«, sagt Moischi lakonisch, »wer wird schießen?«

Tags darauf traf ich Georg in der Ludwigstraße. Er war sehr aufgeräumt und fing gleich an: »Hahahaha, du, das ist ja gut – dein Witz gestern ...!« Er lachte jetzt geradeheraus und meinte: »Hahaha, der Hausierer! ... Das ist nämlich so, der kann gar nicht schießen! ... Hahaha, das ist ja gut! Der hat doch ganz recht, zu was braucht er denn dann einen Revolver? Hahaha!« Jetzt schüttelte er sich vor Lachen.

Merkwürdigerweise war Georg ziemlich belesen. Das imponierte mir besonders, als wir uns kurz nach meiner Flucht von zu Hause, in den idyllischen Münchner Jahren von 1911 bis 1913, näher kennenlernten. Er war nur um wenige Jahre älter als ich und damals noch Konditor, hatte eine unsagbar schwere Jugend und Lehrzeit hinter sich, aber er kannte viele griechische Philosophen, liebte insbesondere die Stoiker, wußte in der Geschichte einigermaßen Bescheid, hatte Darwin, Haeckel, Boelsche gelesen, mochte Nietzsche gern und zitierte bei jeder Gelegenheit Stellen aus Rilkes »Stundenbuch«, seit langem aber galt ihm Max Stirners »Der Einzige und sein Eigentum« als wahres Evangelium. Daraus bezog er all seine eigentümliche, unbeirrbare Logik.

»Das ist nämlich so!« Mit dieser stereotypen Redewendung begann er jede Argumentation, und, was überaus kennzeichnend für ihn war, er krümmte dabei seinen Zeigefinger halb hoch. Er streckte ihn nie gerade in die Höhe wie etwa ein dozierender Besserwisser. Der Finger blieb die ganze Zeit halb gekrümmt, gleichsam zögernd.

»Das ist nämlich so«, erklärte er mir, »beim Stirner gibt's überhaupt keine fixen Ideen mehr ... Staat, Religion, Pflicht, Vaterland und so, das ist alles bloß Schwindel! Alles ein Sparren, verstehst du? Lies das einmal.«

Ich las Stirner, doch ich verstand ihn etwas anders. Seither nannte sich Georg einen »individualistischen Anarchisten« und schloß sich einem entsprechenden Kreis um Erich Mühsam an, bei dem er mich auch einführte. Und von da ab beschäftigte er sich nur noch mit Politik und las stets die Zeitungen aller Richtungen. Er machte auch vor den ausländischen nicht halt, verlangte im Kaffeehaus immer etwas provokativ laut den »Temps«, die »Times« und den »Avanti«. Er verstand zwar weder französisch noch englisch, noch italienisch, aber unergründlicherweise konstruierte er aus Worten wie »people« oder »Travajos« oder »Police«, aus »Generali« oder »Strike« politische Geschehnisse in den betreffenden Ländern, die gar nicht vorgekommen waren.

Georg war ein tief gutmütiger, äußerst friedfertiger, schmächtiger Mensch mit der natürlichen Feigheit, die wir alle haben. Vor entscheidenden Entschlüssen oder gar feindlichen Auseinandersetzungen beispielsweise mußte er sich immer erst den dazugehörigen Mut antrinken. Dagegen diskutierte er überaus gern, ausdauernd und mitunter sogar heftig, obgleich er alles andere als schlagfertig war. Kam es dabei vor, daß irgend jemand etwa sagte: »Schließlich gibt ja doch bei allem der Geist den Ausschlag!«, dann wurde er sofort mißtrauisch.

»Sie kommen da immer mit ihrem Geist!« unterbrach er den Mann. »Geist, was ist das überhaupt? ... Eine fixe Idee, ein Sparren! ... Überhaupt –« und er faßte dabei – nicht etwa gewalttätig, nein, nein, nur so – seinen Diskussionsgegner am Arm oder an der Brust, indem er abermals auf seinen Stirner verfiel, »– sagte dir einer, du wärest ganz Geist, so würdest du an deinen Leib fassen und würdest sagen, ich habe wohl Geist, aber ich bin ein leibhaftiger Mensch! ... Na, na? Also!« Dagegen – nein, dagegen war nichts mehr zu sagen.

Georg war immer für das ganz Konkrete. So weit ging das bei ihm, daß er etwas Gelesenes oder Gehörtes, das ihm einleuchtete, auch manchmal durchführte. Dann dachte er auch nicht an die möglichen Folgen.

Die meisten Anhänger Mühsams waren »Syndikalisten«, Arbeiter, die sich – Kommunisten gab es damals noch nicht – von der Sozialdemokratie abgewendet hatten, weil sie ihnen zu kompromißlerisch, zu reformistisch und vor allem zu staatstreu war. Sie negierten den Staat rundweg. Sie lehnten Parteien und Parlamentsbeteiligung ab und vertraten als einziges Kampfmittel die »direkte Aktion«, den Generalstreik.

»Direkte Aktion, Kameraden, gilt aber auch für jeden einzelnen von uns«, warf einmal ein Syndikalist in die Diskussion: »Wenn's sein muß, heißt's ganz allein den Mann dabei stellen!«

Georg arbeitete damals als Konditor und Hilfskoch in der unterirdischen Küche des bekannten »Cafe Helbling« am Münchner Hofgarten, in welchem später Hitler Stammgast wurde. Unnötig zu sagen, daß er während der Arbeit seine Kollegen für den Syndikalismus gewinnen wollte und den Besitzer, den er kaum einmal zu sehen bekam, als einen ganz gemeinen, blutsaugerischen Ausbeuter betrachtete. Die Kollegen spöttelten nur über ihn und nahmen sein Gerede nicht weiter ernst.

An dem Tag nach der erwähnten Diskussion trank er schon in aller Frühe einige starke Schnäpse und ging also zur Tat über.

Das geschah so:

Er stand bereits am mächtigen Herd, hatte die Ringe heruntergenommen, die Bratpfanne auf die Flamme gestellt, und das Fett darin brutzelte schon, als ihm der Chefkoch einen Korb voll Eier zur Verarbeitung brachte und die Aufträge gab. Es war auffallend, Georg hörte gar nicht zu. »Soso! So-so, soso!« stieß er nur immer wieder und von Ton zu Ton lauter heraus.

»Ja, Mensch, du hörst doch gar nicht zu? Was hast du denn? Bist du denn besoffen?« fuhr ihn der erstaunte Chefkoch an, aber da war es schon zu spät. »Was bin ich?!« brüllte Georg jäh auf und warf die spritzende Bratpfanne an die Wand. »Schluß jetzt! Direkte Aktion! Direkte Aktion!« Der fassungslos starrende Chefkoch konnte ihn nicht mehr hindern – schon griff er in die Eier und schmiß sie in das flammende Herdfeuer, schmiß und schmiß und schrie und schrie immer gewaltiger: »Direkte Aktion! Direkte Aktion!« Pfeifend platzten die Eier. Der Chefkoch fiel ihm in den Arm, das ganze Personal war zusammengelaufen und fiel über den Tobenden her. Ein ungeheurer Lärm entstand. Herr Helbling kam entsetzt über die Stiege heruntergestürzt und ergriff sofort wieder die Flucht, denn die Kollegen hatten Georg durchs offene große Fenster auf die Straße geworfen. Staunend und erschrocken glotzten die Vorbeigehenden. »Direkte Aktion!« brüllte Georg sich aufrichtend und ging weiter. Ganz ramponiert kam er bei mir an.

»So«, sagte er aufgeräumt. »Jetzt hab ich den Arschlöchern einmal gezeigt, was direkte Aktion ist. Vielleicht lernen sie endlich was!« Und dann erzählte er lachend: »Hahaha, den Helbling, Mensch, den sollst du gesehn haben! Gesaust ist er wie ein Wiesel, wie ein Wiesel, hahaha!«

Obgleich kaum anzunehmen war, daß Herr Helbling den revolutionären Akt begriffen hatte, meinte Georg doch: »Dem hab ich einen Denkzettel gegeben! Den merkt er sich!« Anzeige wegen mutwilliger Sachbeschädigung erfolgte nicht, Herr Helbling behielt lediglich den Lohn Georgs, das heißt, der holte ihn sowieso nicht mehr. »So sind diese Ausbeuter«, meinte er nur, »die Eier sind natürlich viel weniger wert.«

Nun aber war er schon im revolutionären Schwung. Er sann auf Rache. Diese Rache bekam allerdings nicht Herr Helbling, sondern ein Bäcker am Pündterplatz, bei dem Georg kurz darauf als sogenannter »Stundenkonditor« eintrat, zu spüren.

Mühsam hatte für seine Anhänger die Losung ausgegeben: »Einander helfen, wo man kann! Solidarität üben!« Georg bestellte uns nun jeden Mittag um ein Uhr vor das Kellerfenster seiner unterirdischen Backstube und warf Brotwecken herauf. Schnell verschwanden wir damit. Leider aber ging das nur etliche Tage. Verblüffte Leute, die es sahen, kamen in den Bäckerladen und erzählten. Der empörte Bäckermeister rannte in den Keller und schrie: »Ja, Sie unverschämter Kerl, Sie! Sie stehlen mir ja das ganze Brot!«

»Ja – warum?« stotterte der überraschte Georg heraus und setzte ganz kaltblütig dazu: »Und Sie? Was sind dann Sie? Ein ganz gemeiner Ausbeuter!«

»Was?! Was, Sie frecher Gauner, Sie! Sofort machen Sie, daß Sie weiterkommen! Auf der Stelle, oder ich hol die Polizei!« belferte der wutschlotternde Bäckermeister, und ohne ein Wort ging Georg auf und davon.

Um jene Zeit ging es mir sehr schlecht. Georg redete auf mich ein, und wir fuhren mit dem letzten, schnell zusammengeborgten Geld in die Südschweiz. Ich nämlich sollte mich damals in der »Stammrolle« eintragen, also für die nächstjährige Ausmusterung zum Militärdienst anmelden. Das kam für Anarchisten überhaupt nicht in Frage.

»Wir leben ja in einer Kaserne!« erklärte mir Georg während der Fahrt. »Das ist nämlich so, schon bei der Geburt wird Buch über dich geführt, du kommst diesem Miststaat nicht aus ... In der Schweiz ist das ganz anders ... Da wirst du schauen! Das ist ein freies Land. Da gibt's das alles nicht ... Da gibt's überhaupt gar keine Polizei!« Ich schaute auch wirklich. Als wir im Tessin, dem damaligen Zufluchtsparadies aller Anarchisten, Militärdienstverweigerer, Naturapostel und so weiter, ankamen, wurden wir sofort polizeilich festgenommen. Man stellte unsere Personalien fest. Es war recht umständlich, weil die Beamten nur italienisch verstanden und wir nur in der Art Taubstummer antworten konnten, doch schließlich mußten wir einen Franken Fremdensteuer zahlen und konnten wieder gehen.

Wohin jetzt? Georg kannte in Ascona den vegetarischen Staatsleugner Gusto Gräser. Der hatte einen ansehnlichen Besitz mit großer Obst- und Gemüsezucht, und sein Fruchtkäse, den er neben den anderen Produkten auf dem Markt in Locarno verkaufte, war sehr berühmt. Bei Gräser kamen die Anarchisten und Militärflüchtlinge aller Länder leicht unter. Sie bekamen viel Arbeit im Garten, und an die Kost mußten sie sich erst nach und nach gewöhnen. Geld verachtete Gräser tief, das heißt, wenn er etwas davon hergeben sollte. Lohn von ihm zu verlangen, beleidigte ihn. Er hieß das »schnöden Rückfall in den Mammonsumpf«. Am dritten Tag bat ich ihn um einige Rappen für Porto, da ich meiner Schwester in Deutschland um Geld schreiben wollte. Er wurde weiß vor Verachtung und Wut, lief aber dann jäh davon, als ich mit der Schaufel auf ihn los wollte. Der Staatsleugner drohte plötzlich mit Polizei und verwies uns von seinem Besitz. Georg und ich nisteten uns in einer verlassenen Heuhütte in Minusio oberhalb Locarno ein und verkehrten mit den dortigen Anarchisten. Die arbeiteten meistens als Handwerker und Taglöhner in Locarno und hatten den Plan, als »Kommune« nach Brasilien auszuwandern. Dafür wollten sie uns gewinnen. Seit dem Vorfall bei Gräser aber hatte Georg gegen den reinen Anarchismus viel einzuwenden. Auch er fing wieder als Konditor in Locarno zu arbeiten an und brachte abends stets den nötigen Mundvorrat mit. Schon lange zeichnete er gerne. Ich fand, daß er Talent habe, und beredete ihn, Kunstmaler zu werden. Er zeichnete eifriger und hatte Glück – sein ältester Bruder, der eine kleine Erbschaft für ihn verwaltete und diese nie herausgeben wollte, starb plötzlich.

Brasilien? Nein, das war für uns »Flucht in die Wildnis, Ausweichen vor dem sozialen Kampf«. Und außerdem – Georg gab natürlich sofort seine Arbeit auf, und wir vagabundierten –, außerdem klopfte jeden und jeden Morgen Schlag sechs Uhr ein ganz absonderlicher Mensch namens Leo Hock an unsere Tür, daß wir aus dem besten Schlaf schreckten.

»Herr Schorsch! Herr Schorsch! Herr Schorsch!« rief er unentwegt und stets gleicherweise, und, nachdem wir antworteten, schloß er ebenso mißtönend: »Sie müssen mehr Brot essen!« Georg, der damals sehr blaß und mager aussah, hatte es ihm angetan. Brot war für Leo Hock das Allheilmittel. Es kostete fast nichts, es machte voll, rötete die Wangen und brachte die Seele ins Gleichgewicht, Brot, nur Brot! Nichts – weder gutes Zureden noch Grobheit – schreckte Leo Hock ab. Er war entnervend. Außerdem hatten wir schon allerhand Schulden beim Dorfkrämer, und außerdem winkte in München für Georg die Erbschaft.

»Brotfresser auch noch! Das auch noch!« knurrte ich unausgeschlafen und verärgert.

»Wir müssen weg«, sagte Georg und hob wieder seinen krummen Zeigefinger. »Das ist nämlich so, der Stirner hat ganz recht – mir geht nichts über mich!« Unauffällig machten wir uns aus dem Staub und landeten wieder in München. Die Auszahlung der Erbschaft veränderte Georg geradezu belustigend: Er mietete ein großes Atelier, möblierte es, kaufte sich eine Menge eleganter Anzüge, Schuhe, Hemden und Krawatten, legte sich Malutensilien zu, ging vormittags in eine Malschule und bestellte am Nachmittag Modelle zu sich. Im Nu verbreitete sich in Schwabing die Kunde von dem neuen, »vermöglichen und sehr splendiden Kunstmaler«, und die Modelle kamen scharenweise. Dieser Segen machte Georg verwirrt und hilflos – denn er verliebte sich in jedes dieser Mädchen, er wußte vor lauter Liebschaften nicht mehr aus und ein. Und er meinte es stets ernsthaft. Er trug jedem Mädchen sofort die Heirat an. Noch mehr. »Du mußt dir denken, ich hab' auch Geld«, sagte er vertrauensvoll und zeigte sein Bankbuch.

Und um seine Absicht zu bekräftigen, kleidete er die Mädchen auch ein, er führte sie aus, und es wohnten oft ihrer drei und vier bei ihm, die sich die Partie streitig machten. Sie fuhren sich in die Haare, sie rauften, und es gab wilden Lärm. Der Hausverwalter kam und schlug Krach wegen der »Weiberwirtschaft«, aber im Nu wandten sich die Mädchen gegen ihn. »Das geht Ihnen überhaupt gar nichts an!« schrie die erste in bestem Münchnerisch: »Ich bin dem Herrn seine Braut, daß Sie's wissen!«

»Ist gar nicht wahr!« fiel die zweite noch lauter ein. »Der heiratet mich!«

»Lüg doch nicht so gemein!« fuhr die dritte dazwischen. »Dich wird er heiraten, du Schlampen! ... Gell, Georg, das ist gar nicht wahr! Sag's ihr doch.« Georg dagegen schrie den Hausverwalter an: »Das sind meine Modelle, verstanden!« Da aber wurde das Keifen erst recht giftig. Der Hausverwalter ergriff einfach die Flucht. Er kündigte dem »Herrn Kunstmaler« das Atelier. Georg bezog ein anderes, immer wieder ein anderes. Oft verlor ich ihn ganz aus den Augen. Ich sah ihn nur selten. Er war immer vollauf beschäftigt. Jeden Tag in der Frühe, kurz nach Mittag und knapp vor Bankschluß hob er Geld ab. Es floß und zerfloß nur so. Er bekam Angst und hob immer kleinere Beträge ab, aber um so öfter.

»Jetzt haben S' noch ganze vierzehn Mark! Wie oft wollen Sie denn da noch kommen!?« fuhr ihn der Bankbeamte eines Tages an.

»Das geht Sie gar nichts an! Das ist mein Geld!« begehrte Georg auf, aber schon eine Stunde später holte er diesen kläglichen Rest. Sein jetziges Atelier war klein, verwahrlost und ganz ärmlich möbliert. Er hatte bereits seine besten Anzüge versetzt. Er liebte noch immer all die Modellmädchen – aber die hatten sich mehr und mehr verflüchtigt, weg waren sie. Keine hatte ihn geheiratet. Das machte ihn traurig.

»Aus! Scheiße!« sagte er zu mir. Er versetzte alles, was er noch hatte, und floh mit den letzten paar Mark nach Berlin. Es ging ihm schrecklich schlecht, er hungerte erbärmlich, arbeitete in einer Schokoladenfabrik, dann wieder als Stundenkonditor, und alle Versuche, in seiner Malerei weiterzukommen, scheiterten kläglich. Doch er war nicht umzubringen, und das wahrscheinlich deswegen, weil er, den Stirner zum fanatischen Feind aller fixen Ideen gemacht hatte, stets und immer voll solcher fixer Ideen steckte. In Berlin hatte er wieder Anschluß bei anarchistischen Kreisen gefunden, sogar einige Bekannte aus dem Mühsam-Zirkel tauchten dort auf, indessen das Gros dieser buntgemischten Gesellschaft bestand nicht mehr, wie in München, aus Arbeitern, sondern aus verstiegenen Intellektuellen, expressionistischen Künstlern und Literaten, Psychoanalytikern und verkrachten Studenten, die sich mit der eben erst bekannt werdenden Lehre Freuds befaßten und unter dem Einfluß des flachen englischen Kulturphilosophen Edward Carpenter die »Befreiung der Frau« und die freie Liebe propagierten.

Unerwartet tauchte Georg eines Morgens bei mir in München auf. Er sah wie ein entsprungener Sträfling aus, hatte ganz kurzgeschorene Haare, war noch eingefallener und blasser, seine spitze Nase war noch spitzer, und der zerwetzte, schmutzblaue Anzug hing vielfältig und sackend um seine ausgedörrte Gestalt. Er roch stark nach Schnaps, und seine Augen flackerten ein bißchen.

»Mensch, du? ... Was ist denn los?« fragte ich etwas erstaunt.

»Hast du's denn nicht gelesen? Die Betty ist doch verhaftet! Morgen ist die Verhandlung gegen sie wegen Prostitution?« erzählte er fast vorwurfsvoll. Die Betty? Ich mußte mich erst erinnern – o ja, das war ja auch eins von den Modellmädchen gewesen, die bei ihm gewohnt hatten.

»Ja, und ...?« fragte ich.

»Und ...?« stieß er beinahe verärgert heraus. »Die muß doch befreit werden!«

»Befreit? ... Tja, ich versteh nicht recht! Wie denn?« fragte ich noch erstaunter.

»Ich geh morgen zur Verhandlung«, sagte er kurzerhand, weiter war nichts aus ihm herauszubringen. Über sein Leben in Berlin verlor er kein Wort. Wir gingen weg, tranken den ganzen Tag und die halbe Nacht.

»Sag mal, liebst du denn die Betty?« fragte ich einmal.

»Liebe? ... Das ist typisch individuell!« stieß er heraus. »Genau wie Schicksal! ... Richtig bürgerlich, typisch individuell!« Aha, dachte ich, er hat also wieder einen neuen »Sparren«, das mit den fixen Ideen heißt jetzt »typisch individuell«. Er war merkwürdig zerfahren, unruhig und gespannt und schien in einem fort an die morgige Verhandlung zu denken. Auf meine Frage nach seinem Plan aber antwortete er gar nicht. Er trank und trank, und es sah aus, als wolle er seine unerträgliche Spannung niedertrinken. Dabei wurde er immer gereizter.

»Du bist eben ein Idiot, ein Bürger!« fuhr er mich an, als ich wieder zu fragen versuchte. »Das ist doch ganz einfach, verstehst du denn nicht? … Das ist nämlich so, jeder von uns muß den Frauen Vertrauen beibringen …« Wie eingelernt, didaktisch, aber fast befehlshaberisch herausgestoßen klang es. Die Nacht verging. Noch ziemlich alkoholisiert und unausgeschlafen gingen wir zum Justizpalast, fanden das Verhandlungszimmer und setzten uns zwischen die Zuschauer. Betty wurde aus der Haft vorgeführt und hatte uns nicht bemerkt. Sie sah ziemlich verwahrlost aus und schien ganz gleichgültig zu sein. Ein schäbiger Sittenpolizist stand da. Nach der Verlesung des Falles fing das übliche Verhör an. Betty leugnete nicht einmal.

»So, und da haben Sie gar nichts dran gefunden?« sagte der sittenstrenge Richter einmal hämisch. »Statt zu arbeiten haben Sie in den Kaffeehäusern herumgesessen und Männerbekanntschaften gemacht, und nachts haben Sie auch Männer auf der Straße angeredet … Es ist erwiesen, daß Sie Geld dafür genommen haben … Haben Sie dagegen was vorzubringen?«

»Nein!« antwortete Betty etwas bockig. »Ich hab' doch schon alles gesagt!«

»Abgesehen von der moralischen Verwerflichkeit Ihrer gewerbsmäßig betriebenen Unzucht haben Sie sich doch sagen müssen –« fing der Richter wieder blechern an und – brach ab, jäh ab.

»Einen Moment!« schrie es scharf auf. »Einen Moment!«

»Was ist denn das?« knurrte der gestörte Richter ärgerlich und begriff zunächst gar nicht, aber schon stand Georg mit vorgerecktem Kopf ganz nahe vor dem Richtertisch und bellte geradezu: »Mein Name ist Georg S. …! Ich verbitte mir das! Das Fräulein ist meine Braut! Ich heirate Sie!« Augenblicklang starrte alles.

»Ich verbitt mir das! Ich heirate sie!« überschrie sich Georg abermals und reckte seinen Kopf noch mehr vor. Wie angeekelt streckte der Richter die flache Hand gegen sein Gesicht und sagte messerscharf: »Gehn Sie weg, Sie stinken nach Schnaps!«

»Ich stinke nicht!« plärrte Georg. »Ich verbitt mir das! Das Fräulein ist –«

»Besoffen sind Sie! Nach Schnaps stinken Sie!« wiederholte der Richter energischer. »Was haben Sie überhaupt hier zu schaffen! Machen Sie, daß Sie wegkommen!«

Mehr war nicht nötig. Der Saalschutzmann hatte Georg bereits gepackt, zerrte ihn zur Tür und stieß ihn derb hinaus. Fremd und benommen glotzte Betty, das Publikum stand. »So eine Frechheit! Weiter!« sagte der Richter, und ich rannte zur Tür hinaus.

»Mensch, geh bloß weiter ... Der kann dich ja glatt festnehmen lassen!« sagte ich zu Georg, und der hatte sonderbarerweise nichts dagegen. Er lächelte sogar dünn.

»Du bist doch ein Bürger!« sagte er zu mir auf der Straße.

Ich ging nicht darauf ein und fragte: »Ja, willst du denn die Betty wirklich heiraten?«

»Nein, gar nicht!« antwortete er, fast erstaunt darüber. »Gar nicht! ... Sie ist doch ein freier Mensch ... Das war bloß abstrakt, verstehst du, bloß abstrakt!«

»Abstrakt? ... Wie meinst du denn das?« fragte ich noch verwunderter.

»Na ja, abstrakt eben, gar nicht greifbar!« versuchte er mir zu erklären. »Protest gegen die Unterdrückung der Frau! ... Abstrakt, nicht greifbar!«

»Ja, um Gottes willen!« fragte ich ganz verzweifelt. »*Wer* soll denn nicht greifbar sein?!«

»Na, *ich*! Ich natürlich!« meinte er ungeduldig. »Du bist auch dümmer, als die Polizei erlaubt!«

»Du? ... Du ...?!« Ich blieb stehen und starrte ihn vollkommen verständnislos an. Er schüttelte den Kopf, lächelte verächtlich und fing endlich in seiner unnachahmlichen Art zu erklären an. Er war noch immer der alte, unbeirrbare Anhänger der »direkten Aktion«, aber etwas hatte er von den Berliner Intellektuellen doch gelernt. Blinde Draufgängerei war sinnlos dabei, man mußte systematisch vorgehen, eben »nicht greifbar«. Er hatte seinen Plan einem halbwegs juristisch bewanderten Berliner Gesinnungsfreund erzählt, und dieser – wahrscheinlich, weil er's gar nicht glauben konnte, aber sicher ganz amüsant fand – hatte zu ihm gesagt: »Na, als Manifestation ist das ganz ordentlich, aber am besten ist's, du säufst dir vorher einen an! ... Besoffenheit ist auf alle Fälle strafmildernd.«

Und deswegen war er von Berlin bis nach München gefahren! Ich wollte das eben sagen, doch Georg war ganz woanders. Seine Listigkeit freute ihn.

»Das ist nämlich so!« fing er befriedigt an. »Dem Staat, überhaupt dieser ganzen Ausbeutersippschaft, der muß man ganz hinterlistig beikommen ... Genauso gemein wie sie ...« Er war felsenfest davon überzeugt, daß es ihm diesmal vollkommen gelungen sei. Überaus fröhlich rieb er sich die Hände, indem er in einem fort herauslachte: »Hahaha, der Richter! Der hat aber Augen gemacht! Auf einmal ist sein ganzer Nimbus weggewesen! Das ist ihm sicher noch nie passiert, hahahaha!« Er lachte krachend.

»Ja, und die Betty? Was ist's mit der ...?« fragte ich. Das verstand er gar nicht.

»Die? ... Was soll denn sein mit ihr?« raunzte er mich leicht ärgerlich an. »Sie hat doch ihren freien Willen! Vertrauen zum Mann hat sie jetzt wieder, zum Mann an sich, verstehst du? Damit ist's genug!« Ganz dunkel kam mir vor, als habe er den Begriff »abstrakt« also doch erfaßt.

Seine tief skurrile Naivität war zu jeder Zeit entwaffnend. Er glaubte stets unverrückbar an das, was er im Augenblick tat oder sagte, allerdings auf seine Weise. Ich bin überzeugt, heute noch überzeugt davon, daß, wenn die Betty jetzt aus dem Justizpalast gekommen und auf ihn zugegangen wäre, wenn sie in ihrem vulgären Münchnerisch gesagt hätte: »Schorschl, geh weiter, mir heiraten jetzt!«, er hätte es blindlings getan. Weiß Gott nämlich, wer ihm das in den Kopf gesetzt hatte, es war schon so: Er hing sein Leben lang mit einer nicht zu enträtselnden, wirklich abstrakten, gewissermaßen solidarischen Verehrung an der Frau an sich, am Begriff »Frau« sozusagen, und er sprach dann, wenn er dies irgendwie begreiflich machen wollte, von »Kameraderie«, nannte die Frau »Kameradin«, es fiel ihm dabei Rilkes Verswendung »und irgendeiner Mutterschaft gemäß« ein, aber – aber grotesk beinahe – es machte ihm dabei seine komisch primanerhafte, seltsamerweise stets unversteckt zur Schau gestellte Sinnlichkeit beständig einen Strich durch die Rechnung. Er heiratete zweimal. Die erste Frau, Maria, ebenfalls eine Malerin, vergaß er nie. Sie verstarb sehr jung im ersten Kindbett, und er litt ungeheuer darunter, doch auch die zweite Ehe war alles in allem recht glücklich bis an sein Lebensende. Indessen zu jeder Zeit, wenn vor ihm auf der Straße ein nettes, eben erblühtes, fünfzehn- oder sechzehnjähriges Mädchen auftauchte, bekam er Herzklopfen. Er vergaß alles und ging oft stundenlang hinter dem Mädchen her, verfolgte all seine Gesten, saugte mit geradezu fanggierigen Augen die ganze lockende Figürlichkeit dieses Wesens in sich hinein und wagte doch nie, dem Mädchen näherzukommen, es anzusprechen. Wenn – Gott behüte! – das Mädchen sich gar noch umdrehte, ihm keck entgegenlachte oder unmißverständlich winkte, setzte buchstäblich sein Herzschlag aus, ein jäher Taumel überkam ihn – aber er wurde nicht mutiger. Er zögerte, und wenn sie wieder weitertrippelte, ging er erneut hinter ihr her, bis sie schließlich in einem Hausgang verschwand. Ganz verstohlen schrieb er sich sogar manchmal die Hausnummer auf. »Du«, sagte er dann sonderbar lächelnd, »also jetzt grad hab ich ein Mädchen gesehn! Ich bin ihr nachgegangen – also diese Brüsterln, der nette Popo, also so was Knusperiges!« In dem einzigen, sehr bewegten Ehejahr mit Maria geschah das noch selten, in seiner zweiten Ehe aber wurde diese Marotte allbekannt. Er verschwieg sie auch seiner Frau nicht, er sagte sie jedem Freund, und er konnte sich dabei nicht genug tun, die anziehende Körperlichkeit des Mädchens zu schildern. »Aber, hm, hmhm, dumm, hm, dumm – auf einmal in der Leopoldstraß' ist sie ins Haus gegangen! Schad', schad'!« Er stand nachts oft lange Zeit ganz beklommen hinter dem Vorhang verborgen an seinem offenen, dunklen Fenster, ein Theaterglas vor den Augen, und suchte die gegenüberliegenden, erhellten Fenster ab, bis er so ein Mädchen entdeckte. Insgeheim stieg er sogar manchmal zum Speicher hinauf, deckte etliche Ziegelsteine auf und tat dasselbe. Wir alle lachten darüber, und seine Frau war großzügig genug, ebenso zu lachen. Er selber sogar versuchte diese Leidenschaft zu belächeln, doch sie verminderte sich deswegen nicht. Ganz bedrängt, mit leichtem Humor, aber nach unserer Kenntnis sicher ernst gemeint, stieß er einmal heraus: »Herrgott, es gibt doch soviel Mädchen auf der Welt! Soviel! … Warum kommen sie denn nicht zu mir?!« Und ein anderes Mal setzte er dazu: »Sie brauchen doch bloß was sagen – ich komm auch zu ihnen!«

Männliche Unverstecktheit, erotische Geheimnislosigkeit wirkt instinktiv abstoßend auf Frauen. Kein Wunder, daß Georg bei seinen Verliebtheiten fast nie Glück hatte. Maria war auf ihn durch eine erste Ausstellung seiner frühen Bilder in dem expressionistischen Kunstsalon »Der Sturm« in Berlin aufmerksam geworden. Sie machten einen großen Eindruck auf sie, und offenbar spürte sie etwas innerlich Verwandtes in Georg. Sie war eine Bauratstochter aus Gotha, hatte wahrscheinlich die bürgerlich-zopfige Enge daheim nicht mehr ertragen und besuchte damals eine Berliner Malschule. Sie war groß und trotz ihrer zweiundzwanzig Jahre schon ein bißchen frauenhaft füllig, hatte ein klares, gutes Gesicht und schöne, dunkle, sprechende Augen. Sie war hochbegabt, überraschend einsichtsvoll und voll zärtlicher Hingabe. Schon bei der ersten Begegnung verliebte sie sich in Georg, und der war überglücklich. Dem ging es zu jener Zeit sehr schlecht, aber ohne viel Umstände beschlossen sie, zu heiraten. Rasch wurden alle Formalitäten besorgt, Maria fuhr nach Hause, besprach sich mit ihren Eltern und schilderte Georg als wunderbaren Menschen und einzigartigen Künstler. Alle Vorbereitungen zur Hochzeit im Elternhaus in Gotha wurden gemacht. Maria schrieb Georg nach Berlin und bat ihn, gleich einen sehr förmlichen Brief an die Eltern zu schreiben und pünktlich zum angesetzten Hochzeitstag zu kommen. Das alles brachte Georg in ziemliche Verwirrung. Das Schlimmste war nicht etwa, daß er sich mit schwerer Not das Fahrgeld zusammenborgen mußte. Das gelang schließlich auch. Das Ärgste war – er mußte zur Hochzeit standesgemäß angezogen sein, also einen Smoking auftreiben, und woher sollte er den nehmen ohne Geld. Woher die neuen Schuhe, ein paar weiße Hemden? Ganz und gar ratlos und zerfahren aber machte ihn der gewünschte Brief an den Herrn Baurat in Gotha, seinen künftigen Schwiegervater. Es war für ihn seit jeher ausgemacht, daß man in solch feinen, bürgerlichen Kreisen einen ganz anderen Gebrauch von der Sprache mache als sonst im Volk. Grammatik und Orthographie beherrschte er nie ganz korrekt. Darum bestaunte er beispielsweise nichts so als dunkle, schwer verständliche, vielverschlungene Schachtelsätze, und Wendungen wie etwa »es kann Ihnen ja unbenommen bleiben« versetzten ihn stets in respektvolle Verblüffung. Es läßt sich also denken, wie der erwähnte Brief ausfiel. Mir sind nur noch etliche Sätze daraus unvergeßlich geblieben, wie dieser: »Wie Ihnen, hochgeschätzter Herr Baurat, Ihre Tochter Maria bereits informiert hat, hat sich zwischen dieser und mir eine Beziehung ergeben, welche nicht mehr rückgängig gemacht werden kann.« Georg betonte öfter, daß er sich in »absehbarer Zeit nach Gotha begeben werde« und dort »länger verweilen dürfte«, und unterzeichnet war der Brief mit »Ihr Ihnen wohlgeneigter Georg S. ...«.

»Du kannst dir denken«, erzählte mir Maria später öfter, »wie das auf meinen Vater gewirkt hat ... Der Mann ist doch ganz ungebildet, hat er ganz ängstlich zu mir gesagt, und den Kopf hat er geschüttelt ... Hmhm, Ihr wohlgeneigter, schreibt er?! ... Maria, der Mann ist doch, bei Gott, sehr, sehr taktlos!« Maria redete und redete, sie glättete alles, sie gewann. Vorsichtshalber holte sie Georg in der Nacht vor der Hochzeitsfeier allein vom Zug ab. Abgehetzt und etwas erschöpft war sie.

»Ja, um Gottes willen, du Armer, was hast du denn? Bist du denn etwa jetzt auch noch krank geworden!« rief sie entsetzt, als Georg aus dem Waggon stieg. Sein Bauch im engen Smoking war eingezogen, wie ein Gichtkranker hielt er den Kopf steif nach unten und konnte sich nicht gerade aufrichten, um sie zu küssen.

»Nein-nein, nichts, nichts! Nur schnell ins Hotel!« keuchte Georg, indem er den steifen Kopf etwas nach oben drehte, um sie anzusehen. Im Hotel stellte sich heraus, daß er von einem viel kleineren, schmaleren Freund in Berlin einen Smoking ausgeliehen hatte. Die allzukurze Weste war einfach vorne inwendig an die Hose genäht. Er reckte und streckte sich, die Fäden rissen und das weiße Hemd quoll heraus.

»Ah, Gott sei Dank!« schnaufte er auf. »Aber morgen mußt du's wieder zusammennähen ...«

»Ja, hm, das geht doch nicht ... So kannst du doch nicht –« stotterte Maria und fand keinen Rat mehr. Er auch nicht. Endlich schlich sie heim und brachte eine alte, halbwegs dazu passende Weste ihres Vaters. Es war mitten im ersten Weltkrieg, man schrieb 1917. Neben der brautmäßig weiß gekleideten Maria, zwischen ordengeschmückten feldgrauen Offizieren und feierlichen Herren in tadellosen schwarzen Anzügen und weiß gestärkten Hemdbrüsten stand vielzerfaltet und zerzogen, ärmlich und grotesk Georg und hörte das monotone Geleier des protestantischen Pastors an. Er roch penetrant nach Mottenpulver, und die Schuhe drückten ihn schrecklich. Der Pastor legte die Hand Marias in die seine. Georg schaute seine etwas verlegen-schämig dreinblickende junge Frau mit seinen kleinen Augen lächelnd an und sagte, obgleich der Geistliche noch redete: »Jetzt ist's also soweit ...? Ja?« Maria nickte nur. Die Umstehenden schauten pikiert auf dieses fremde Element, das da in ihre Kreise geraten war, und schüttelten unvermerkt die Köpfe.

Es war 1917, und was hatte Georg inzwischen alles mitgemacht! Als alter Antimilitarist war er sich gleichgeblieben. Bei Ausbruch des Krieges war er noch in München gewesen, und am ersten Mobilmachungstag, als jene Intellektuellen, die uns den Antimilitarismus so eifrig gelehrt hatten, sich massenhaft als Kriegsfreiwillige meldeten, war er einfach als Rheumatiker ins Krankenhaus gegangen. Man hatte seine Einberufung aufgeschoben. Aus dem Krankenhaus entlassen, war er nach Berlin geflohen, hatte sich bis jetzt nicht mehr gemeldet und versteckt gehalten, und da – da kam nun diese Heirat dazwischen. Von Gotha wieder nach Berlin zurückgekommen, richteten sich Maria und er eine hübsche Wohnung ein, denn schon zeigten sich die ersten Anzeichen von Marias Schwangerschaft. Und jetzt erreichte ihn eine erneute Einberufung. Was tun?

Ein Hochstapler verkaufte Georg für teures Geld kleine, schwarze Pillen und sagte: »Wenn Sie die nehmen, garantiert, Sie können kein Bein mehr rühren! Jeder Krieg ist für Sie passé!« Maria beschwor Georg, sich doch nicht krank zu machen. Vergeblich. Vorsichtig fing er an, erst eine Pille zu nehmen, horchte gleichsam in sich hinein und wartete. Es geschah nichts. Er nahm zwei Pillen, dann drei und schließlich zum Entsetzen Marias alle Pillen auf einmal. Es stellten sich keine Schmerzen ein. Verbissen legte sich Georg – es war ein eiskalter Winter – ins siedeheiße Bad und riß, nachdem er aus der Wanne stieg, alle Türen weit auf. Er bekam keinen Rheumatismus.

»Hm, dumm, saudumm! Was jetzt?« brummte er unnachgiebig, und schon im nächsten Augenblick rief er entschlossen: »Wir fliehn einfach nach Holland!«

»Das geht doch nicht! Die Grenzen sind doch gesperrt!« widersprach ihm Maria flehend und überlegte alle anderen Möglichkeiten, aber Georg rief schon Freunde an, die eine Wohnung suchten, verkaufte ihnen alles, was Maria und er sich mit viel Liebe, Geschmack und Freude zusammengeholt hatten, und packte zwei Rucksäcke. Am andern Tag fuhr er mit der verängstigten, schwangeren Maria an die Grenze, und die war natürlich gesperrt. Hoher, elektrisch geladener Stacheldrahtzaun war gespannt, Wachtposten standen da, die beiden machten sich verdächtig. Sie fuhren nach einer anderen Grenzstelle. Da war es dasselbe. Nachts schlichen sie an die Ems, und Georg musterte den hohen Stacheldraht. »Ich zieh einfach die Handschuh an, bieg ihn auseinander, spring ins Wasser und schwimm ans andere Ufer«, sagte er zu Maria flüsternd.

»Ja, und ich ...?« meinte sie in der Dunkelheit.

»Ja, so ... Hm, du bist ja auch noch da!« antwortete er, und sie gingen wieder ins Städtchen Lathen zurück. Am andern Tag reisten sie nach München. Hier ging Georg mit einem dicken Spazierstock bewaffnet humpelnd zur Einberufungsbehörde.

»Was haben Sie?« fragte der Arzt.

»Rheumatismus ... chronisch«, antwortete Georg. Einige Gichtknollen an seinen Füßen bekräftigten seine Behauptung.

»Dauernd dienstuntauglich!« sagte der Arzt zum Feldwebel am Pult.

»Aber Herr Doktor! ... Da, sehn Sie doch einmal die Papiere an!« wagte der Feldwebel zu widersprechen. »Bitte, da!« Sicher stand allerhand wenig Vertrauenerweckendes für Georg in diesen Papieren. Trotzdem sagte der Arzt in echtem Bayrisch: »Ah, was die Preiß'n da schreiben! ... Uns geht das nichts an! Der Mann ist doch durch und durch krank.«

Ich wartete auf Georg vor dem Bezirkskommando. Er überquerte humpelnd die Straße, schwer auf seinen Stock gestützt.

»Was ist's?« fragte ich gespannt. Er lugte geschwind rundherum. Wir gingen um die Ecke, und da auf einmal rannte Georg quicklebendig an den nächstbesten Laternenpfahl und schlug seinen Stock in tausend Stücke.

»Dauernd dienstuntauglich! Der Scheißkrieg ist aus für mich ... Die Maria wird froh sein!« sagte er. Nach etwa zwei Monaten aber – Ludendorff brauchte für seine neue Offensive wieder »Menschenmaterial« – wurde Georg erneut gemustert. Sein Humpeln und der Stock halfen ihm nichts mehr. Er wurde als »garnisondiensttauglich« ins Bezirkskommando eingezogen, mußte als Kellner die Offiziere bedienen und konnte nachts zu Hause schlafen. Maria war schon unförmig dick geworden, mußte sich schonen, und Georg und ich richteten eine kleine Atelierwohnung in der Amalienstraße ein. Er soff unmäßig, er schnupfte Kokain, und eines Morgens beim Gabelfrühstück ließ er die ganze Schüssel mit den gekochten, saftigen Weißwürsten über den Herrn Oberst fallen. Dessen ordengeschmückte, goldstrotzende Uniform ging dabei flöten.

»Tja, ja!« sprang der Oberst wütend auf. »Was haben Sie denn, Sie Hornochs! Das ist denn doch die Höhe! Sind Sie denn krank?« Schwankend und bleich stand Georg da und meldete: »Zu Befehl, Herr Oberst, ich hab' schon lange immer so ein Zittern!«

»Melden Sie sich beim Arzt! Marsch, abtreten!« kommandierte der Oberst. Georg hatte sich's genau überlegt und errechnet: Der Arzt war auf Urlaub, ein Zahnarzt vertrat ihn, denn was konnte bei einem Bezirkskommando schon viel an Erkrankungen vorkommen! Der Zahnarzt untersuchte den Patienten oberflächlich und verlegte sich hauptsächlich aufs Fragen, denn die ganze Angelegenheit war ihm ziemlich zuwider. Er war froh, daß ihm Georg so bereitwillig die geeigneten Antworten gab. Er schrieb ein eindringliches Gutachten – und am andern Tag wurde Georg dauernd dienstuntauglich erklärt und entlassen. Nun war der Krieg für ihn wirklich zu Ende, er war frei. Das erzählt sich so leicht. Wenn aber einmal die Geschichte der Kriegsdienstverweigerer geschrieben würde, was wäre sie für eine heroische Passion! Georg hatte sich für sein ganzes Leben gesundheitlich ruiniert, und er war nur einer von Tausenden! Sein angegriffenes Herz heilte nie mehr ganz aus, seine Arterien verkalkten frühzeitig, sein Rheumatismus verschlimmerte sich von Jahr zu Jahr, auf einem Ohr hörte er kaum noch, und er litt oft wochenlang an peinigendem Kopfweh, so sehr, daß er an manchen Tagen insgeheim vier und sechs Aspirin zu sich nahm. Es war verwunderlich, daß er bei all dem seinen Humor behielt.

Und da starb nun plötzlich Maria, an der er unsagbar hing, am Kindbett und gebar einen Buben, der am Leben blieb. Noch im allerletzten Augenblick faßte sie Georg an der Hand, schaute ihn ohnmächtig an und hauchte nur: »Schade, schade! ... So jung!« Ihre Leiche ließen die Eltern nach Gotha überführen, und das Kind nahmen sie zu sich. Georg war wieder allein. Dieser Tod aber ging ihm sehr nahe. Lange Zeit war er verstört und tief unglücklich. Erschöpft, wie ausgesogen, mußte er sich eines Tages hinlegen. Sein Rheumatismus meldete sich wieder, eine Grippe kam dazu, und seine Nerven versagten. Er hatte einen Arzt aufgetrieben, den nur *er* finden konnte. Dieser Mann unterhielt sich mit ihm bei jedem Besuch sehr lange, und das war vielleicht gut. Es beruhigte ihn. Es brachte ihn wieder einigermaßen ins Gleichgewicht. Und außerdem verschrieb ihm der Arzt ein pulverisiertes, weißes Medikament, das »Phagozyth« hieß.

»Fieber? ... Schmerzen? Das hat gar nichts zu bedeuten«, sagte der Arzt, als der sich windende Georg sich darüber beklagte. Er erklärte ihm, jeder Mensch würde nur deswegen krank und so schwer wieder gesund werden, weil alle eine »Phobie« vor dem Kranksein hätten. Das »Phagozyth« wirke nervenstärkend, versetze die Zellen, aus welchen der menschliche Körper bestehe, wieder in die richtige Funktion, und vor allem wirke es »antiphobös«. Das interessierte Georg ausnehmend. Der Arzt gab Anweisung, wie das Medikament zu nehmen sei. Am andern Tag, als ich Georg besuchen wollte – Maria lag doch erst vier Wochen unter der Erde – hörte ich schon auf dem Stiegenhaus seinen lauten, fröhlichen Gesang. Sonderbar berührt davon, halb erschreckt und doch wieder froh auch, rannte ich treppaufwärts, klopfte und sagte, als er die Tür aufmachte: »Du bist also wieder gesund, was?«

»Gesund? ... Noch lang nicht! Das ist bloß meine Kur!« erwiderte er und ließ mich ein. Er war vollkommen nackt, hielt sich mit aller Überwindung aufrecht, in der einen Hand hatte er ein Glas Wasser mit dem darin verrührten »Phagozyth«, und sofort schritt er wieder ernst und marschmäßig hin und her, her und hin. Dabei sang er aus voller Kehle: »Die Vöglein im Walde, die sangen's so wunder-wunderschön!« Rasch nahm er einen Schluck Phagozythwasser und sang wieder weiter.

»Ja, bist du denn vollkommen wahnsinnig geworden! ... Du fieberst doch! Was ist denn das für eine blödsinnige Kur?« fuhr ich ihn an.

»Warum?« sagte er unverblüfft. »Fieber? Das ist ganz unwichtig!« Er gab mir nur die Gebrauchsanweisung, die dem »Phagozyth« beigelegen hatte, zu lesen, nahm wieder einen Schluck des weißlichen Wassers, atmete tief und fing von neuem kräftig zu singen an.

»Bei jedem Einnehmen laut singen! Ein Volkslied! Und immer lauter, verstehst du!« sagte er nebenher. »Das geht durch den ganzen Körper, sag' ich dir! Und die Zellen, mein Lieber, die spür ich direkt, wie sie aufwachen!« Er schlotterte vor Frieren und mußte sich wieder hinlegen, doch er war äußerst zufrieden. Ich las die Gebrauchsanweisung, wirklich stand da: »Unter immer lauterem Absingen eines Volksliedes.« Georg ließ sich nicht davon abbringen, und tatsächlich – er wurde wieder gesund. Immerhin fühlte er sich noch etwas erholungsbedürftig und ging mit uns ins Gebirge. Er wohnte etliche Häuser weit von uns entfernt in einem Zimmer bei einem Bauern, und er machte sich das Frühstück stets selbst. Einmal kamen wir sehr früh zu ihm, weil wir einen Ausflug verabredet hatten, und überraschten ihn dabei.

»Ja, um Gottes willen, was ißt du denn da? ... Pfui Teufel! Was frißt du denn bloß in dich hinein?« fragte meine Frau entsetzt. Georg hatte eine umfängliche Schüssel Haferkakao vor sich, warf in einem fort große Stücke Schweizerkäse und Butter hinein und löffelte das Ganze aus.

»Das ist nämlich so, meine Zellen sind noch ganz klein ... Wenn ich ihnen recht viel Fett hineinpresse, dann werden sie ganz groß, verstehst du?« erklärte er uns. »Da platzen sie fast vor Fett, da tropfen sie direkt davon! ... Das ist jetzt wichtig für mich! Das hat mein Doktor gesagt.« Es wurde ihm zwar manchmal schlecht dabei, doch er war nicht davon abzubringen.

Als wir wieder nach München zurückkamen, hatte sich bereits herumgesprochen, daß der »Herr Kunstmaler Sch ... wieder alleinstehend sei«, und was geschah? Alle Modellmädchen, die einst während der Zeit seiner Erbschaft bei ihm gehaust hatten, tauchten wieder bei ihm auf. Er empfing jedes mit einem freundlich-lüsternen, leicht verlegenen Lächeln, und da er damals sehr auf den Haferkakao schwor und ständig einen großen Topf voll auf dem Herd stehen hatte, sagte er sogleich aufgeräumt: »Ah, das ist aber schön, daß du kommst! ... Herrgott, nett bist du! Knusperig! Magst einen Kakao?«

Als Expressionist malte er schon längst nicht mehr nach dem Modell. Um den Kakao drehte es sich natürlich bei solchen Besuchen auch nie, wiewohl die höflichen Mädchen ihn nicht ablehnten. Beim Hinuntergehen über die schmale Stiege verlor die »Lolo«, die besonders oft kam, einmal ein Höschen. Hastig und etwas geniert zog sie es hoch, aber Georg hatte es gesehen.

»Ah, da schau, das ist von meiner verstorbenen Frau!« sagte er, ohne im geringsten darüber aufgebracht zu sein. »Hast du dir die mitgenommen?«

»Ich? Mitgenommen? ... Du bist ja gut! Woher denn?!« leugnete Lolo frech und erzählte schmollend, sie habe sich das Höschen erst heute vormittag im Kaufhaus Oberpollinger gekauft.

»So? ... Komisch!« lenkte Georg sofort wieder ein. »Warum magst du mich eigentlich nicht heiraten? Magst gar nicht? ... Geh weiter, du hast sogar den gleichen Geschmack wie meine Frau gehabt hat.« Er sagte es ein wenig hilflos, tölpisch und traurig. Merkwürdig, warum heiratete ihn eigentlich wirklich kein solches Mädchen? Er war doch Wachs in ihren Händen! Aber auch Lolo kam bald nicht mehr. Georg zog einmal die Schubladen auf, in denen sich die Habschaften seiner toten, vielgeliebten Frau befunden hatten – sie waren leer bis auf den Grund.

»Hm, das ist eigentlich ganz gut! Jetzt ist alles weg!« sagte er am andern Tag zu mir. »Jetzt hab ich wenigstens keine Erinnerung mehr!« Es klang melancholisch. Klein, sehr abgemagert und etwas hölzern stand er da. Sein eingefallenes, mitgenommenes Gesicht war ungewiß traurig, die Nase sah wieder so spitz aus wie in seinen schlechtesten Zeiten.

»Weg, alles weg! Ganz gut so! Zum Teufel damit!« wiederholte er grollend energischer. Er biß die Zähne fest aufeinander und bekam einen entschlossenen Ausdruck. Der alte rebellische Elan schien wieder in ihm erwacht, und wie immer fiel ihm dabei ein Zitat ein. Jetzt, nachdem ihm alle Sachen seiner verstorbenen Frau gestohlen worden waren, nachdem er trotz seines Begehrens keine Gegenliebe bei all den Mädchen gefunden hatte, schnaubte er und sagte kopfschüttelnd: »Eigentlich bin ich ja ein Idiot! Eigentlich ein ganz sentimentaler Spießbürger! ... Der Stirner sagt doch alles ganz genau! ... Was soll nicht alles meine Sache sein? Vor allem die gute Sache, die Sache der Familie, die Sache der Religion, die Sache des Staates, des Vaterlandes, der Menschheit – nur meine Sache soll nie meine Sache sein!« Und mit dieser Feststellung war er offensichtlich zufrieden. Er wurde wieder der alte, malte wieder, lief wieder beklommenen Herzens den Sechzehnjährigen nach und las wieder täglich die Zeitungen aller politischen Richtungen.

»Hmhm! Hmhm!« raunzte er zwischenhinein. »Sie dementieren jetzt auf einmal wieder soviel! Das ist verdächtig! ... Wenn sowieso nichts gewesen ist, zu was brauchen sie's denn dann dementieren! Das ist verdächtig! Das ist finster!«

Wie heute sehe ich ihn noch. Riesige, verlatschte Pantoffeln an den Füßen, ungewaschen, mit zerzausten Haaren hockt er in einem viel zu großen, dickverschmierten Malermantel halbangezogen auf dem eingesessenen Diwan. Pudelwohl ist ihm im warmgeheizten Atelier. Er lächelt dünn, kneift seine Augen zusammen und reibt sich in einem fort fischgeschwind die Handflächen.

»A-aaah!« atmet er behaglich. »Eigentlich haben wir's wunderschön! Wir leben wie die Millionäre! ... Hahaha, und die andern machen Krieg und vielleicht sogar eine Revolution!« Dann machte er sich über die große Schüssel des dicken, dampfenden Haferkakaos, brockte bedächtig Brot hinein und ließ es aufweichen, bis der Löffel in dem Gemansch stecken blieb. Endlich fing er mit wahrer Lust zu schlappem und zu schlürfen an. Nur Heines unsterbliches »Moses Lümpchen«, der am Sabbat Fisch ißt und mit keinem Rothschild tauschen möchte, glich ihm dabei.

Ganz gewiß, es war viel unaufgespürte Melancholie, viel unbewußte Resignation in ihm. Trotz seiner Absonderlichkeit und gelegentlichen revolutionären Aufsässigkeit leitete ihn doch stets die aus tausend kleinen, bitteren Erfahrungen erwachsene Alltagsphilosophie des kleinen Mannes, daß man das Leben eben nehmen müsse, wie es nun einmal ist. Das machte ihn so unverwüstlich. Und machen wir uns nur ja nichts vor: Es ist gar nicht wahr, daß die großen Revolutionäre, die genialen Staatsmänner, die Religionsstifter und findigen Gesetzgeber das Leben halten oder es nach schweren Rückschlägen wieder in den normalen Gang bringen, es sind immer und immer nur die Millionen dieser kleinen Leute, die so ein Wunder vollbringen. Sie wissen instinktiv, daß sie von jedem Regime betrogen werden, und ertragen geduldig alle Schikanen einer wildgewordenen Bürokratie. Dieses Ertragen richtet sich freilich ganz nach dem jeweiligen Temperament, und Georgs Temperament war gar nicht so unkompliziert. Es brach meist unverhofft aus ihm und machte die abruptesten Sprünge, und da er – wenn ich so sagen darf – über eine höchst merkwürdige Gehirnsubstanz verfügte, kamen oft Meinungen aus ihm, die sich ungemein brutal und zynisch anhörten, deren unfreiwilligen Sarkasmus und Witz er aber gar nie begriff. Im Gegenteil, er malte so etwas dann behäbig aus, und es wurde harmlos oder drollig. Damals zum Beispiel, als ich gerade meine ersten sehr wortreichen, überladenen Gedichte schrieb, staunte er darüber. Er fand es ganz in der Ordnung, daß die Kritik sie rühmte, aber umsonst war es ihm nicht stets um das Konkrete zu tun.

»Du«, sagte er einmal zu mir, als wäre ihm der beste Gedanke eingefallen. »Mit deinen Gedichten verdienst du doch nichts! Gedichtbücher kauft doch kein Mensch! ... Du hast das so ausgezeichnet los, recht verdrechselte Sätze zu machen! Versuch's doch einmal mit Kunstkritiken! Die sind doch auch alle so kompliziert abgefaßt, daß sie kaum wer versteht ... Probier's einmal! Du wirst sehen, da hast du Glück und verdienst was.« Ich mußte lachen, folgte ihm und – die betreffenden Kritiken fanden, obgleich ich farbenblind bin, überall großen Anklang. Ich schrieb sogar je ein Büchlein über Georgs und Marias Bilder, es gab beträchtliche Honorare, und von jetzt ab galt ich auf einmal als maßgebender Kunstkritiker. Mich ergötzte das, doch Georg fand das durchaus selbstverständlich.

Immer schon hatte er während jener Jahre den Ausbruch einer Revolution prophezeit, und nun stürzte er sich in sie, etwa wie ein kühner Taucher, der unbedingt vor allen anderen Konkurrenten auf den Grund kommen möchte. Mit erstaunlicher Schnelligkeit wußte er alle radikalen Schlagworte und Lenin-Zitate. Er verschlang alle Broschüren, stellte immer wieder neue politische Prognosen, und jeder »Bürger« kam ihm verdächtig vor. Jeden und jeden Tag wanderte ich mit ihm durch die bewegten Straßen der Stadt, in die vielen lauten Versammlungen. Er sollte eigentlich gemalt haben. Es ging ihm schon ganz gut, er hatte mit der »Galerie Goltz« einen Vertrag, der ihm ein monatliches Fixum garantierte, und er sollte in einigen Wochen Bilder für eine Ausstellung liefern. Er malte nicht mehr, er rührte keinen Zeichenstift mehr an. Immer aber, wenn er in die Nähe der »Galerie Goltz« kam, drückte er den Hut oder die Mütze etwas tiefer ins Gesicht, duckte sich förmlich und schlich schnell vorüber. Er glaubte ernsthaft, sein Kunsthändler stünde den ganzen Tag hinter einem Fenster oder in der offenen Türe und hielte nach ihm Ausschau. Wenn er dann diese vermeintliche Gefahrenzone glücklich passiert zu haben schien, rieb er sich diebisch erfreut die Hände und lachte krachend: »Hahahaha, der wartet jetzt und wartet! ... Da kann er lang warten! Der wird jetzt eine furchtbare Wut auf mich haben, aber das freut mich, hahahaha ...« Und dann fing er an, sich über alle Kunst und Künstler lustig zu machen, die jetzt überhaupt keinen Zweck mehr hätten. Beim Januarstreik 1918 waren wir beide wegen Verbreitung illegaler Literatur verhaftet und vierzehn Tage in Polizeigewahrsam gehalten worden, jetzt, als die siegreiche provisorische Revolutionsregierung Eisner, den wir alle von den geheimen Versammlungen her kannten, ausgerufen wär, kam Georg zu mir und wollte den Polizeikommissar, der uns damals stets verhört hatte, aufsuchen.

»Verstehst du, wir gehn hin ... Wir klopfen gar nicht an die Tür«, erhitzte er seine Phantasie dabei. »Wir gehn einfach ganz grob in sein Zimmer ... Paß auf, der wird ja nicht schlecht erschrecken ... So, und dann sagen wir, ah, guten Tag, Herr Fuchs, gehn S' amal weg, wir möchten uns hinsetzen! ... So, dann hocken wir uns recht breit hin und sagen, wenn er recht verdattert ist, marsch, holen Sie uns eine Maß Bier, aber sofort, marsch! Und wenn er kommt, sagen wir, das ist ja viel zu schlecht eingeschenkt, da haben Sie ja schon was rausgesoffen, Sie – Sie – Dreckschlawiner, Sie windiger! Ja, hahahaha, das sagen wir, und dann muß er noch mal ums Bier laufen … Grad schwitzen muß er dabei, der Spitzel, der ekelhafte … Geh weiter, gleich gehn wir hin … Hahaha, das gibt eine Gaudi!« Und auf dem ganzen Weg fielen ihm immer phantastischere, unsagbar komische Dinge ein, unter anderem wollte er den Fuchs, der einen roten Spitzbart hatte, ein ganz klein wenig daran zupfen. »Gar nicht grob, bloß so … Und dann sagen wir ganz gemein zu ihm, lassen Sie sich Ihren blöden Bart wegnehmen, Sie lächerlicher Kerl, Sie … In der Revolution ist so ein Bart verboten … Da paß auf, wie klein der wird, wie der lauft …«

Wir trafen aber auf der Polizei keinen einzigen Beamten mehr, nur Eisnerleute. Das freute Georg zwar, aber er bedauerte sehr, daß er um seinen Spaß gekommen war.

Um auch etwas ernsthaft Revolutionäres zu tun, beteiligte er sich sehr eifrig an dem damals ins Leben gerufenen »Rat geistiger Arbeiter«, der im Landtag seine Sitzung abhielt. Da wurden, um die Künstler zu unterstützen und zu gewinnen, fortwährend Sozialisierungsmaßnahmen irgendwelcher Akademien und Räume diskutiert. Man kam aber nie zu einem Resultat, weil meistens alle durch- und gegeneinander redeten. Einmal führte ein junger energischer Mensch mit blonden Haaren den Vorsitz und sagte sehr bestimmt: »So kommen wir überhaupt nicht weiter … Ich schlage vor, daß bis morgen jeder einen schriftlich fixierten Vorschlag bringt.«

Georg ging heim und zermarterte sich die ganze Nacht das Hirn. Seit jeher war er außerstande, etwas schriftlich zu formulieren. In der Frühe endlich fiel ihm etwas ein.

»Nymphenburger Schloß«, schrieb er auf einen winzigen Zettel, mehr nicht. Dieses Schloß war ehemals königlicher bayrischer Besitz, es sollte nach Georgs Meinung den Malern für Atelierzwecke zur Verfügung gestellt werden, aber aufschreiben konnte er diese Gedanken nicht, er schrieb, wie gesagt, nur schlicht hin: »Nymphenburger Schloß.« Dieser harmlose Zettel wurde ihm später, als die gegenrevolutionäre »weiße Garde« die Münchner Räterepublik niederschlug, zum Verhängnis. Als er von wildgewordenen Bürgerwehrlern und Polizisten als Roter verhaftet wurde, fand man diesen Zettel. Georg hatte schon fast darauf vergessen, von was diese Notiz handelte, aber der Polizeikommissar, der ihn verhörte, ließ nicht locker.

»Sie wollten also das Nymphenburger Schloß für sich, was? … Jaja, so sind diese Herrn Roten … Professor spielen und gleich das nächstbeste königliche Schloß her, was?« höhnte er und hob triumphierend den winzigen Zettel.

»Ich hab überhaupt nichts wollen!« bestritt Georg, aber die Polizei konstruierte aus diesem Titel die schrecklichsten Dinge; einmal, daß es in die Luft gesprengt werden sollte, einmal, daß es ausgeplündert, und schließlich, daß es den Malern für Heime zur Verfügung gestellt werden sollte. Wochen und Wochen blieb Georg in einer sehr gefährlichen, äußerst üblen Haft, und es drohte ihm obendrein noch als vermeintlichem Mitglied der Sozialisierungskommission für kulturelle Angelegenheiten eine Verurteilung zu mehreren Jahren Gefängnis oder Festung. Doch er blieb ungebeugt, im Gegenteil, von Verhör zu Verhör wurde er kecker.

»Also das Nymphenburger Schloß! Das hat Ihnen in die Augen gestochen, was?« stichelte der Kommissar wieder einmal und maß ihn scharf. »Sie brauchen sich gar nicht so dumm stellen! Solche Brüder kennen wir ... Da steht schwarz auf weiß – ›Nymphenburger Schloß‹!«

»›Nymphenburger Schloß‹!?« erwiderte Georg ungeschreckt. »Das sagt doch gar nichts! Ich hätt ja genauso hinschreiben können ›Starnberger See‹ oder ›Stiller Ozean‹! ... Und wenn Sie schon immer behaupten, ich hätt gern Professor werden wollen – bei einer Revolution gibt's doch überhaupt keine Titel mehr! Da verstehn Sie eben nichts von der Revolution!«

»Aber Sie! Sie ganz bestimmt, ja?« fuhr ihn der Kommissar giftig an. »Ich hab mich eben informiert drüber«, antwortete Georg frech und war sicher erstaunt über seine Schlagfertigkeit.

»Soso, informiert heißt man das, soso! ... Sie geben also zu –«, fing der Kommissar erneut an und bezichtigte Georg wiederholt der Verschwörung gegen die Staatsgewalt, der gewaltsamen Amtsanmaßung und der übelsten Bereicherungsabsichten unter dem Schutz der Revolutionsregierung. »Regierung gibt's doch bei einer Revolution gar nicht, bloß Volksbeauftragte!« erklärte Georg.

»Erlauben Sie sich keine solchen Frechheiten. Sie! Volksbeauftragter, jaja, wir wissen schon, das haben Sie werden wollen!« keifte der Kommissar. »Gar nicht! ... Ich bin ja Kunstmaler! Das ist doch ein Privatberuf!« meinte Georg scheinbar blöde. Es war nichts mit ihm anzufangen. Kein Verhör führte zu irgendeinem belastenden Ergebnis für ihn. Er wurde schließlich ohne Prozessierung entlassen und stand noch eine Zeitlang unter Polizeiaufsicht. Das machte ihn ziemlich mißtrauisch und nervös.

»Kunstmaler«? Wenngleich er nämlich über diese Bezeichnung stets lachen mußte und sich darüber lustig machte, entsprach sie im Grunde genommen doch seinem Wesen. Er war, wenn man es genau überlegte, noch einer von der köstlich skurrilen, tief provinziellen, idyllischen Art Spitzwegs. Gefühlsmäßig wurzelte er ganz im Gegensatz zu seiner Aufsässigkeit gegen alles sogenannte »Bürgerliche« im betulichsten Biedermeiertum. Möbel aus dieser Zeit schätzte er über alles und sammelte sie auch. Heute bin ich fast geneigt, zu glauben, daß er ganz unfreiwillig als Expressionist begann, daß er gar nicht verstand, was er damals malte, und sich insgeheim immer wunderte, wie Kunstkenner und Händler das so ernst nehmen konnten. Wenn er in späteren Zeiten manchmal so ein Bild aus seinen Anfängen zu Gesicht bekam, sagte er eigentümlich verlegen: »Mensch, da bin ich aber noch kühn gewesen, ganz radikal!» Bezeichnenderweise war er sehr empfindlich, wenn man ihn auch nur ganz harmlos scherzweise einen Nichtskönner nannte. Das traf ihn, und es traf ihn mit Recht. Bei seinem anfänglich unvollständigen Können aber blieb es nicht, er lernte unausgesetzt und komischerweise wie verschämt, verstohlen. Unzweifelhaft besaß er einen bildnerisch sicheren Instinkt. Seine naive Sinnlichkeit und der aus dem Konditorberuf übernommene ornamentale Formsinn bewirkten, daß er gerade damals einige erstaunlich schöne Holzschnitte fertigbrachte, aber das blieb lange nur Glückssache bei ihm. Erst nach und nach, ganz unauffällig, fing er an, korrekter zu zeichnen und zu malen. Unsicher jedoch blieb er zeitlebens. Ich erinnere mich noch deutlich, als ich sein erstes Landschaftsbild entdeckte. Er achtete es nicht im geringsten, versteckte es in irgendeiner Ecke, und erst als ich ihn ermunterte, wagte er, nach der Natur zu malen. Er fand endgültig zur Landschaft, zu ihrer unerschöpflichen, einfachen Lieblichkeit. Es kam in seine Bilder nie eine monumentale Weite wie etwa bei Caspar David Friedrich. Zuweilen geriet er in eine gefährliche Verflachung. Schon deswegen, weil er die Motive, welche die Käuferschaft besonders anzogen, zu oft wiederholte. Ich konnte ihm das nicht verschweigen. Er versuchte sich dann störrisch zu verteidigen.

»Du siehst doch, die Karlsruher Kunsthalle hat das Bild am ersten Tag angekauft!« führte er ins Treffen.

»Das macht das Bild nicht besser«, widersprach ich unbarmherzig. »Der Erfolg ist für ein Kunstwerk noch nie maßgebend gewesen.«

Das ärgerte ihn. Er schwieg wie ein ausgeschimpfter Schulbub, und – ich leugne es nicht – das rührte mich. Es tat mir weh, daß ich ihn verstimmt hatte.

»Ja no, nachher mal' ich halt jetzt einmal ein ganz anderes Bild!« sagte er komisch verbockt und verdrossen, als habe ihm jemand eine Fleißaufgabe gestellt. Er fuhr irgendwohin aufs Land und skizzierte tagelang. Er wanderte einsam herum, immer zu Fuß und hartnäckig suchend. Man kann freilich nicht in einen Menschen hineinschauen, man kann über seine Gefühle nur mutmaßen, aber so, wie Georg mir in Erinnerung ist, glaube ich fast, diese stillen Wanderungen sind seine glücklichsten Stunden, seine ausgefülltesten Tage gewesen. Früher einmal, als junger Handwerksbursch', hatte er – ohne Geld und schrecklich hungernd – öfter so wandern müssen; einmal war er an einem Winteranfang, nachdem er seine Stellung als Konditor verloren hatte, von Westfalen nach München gelaufen und hatte dabei – wer denkt nicht an Hebbel oder an Hamsuns »Hunger«? – seinen Koffer immer vor sich hergeworfen, bis auch der zerbarst und alle Habseligkeiten auf der verschneiten Straße lagen.

»Und Filzläuse hab ich gehabt ... Zuletzt sind auch meine Schuhsohlen zum Teufel gegangen, mein Lieber«, erzählte er oft davon. Gar nicht prahlerisch, gar nicht verbittert, im Gegenteil, fast lustig ausmalend schilderte er diese grausigen Wanderschaften, indem er die Wirkungen der Filzlausplage überdeutlich hervorhob, und fortfuhr: »Im Obdachlosenasyl in Augsburg hat sich dann ein ganz aufdringlicher Homosexueller an mich gehängt und hat mich nicht mehr ausgelassen ... Der hat noch ein bißl Geld gehabt und mir sein zweites Paar Schuhe geschenkt ... Wie ein Hunderl ist er immer neben mir hergelaufen, ganz ekelhaft! Nicht zum Losbringen war er ... Wir sind dann in eine Wirtschaft, und da bin ich in den Abort und durchs Fenster hinaus, aber dumm, saudumm, von der Küche aus haben sie das gesehen und mich verhaften lassen ... Der Gendarm hat mich gleich mitgenommen, und das war mir eigentlich ganz recht auch wieder ... So hab ich den Homosexuellen losgekriegt und in der Haft Filzläuse fangen können ... Am zweiten Tag hat's sogar eine Dusche gegeben, und dann haben sie mich wieder laufen lassen.«

Er lachte dünn dabei und verzog seinen breiten Mund, indem er mit deutlicher Lust am Sich-selbst-Verspotten schloß:

»Und so, mein guter Nohl,
sprach Meister Gutewohl,
wird oft ein Mißgeschick
zum allergrößten Glück!«

Er kannte viele solche Handwerkersprüche und Lesebuchverse und mochte besonders Morgensterns groteske Gedichte oder Wilhelm Buschs lustige Reime gerne. Er zitierte sie oft, wenn er aus seiner jetzigen Behaglichkeit in die Jahre seiner Bedrängnisse zurückdachte, und es kam dann vor, daß er einhielt und plötzlich, wie eben jetzt erst begreifend, kindlich ernsthaft sagte: »Eigentlich ist da eine ganze Philosophie drinnen!« Dabei blieb es aber nicht. Er wollte erklären, und es kam dann stets eine ganz seltsame Erzählung heraus, etwa so: »Das ist nämlich so, du mußt dir denken, der Meister Gutewohl ist ein ganz scheinheiliger Kerl, ein ganz muckerischer, geriebener Ausbeuter! Sein Geselle, der Nohl ist ihm zu teuer, und da kündigt er ihm ... Das ist natürlich peinlich, verstehst du? Und da sagt also der ekelhafte Schuft, der Gutewohl, so ein frommes Sprüchlein! Verstehst du? Typisch! Typisch protestantisch deutsch!« Er hielt ein wenig inne, dachte nach und schüttelte nachdenklich den Kopf: »Hm, das ist eigentlich sehr gut ausgedrückt in dem Vers!«

Solche Erkenntnisse überraschten ihn sichtlich. Er konnte noch staunen, und ist's denn nicht so: Nur der Staunende liebt! Ganz jäh entdeckt er im Kleinsten, im Lächerlichsten oft die Weite, das undefinierbar Große!

Sonderbar beglückt dachte Georg wieder etwas nach und brummte zufrieden vor sich hin: »Hmhm, wie raffiniert in dem Spruch die Tendenz versteckt ist, hmhml« Vielleicht wollte er etwas ganz anderes sagen, aber »Tendenz« – das war ihm eben irgendwie geläufig, das war etwas Konkretes für ihn! –

Ich zweifle nicht daran, daß er auf seinen einsamen Spaziergängen, wenn er hartnäckig nach einem Motiv suchte, solche Sprüche und Verse vor sich hinsagte. Da eben war er ganz eingesponnen in seine ureigene Welt, ins behagliche Idyll. Das konnte ihm keine äußere Macht zerstören, keine Revolution, kein Wechsel in seinem Leben. Er ging durch den herbstlichen Wald, und das dürre Laub raschelte bei seinen Schritten. Ein einsames Eichhörnchen hüpfte von Baum zu Baum. Er hielt inne und betrachtete es selig geruhsam, er pfiff leise lockend. Er sah in einem Dorf eine Katze in der Sonne, wie sie sich wohlig rekelte oder ihn gespannt anschaute, und da spürte er fast körperlich ein leichtes Glück. Er lächelte friedlich, und etwas im Ausdruck dieser Katze blieb in ihm. Er überschritt einen abgemähten Hang und blickte ins ferne Gebirge, das sich lichtblau im Himmel verflüchtigte. Er nahm seine Bleistiftskizze aus der Rocktasche und schrieb an den Rand der Kontur: »Lichtblau, verschwommen«, um später, wenn er im Atelier das Ölbild begann, einen Anhaltspunkt zu haben. Er verarbeitete das Aufgenommene auf seine eigentümliche Weise und blieb im Augenblick der Gestaltung der ruhige, bedachte Handwerker. Diese natürliche Bescheidenheit machte ihn so liebenswert, so unvergleichlich echt, so rührend als Mensch und Künstler.

»Mensch und Künstler«! Was für eine bequeme, fahrlässige Trennung einer so merkwürdig komplizierten Figur! Da polterte und rebellierte einer sein Leben lang gegen die Menschen, die gesellschaftlichen Einrichtungen, die Unzulänglichkeit unserer Gesetze, gegen die politischen Machenschaften und den Staat – und im Grunde war's doch nichts anderes als ein unbewußtes Sich-zur-Wehr-Setzen des Menschlichen in ihm! Nichts von all dem sollte je eindringen in sein klares Gefühl, in die einfache Reinheit seines inneren Bildes!

In diesem beständigen Widerstreit hat Georg sein Bestes geschaffen: Unsagbar keusche Mädchengestalten und Landschaften von einer zwingenden Friedlichkeit. Mit der Zeit kam etwas Altmeisterliches in seine Baumgruppen. Gewiß war in der Fernsicht nicht das Bohrende einer Altdorferschen Landschaft, und schon gar nichts von der dämonischen Gewalt Dürers, eher schon etwas von seinem Landsmann Karl Haider, nur – es war heiterer, ausgeglichener. Alles an und in diesen Bildern blieb intim und unaussprechlich innig.

Solche Menschen brauchen die Ruhe stabiler Zeiten, aber die war ihm nur in den paar kurzen, guten Jahren der Weimarer Republik vergönnt. Sonderbarerweise schätzten Hitler und seine Trabanten Georgs Bilder. Was nicht verhinderte, daß sie seine früheren expressionistischen Bilder später in die Ausstellung der »entarteten Kunst« steckten. Von Anfang an als suspekter »Linker« und »Roter« bekannt, wurde er beim Machtantritt der Naziregierung mit einem gleichgesinnten Kollegen als Lehrer einer Münchner Gewerbeschule entlassen. Wahrscheinlich erging es ihm wie Hunderten seinesgleichen: Der jähe, unvorstellbare Schrecken, der nunmehr wirklich an allen Ecken und Enden zu spüren war, lähmte ihn zunächst. Die laute, barbarische Übersteigerung der brutalen Gewalt und das witternde Gefühl des völligen Ausgeliefertseins bedrückten ihn dermaßen, daß er kaum mehr malen konnte. Schließlich, als er mit seiner Frau ein paarmal den Garten umgraben mußte, weil man geheime Waffen bei ihm vermutete, zernagten ihn Mißtrauen und Furcht. Kein Wunder, daß er hinter jedem Freund einen verschwiegenen Feind sah, daß er unstet und verängstigt allen Bekannten auswich und jeden Verkehr mied. Aber er blieb in allem ein erbitterter, unbeirrbarer Feind der Nazis und ihrer Diktatur, und wenn – was allerdings nur noch sehr selten vorkam – einmal ein alter, vertrauter Freund verstohlen zu ihm fand, brach sein ganzer Haß aus ihm. Er polterte wie in alten Tagen, ungehemmt und an keine Vorsicht mehr denkend.

Dennoch, obgleich er höchst gefährdet war, ging er nicht ins Exil. Möglicherweise hing er zu sehr mit der ihm tief vertrauten bayrischen Landschaft zusammen und konnte sich gar nicht vorstellen, daß es anderswo auch Anregungen und Motive für ihn gab. Vielleicht graute ihm auch vor der Fremde und Ungewißheit. Er lebte mit seiner zweiten Frau gut zusammen und hatte auch von ihr einen Sohn. Er hauste geordnet in einem kleinen Häuschen mit schönem Garten in einem Münchner Vorort. In dieser scheinbaren Geborgenheit kam ihm vielleicht oft und oft der Gedanke, daß das Schlimmste schließlich doch bald vorüberginge, daß man sich nur nicht bemerkbar machen dürfe. Und er war schon über die Vierzig hinaus und nicht allzu gesund.

Es war nicht lang vor Anbruch der Hitlerherrschaft, da hatte er seinen vierzigsten Geburtstag gefeiert. Ich traf ihn an jenem Morgen, in seinem Malermantel, in den zerlatschten Pantoffeln, mit auf dem Rücken verschränkten Händen und einer dicken Zigarre im Mund. Er paffte aufgeräumt und behaglich. Um bei seinem Wort zu bleiben, wie ein »satter Bürger«.

»So!« sagte er, als wir uns begrüßt hatten. »So, jetzt bin ich vierzig Jahre alt geworden, aber jetzt wirds mir zu dumm!« Es klang wie geschimpft, hitlerisch bellend, aber humoristisch. Dann lachte er stoßhaft.

»Zu dumm? ... Was denn zu dumm?« wollte ich belustigt wissen.

»Es wird mir einfach zu dumm!« wiederholte er gleichermaßen lachend. Wahrscheinlich freute er sich darüber, daß er's so feldwebelmäßig herausgebracht hatte.

Seitdem er da draußen vor der Stadt wohnte, sahen wir uns nicht mehr so oft, meist begegneten wir einander und unterhielten uns flüchtig. Jeder lebte Tag für Tag, Stunde für Stunde, Minute für Minute in einer beklemmenden Spannung. Jeder bangte nur noch dem unkontrollierbaren Losbruch entgegen. Als er da war, ging ich ins Exil. Ich wartete auf Georg, aber er kam nicht. Das enttäuschte mich, denn er war einer der wenigen Menschen, die mein Leben entscheidend mitgeformt hatten. Und der blieb nun dort, wo er nach meinem und seinem innersten Gefühl nicht mehr hingehörte!

Ich dachte viel und schmerzlich darüber nach. Ich hörte manches über ihn und konnte nur noch mutmaßen. Einander zu schreiben, war zu gefährlich. Vielleicht verhielt sich's so mit meinem Freund: Er mochte schon zu müd sein; jener Überdruß an allem, der sich mit dem beginnenden Alter in uns einnistet, hatte ihm möglicherweise die Kraft zum Entschluß geraubt. Alles war ihm irgendwie »zu dumm«. Er war daheimgeblieben, und alles was nun um ihn vorging, war nicht mehr zu verhindern. Man mußte es in Kauf nehmen, denn – Hand aufs Herz! – wer von uns ist ein Held in solchen Zeiten beständiger Lebensgefahr? Jedenfalls wird er sich geduckt haben wie alle Kleinen und Machtlosen vor der zermalmenden, unberechenbaren Macht der Diktatur. Er verschloß sich, versuchte nichts mehr zu sehen und zu hören, und nur die Angst blieb und steigerte sich fast zum Verfolgungswahn. Er erspähte einen SA- oder SS-Mann während des Heimwegs und kam bleich und atemlos zu Hause an. Gewärtig, schon in der nächsten Viertelstunde verhaftet zu werden, wartete er bang und konnte die halbe Nacht nicht schlafen. Der unruhige Kopf brummte, das Herz rumorte stundenlang. Die Spannung wurde manchmal unerträglich. Es kamen hin und wieder zufällige Bilderkäufer in Naziuniform. Georg sah sie durchs Gartentor kommen, rief hastig seine Frau und kroch, vollkommen kopflos geworden, in den Kleiderschrank. Sie sperrte zu, und da hockte er nun drinnen und ging auch nicht heraus, wenn er hörte, daß die Besucher ernstlich ein Bild kaufen wollten.

Unmöglich das, kindisch, gefährlich!

Ganz sicher sagte er sich mit angehaltenem Atem und einem Gefühl von Fadheit in seinem Versteck fortwährend: »Es ist doch zu blöd! ... Wenn sie mich jetzt wirklich suchen und finden mich, das ist doch noch schlimmer!«, aber er versteckte sich immer wieder gleicherweise. Und nachdem solche Besucher weg waren, ärgerte er sich und fluchte: »Herrgott, die hätten jetzt gekauft! So was Saudummes, hmhm! ... Wenn man bloß wüßt, ob sie die Uniform nur zum Schein tragen!« Dann wieder zerbrach er sich stundenlang den Kopf darüber, wie man Warnungssignale ohne jedes Auffallen anlegen könnte, wie man es bewerkstelligen sollte, um sichere und unsichere Besucher auseinanderzuhalten. Ach, wie gerne möchte ich ihn von diesen ausgefallenen Ideen erzählen hören, zum Beispiel, wenn er sagen würde: »Einen unterirdischen elektrischen Draht, verstehst du? ... Bis zum Gartentürl! ... Der Kerl macht auf, tritt drauf und es wirft ihn gleich drei Meter weit weg, oder es macht ihn einfach ohnmächtig ... Er kann nicht einmal schreien dabei ... Und später gehe ich ganz scheinheilig hinaus und bring ihn zur Sanitätsstation ... Dann dankt er mir vielleicht sogar noch ...«

Dann lacht er krachend und reibt sich seine Hände ...

Einmal aber geriet er in noch größere Bedrängnis. Er bekam von Rudolf Heß, dem »Stellvertreter des Führers«, ein Briefchen, des Inhalts, sich am andern Tag nachmittags um vier Uhr in der Heßschen Prunkvilla im Isartal einzufinden.

Im Nu ahnte er alles. Es war also soweit. Da setzte auch die Angst aus.

»Da kann man nichts machen«, sagte er zu seiner Frau. »Jetzt haben sie mich also doch geschnappt ... Was will man tun ....«

Und ohne sich um ihr Klagen und Bekümmertsein zu kümmern, ging er sofort sachlich daran, ein Köfferchen mit den nötigsten Sachen, die man im Konzentrationslager braucht, zu packen. Dicke Socken, warme Unterwäsche, etliche Hemden, Pantoffeln, Handschuhe, alte, feste Schuhe und etwas Waschzeug packte er ein.

Er nahm sein angegelbtes, schadhaft gewordenes falsches Gebiß aus dem Mund und betrachtete es nachdenklich. Jetzt sah er greisenhaft eingefallen aus.

»Den Zahnarzt mußt du antelefonieren«, sagte er leicht melancholisch und schaute seine bekümmerte Frau unbewegt an. »Ich brauch kein neues Gebiß mehr ... Das alte können sie mir im KZ ruhig heraushauen.« Dann machte er sich auf den Weg, fuhr nach München und von dort mit der Straßenbahn bis zur Endhaltestelle »Isartalbahnhof«. Von da aus ging er zu Fuß weiter. Nach ganz kurzer Zeit stieß er auf zwei mächtige SS-Leute, die ihm breitbeinig den Weg verstellten.

»Losung?« brüllten sie wie aus einem Mund. Georg sah sie verständnislos an, aber es wurde ihm sehr unbehaglich.

»Losung, du Idiot? Was hast du denn da im Koffer! Auf damit!« herrschten sie ihn noch grober an. »Wo willst du denn hin?« Gehorsam stellte Georg sein Köfferchen hin, öffnete es, und als sie es durchsuchten, sagte er: »Ich hab da ein Schreiben bekommen –« Sie rissen ihm den Brief aus der Hand, lasen ihn und schlugen den Koffer zu: »Hau ab!« Er ging weiter. Klarblau war der Himmel, dunkel die hohen Fichten. So also geht das an, dachte er: »Hmhm ...« Aber schon standen wieder zwei drohende SS-Leute da.

»Losung!« schrien sie wie die ersten. Wieder rissen sie alles aus dem Koffer, wieder zeigte er seinen Brief und konnte gehen. Ungefähr zehnmal ging das so. Die letzten SS-Wächter, die sein Köfferchen besonders gründlich durchschnüffelten, schlugen es ärgerlich zu und knurrten: »Der Kerl hat ja wirklich nichts drinnen als verschwitzte Socken! ... Was bist du denn überhaupt?«

»Kunstmaler«, sagte Georg.

»So siehst du auch aus! ... Mach daß du weiterkommst!« Er ging etwas schneller. Er hörte das Kratzen ihrer schwergenagelten Stiefelsohlen auf dem harten Betonpflaster, und es rieselte ihm kalt über den Rücken hinunter, aber noch einmal umschauen, nein, nein, das ging nicht. Sicher biß er nur die falschen Zähne aufeinander und schluckte trocken. Endlich erreichte er die pompöse Heß-Villa. Frau Heß, ganz herablassend leutselige Reichsdame, kam über die breiten Steintreppen herab und ihm entgegen.

»Ach, Herr S. ...., das ist aber nett, daß Sie kommen!« sagte sie. »Mein Mann ist noch gar nicht da! ... Kommen Sie, wir trinken einstweilen Kaffee.«

Nach Einlieferung ins Konzentrationslager sah das nun gerade nicht aus, aber wer konnte wissen. Jedenfalls saß Georg beengt da, sein Köfferchen neben sich. Vom schönen Wetter und so redete die Frau Führerstellvertreter arglos und bot ihm Kuchen an. Mechanisch griff er danach, mechanisch aß er.

»Wissen Sie, mein Mann hat eine kleine Überraschung für Sie«, sagte Frau Heß zwischenhinein und schaute auf Georgs Köfferchen. »Da haben Sie sich gewiß schon Ihr Malzeug mitgenommen, was?« Direkte Fragen irritierten ihn stets. Plausible Antworten fielen ihm schwer, und jetzt natürlich noch mehr.

»Nein-nein, hm … Nein. Ich geh nämlich oft über Land«, stotterte er heraus, »da nehm ich immer gleich ein bißl Nachtzeug mit …«

»Nachtzeug?« Frau Heß fand das reizend, lächelte und meinte neckisch: »Ja, eventuell können Sie auch gleich bei uns übernachten, aber« – sie erhob sich – »da kommt ja mein Mann schon!« Im Hof surrte ein Auto. Auch Georg war aufgestanden. Straff kam der uniformierte, bestiefelte »Führerstellvertreter« durch die offene Flügeltüre und ging freundlich lächelnd auf den Gast zu: »Ah, Herr S. …! … Sehr schön, daß Sie gleich gekommen sind!« Auch er musterte das Köfferchen: »Ah, das ist wohl Ihr Malzeug, was?« Wiederum stammelte Georg sein ungewisses »Nein-nein« heraus und kratzte sich verlegen an der Schläfe, aber der Hausherr redete schon wieder weiter.

»Sagen Sie, Herr S. …, ich hab da ein Bild von Ihnen in der Neuen Sezession gesehen, den ›Staffelsee‹ … Das ist wunderschön! Sagen Sie, könnten Sie mir das hier auf die Wand übertragen?«

Georg war völlig perplex. Ganz dumm glotzte er auf die Wand.

»Tja, hm … Nein-nein, wissen Sie –« plapperte er. Herr und Frau Heß bekamen, etwas enttäuscht, pikierte Mienen. »Nicht? … Das geht nicht?« fragte Herr Heß.

»Nein-nein! … ah, hm … Wissen Sie, die Sache ist nämlich so!« verhedderte sich Georg, benetzte seinen Daumen mit Speichel und ging auf die Wand zu, tupfte den Daumen aufs Gemäuer und drehte sich Heß zu: »Das muß nämlich ein Fresko werden … Leicht ist das nicht, wissen Sie! … Jaja, ich hab schon einmal ein Fresko gemacht für die Gewerbeausstellung …«

»Können Sie das machen? Wollen Sie das?« fiel ihm Heß ins Wort und wurde wieder freundlicher. »Sie haben sicher schon Ihr Malzeug bei sich, was? Das wäre ja nett von Ihnen …«

»Nein-nein«, schüttelte Georg erneut den Kopf. »Wissen Sie, da hab ich bloß Socken und ein paar Hemden drinnen … Wenn ich nämlich meine Motive suche –«

»Aha! Ich versteh, ich versteh!« begriff Herr Heß endlich. »Na, also gut, dann –« Sie verstanden einander schließlich, sie wurden einig. Der »Stellvertreter des Führers« brachte Georg sogar höchstpersönlich in seinem Privatwagen nach Hause. Mit großen, angstvollen Augen stand Georgs Frau am Fenster und starrte auf das anhaltende Auto vor der Gartentür. Was war das bloß? Georg stieg aus, drückte dem Fahrer freundlich nickend die Hand, der Wagen hob sich schwungvoll weg, Georg riß die Gartentür auf und kam im Geschwindschritt aufs Haus zugelaufen. Sie machte die Tür weit auf.

»Nichts ist's! Kein KZ! ... Geld gibt's, Geld! Ein Fresko ...«, sprudelte er lachend heraus und erzählte sprunghaft.

Er hatte sogar noch mehr Glück in jenen dunklen Zeiten, Glück oder Mißgeschick, wie man's nimmt. Durch irgendeine Fürsprache wurde er als Professor an die Hochschule für Kunst berufen. Er wußte zwar gar nicht recht, was er seinen Schülern lehren sollte, und er sprach einen so unverfälschten bayrischen Dialekt, daß ihn kein Mensch verstand, aber irgendwie fühlte er sich fürs erste doch gesichert. Alsbald aber mußten diejenigen, die ihn berufen hatten, erkennen, daß sie einen argen Fehlgriff getan hatten. Alsbald meldete die Klassenspionage allerhöchsten Ortes, daß der neue Professor weder den nötigen »militärischen Zug« noch besondere Lehrbegabung habe, den offiziellen Hitlergruß kaum zu kennen scheine und vor den Schülern »ganz dusliges Zeug« daherrede. Indessen, die Bürokratie hatte gearbeitet, rückgängig konnte die Berufung ohne Bloßstellung verschiedener einflußreicher Fürsprecher nicht mehr recht gemacht werden. Man fand schließlich einen Ausweg. Georg wurde auf sogenannte Inspektionsreisen durch die norddeutschen Kunstakademien geschickt. Schon der Aufenthalt in Berlin hatte ihn unglücklich genug gemacht, das fortwährende Herumreisen brachte ihn ganz aus dem Konzept. Vor jeder solchen Inspektionstour trank er sich einen schweren Rausch an, hielt sich aber immer ganz gut. Nur wenn er vor irgendeinem Schülerbild stand, verriet ihn sein sonderbares Benehmen. Er machte linkische, modellierende Bewegungen in der Luft und sagte in einem fort: »Das versteht doch kein Mensch? ... Das ist nämlich so ... Wissen Sie, die bayrischen Barockengerln, das ist Kunst ... So was Rundliches, Gesundes, Knusperiges, wissen Sie ...!« Vielleicht kamen ihm dabei seine noch immer begehrten Sechzehnjährigen in den Sinn. Doch es wurde noch schlimmer.

»Überhaupt, das ist ja alles so eckig ... Rundlich, verstehn Sie? Die Negerplastiken, verstehen Sie ... Da ist was drinnen!« Die dabeistehenden Professoren lächelten steif und drängten zum Gehen. Georg aber war nun schon einmal im Reden.

»Nein-nein, wissen Sie, meine Herren!« sagte er zu seinen betretenen Kollegen. »Das ist nämlich so, ich bin ganz und gar fürs Gesunde ... Für die Naturvölker, verstehen Sie ... Gesundheit! Gesundheit über alles, da gibt's fein nichts!« Mit dieser letzten Redewendung hatte vor langen, langen Jahren der heldenhafte, inzwischen in einem Konzentrationslager viehisch erschlagene Erich Mühsam in einer Theaterkritik ein Stück von Ludwig Ganghofer persifliert. Georg gingen solche Dinge oft jahrzehntelang nicht aus dem Kopf. Sie gefielen ihm so, daß er sie als verborgenen Spott und als Bloßstellung der ihm verhaßten Nazikunst verwendete. Darüber freute er sich diebisch. Freilich kam ihm in seiner eigentümlichen Einfalt nie in den Sinn, daß diejenigen, die er treffen wollte, den Anwurf gar nicht begriffen. Möglicherweise aber hoffte er, daß irgendein Gleichgesinnter, der dabei stünde, diesen Wink verstehe. Im Unterbewußtsein war er noch immer der Stirnersche »Egoist«, der rebellische Mensch für sich. Doch diese seine innere Struktur war doppelgesichtig. Auf der anderen Seite leuchtete der ewig gehemmte und beengte, dumpfe Massenmensch mit all seinen seelischen Gebrechen und Vorzügen. Manchmal aber flossen diese beiden Elemente ganz in ihm zusammen, und dann kam etwas heraus, brach etwas hervor aus seinem schmerzlich-empörten Gefühl, das diesen friedlichen Idylliker plötzlich fast zu einem Helden machte.

Schließlich – dauernd konnte man ihn nicht so herumschicken. Was blieb übrig, er kam wieder in seine Klasse in der Hochschule für Kunst. Im geheimen hatte sich bei den Kunstschülern längst herumgesprochen, daß bei ihm noch »Linke« und mitunter sogar »arisch nicht ganz einwandfreie« studieren konnten. Sehr bald erfuhr das auch Georg, aber er tat nichts gegen diesen gefährlichen Ruf, er war sogar ein wenig zufrieden damit und ließ die Dinge laufen, wie sie eben liefen.

»Wir sind noch immer die Alten!« schrieb er mir einmal auf einer Postkarte ins Exil. Keine Adresse, nichts weiter als diese Worte und seine Unterschrift. Ich erfuhr, daß es ihm materiell gut ginge. Seine schönen Bilder waren begehrt. Konkurrenzneidige Karrieristen aus seiner Münchner Zeit begannen, ihn höheren Orts als »Roten« zu denunzieren. Er wurde fristlos aus der Hochschule für Kunst entlassen. Einige wohlmeinende Würdenträger legten ihm nahe, ein »Gnadengesuch« einzureichen, und prophezeiten, daß dies alles wieder ausgleichen würde, daß er seine Stelle wiederbekäme. Doch dieser Rat war ihm zu billig, er wollte ihn nicht, und er folgte ihm nicht. Er wußte, was das für Folgen haben konnte, aber er blieb mannhaft. Eine bösartige Stille setzte ein und drückte auf ihn. Man schrieb inzwischen

1937, und die Machthaber versuchten den Widerspenstigen mit Drohungen und neuen Versprechungen in die Nazipartei zu pressen. Sein Dasein wurde noch schwerer, seine künstlerische Existenz schien bedroht, aber auch diesmal hielt er stand – nur sein Herz, von frühester Jugend auf von einer ihm feindlichen Welt malträtiert, versagte dabei. An einem Nachmittag hörte es plötzlich zu schlagen auf. Als ich's im Exil erfuhr, fiel mir der liebe alte Claudius ein: »Ach, sie haben einen guten Mann begraben, und mir war er mehr!« Indessen, wie zu Lebzeiten Georgs seit eh und je Groteskes und Ergreifendes ineinanderlief, so schien's auch bei seinem Tod gewesen zu sein. Es mochte dabei – wie man mir berichtete – vielleicht auch mitgewirkt haben, daß mein Freund einige Tage zuvor in Berlin einen Metzgerladen entdeckt hatte, der den echten bayrischen »Leberkäs« verkaufte. Warm aus der Pfanne und sofort verzehrt, bildet diese Nationalspeise das wahre Manna für einen Bayernmagen. Von diesem Leberkäs erstand Georg nun täglich ein ganzes Pfund, lief schnell nach Hause und – obgleich er es durchaus nicht zu verheimlichen brauchte – verschwand damit im Abort. Er setzte sich, wie ich es mir gerne vorstellen möchte, auf die Toilette, wickelte hastig den Leberkäs aus dem Papier, nahm, um nur ja ganz unbehindert schlingen zu können, sein falsches Gebiß aus dem Mund und würgte in blinder Gier die großen, dampfenden, köstlich duftenden, safttriefenden Brocken in sich hinein. Ein ganzes Pfund dieser kaum zerkauten Brocken drückt schließlich aufs Herz. Auch dem war das seine nicht mehr gewachsen.

Aber dieser letzte literarische Schnörkel im barocken Bild des seligen Georg ist sicher nicht wahr. Vielleicht hebt mein Freund, wenn ich ihn einmal im Jenseits treffe, seinen gekrümmten Finger halb hoch, sagt sein unverändertes: »Das war nämlich so ...« und erzählt mir die wahren Ursachen seines plötzlichen Absterbens ...

# Ein Dichter wider Willen

Da steht er: In schlaksiger Haltung, den länglichen Kopf ein ganz klein wenig auf die rechte Seite gebeugt, mittelgroß und schmal. Er hat schöne, lange Hände, und den rechten Mittelfinger ziert ein schlichter alter Siegelring mit einem mattblauen, flachen Stein. Sehr weiche, ziemlich lange, glattschwarze Haare, die er seitlich gescheitelt trägt, umrahmen seine hohe, blasse Stirn. Eine zarte Röte überhaucht beständig seine oberen Wangenwinkel. Die dunklen, sanften Augen sind auffallend groß, ohne List und ohne Argwohn. Er hat eine gerade Nase, die sich nur unten etwas verbreitert, hat einen fast frauenhaften Mund, über dem schüchterne Flaumhärchen zu sehen sind, hat ein kleines, aber gut modelliertes Kinn und einen ebenmäßigen Jünglingshals. Alles an ihm ist blaß, aber keineswegs blutleer oder gar krankhaft. Er scheint immer ausgeglichen. Er lächelt gern und gewinnt dadurch schon deswegen, weil er tadellose Zähne hat. Und er hat, was man bei ihm nicht vermutet, eine sehr tiefe, wohlklingende, etwas pastoral untertönte Männerstimme. Er ist niemals protzig elegant gekleidet, sondern stets unauffällig geschmackvoll – meist graues Jackett, graue Hosen, ein blühend weißes Hemd mit einer dunklen Fliegenkrawatte –, mit einem Wort: Propper und »wie aus dem Ei gepellt«.

In keiner Gesellschaft fällt er auf, er ist nur da, sehr da sogar. Er wirkt stets wie dazugehörig. Man will ihn nicht missen. Jeder freut sich über seine Gegenwart.

Nein, er ist kein Dichter! Er ist nicht einmal ein Bohemien, und – in den Orkus mit Ihrer unappetitlich witternden Schnüffelei, Sie angesäuerter Provinzmoralist! – er ist auch kein Homosexueller. Alle Frauen und Mädchen empfinden ihn als angenehm und wohltuend, sie lieben ihn, weil er nichts anderes ist als Ernst Stanley Twead, der einzige, übriggebliebene Sohn eines englischen Vaters und einer deutschen Mutter. Darum spricht er zwei Sprachen fließend, kann sich vom

Stundengeben in Englisch halbwegs ernähren und hat, da sein Vater bei Lebzeiten ein bekannter Landschaftsmaler gewesen ist, künstlerische und literarische Interessen, die aber nie weitergehen als bis zu einer gedämpften Liebhaberei. Helle Begeisterung bleibt ihm immer fremd. Er kann sich nur still und aufrichtig über ein gutes Buch, ein schönes Bild und einen wertvollen Menschen freuen, mehr nicht.

Er ist arm, ohne daß ihn das jemals stört. Er lebt gelassen in den Tag hinein und überläßt alles dem Zufall. Weiß Gott warum – vielleicht weil uns sein ganzer Lebensstil und seine Haltung irgendwie an die leise Melancholie und reife Resigniertheit Tschechowscher Gestalten erinnerten – nannten wir ihn nur noch: »Anton Pawlowitsch«.

So lernte ich ihn ungefähr um 1925 herum kennen, und genauso entwich er 1933, als ich ins Exil ging, meinem Blickfeld.

Er mochte damals an die sechsundzwanzig Jahre alt gewesen sein. Wir alle hatten ihn so gern, daß wir uns gar nicht vorstellen konnten, wieso er nicht in allerkürzester Zeit Erfolg haben und etwas Ungewöhnliches werden sollte. Er war ein guter Tänzer, bei Atelierfesten und Zechgelagen niemals ein Spielverderber, er war klug und sehr zurückhaltend in der Beurteilung der Menschen, und er besaß einen ziemlich sicheren Instinkt für das künstlerische und literarische Echte.

»Anton Pawlowitsch, Kritiker mußt du werden!« sagte einmal während einer ausgiebigen Diskussion ein Freund zu ihm. »Kritiker, das ist deine Zukunft.« Er lächelte nur, sah ihn schräg an und antwortete: »Meinst du? ... Ich glaub's nicht.« Wir gerieten während dieses Ratschlagens in die hitzigste Lustigkeit, und ich sagte: »Anton Pawlowitsch, du wirst früher oder später sicher ein großer Dichter! ... Du hast nämlich etwas, das wir alle nicht haben – Geduld! Du kannst warten und bist nicht ehrgeizig!« Ich hob das Glas und trank auf seine Zukunft, alle tranken ihm laut zu, die Lustigkeit stieg zum Übermut, und als Anton Pawlowitsch nun so heiter und ruhig abwehrte: »Aber Kinder, was habt ihr denn mit mir! ... Kümmert euch doch um euch! Mir geht's doch gut ... Mir geht's doch ausgezeichnet!«, da kam ich auf einen tolldreisten Gedanken.

»Anton Pawlowitsch, du hast die Figur zum Erfolg!« rief ich weinselig. »Es ist auch ganz gleichgültig, was du wirst! Jedenfalls, du repräsentierst für uns einen Wert! Wenn du wirklich einmal was wirst, hoffen wir, daß du uns alle als Mäzen ernährst ... Mäzen? ... Ich glaub fast, das wär der beste Beruf für dich!«

»Aber Oskar!« sagte er nur ironisch. Doch jetzt hatten bereits alle meinen Gedanken aufgegriffen. Es gab ein wüstes Durcheinanderreden, und jeder hatte irgendeinen ausgefallenen Vorschlag.

»Kinder!« verschaffte sich endlich eine witzige Kunstgewerblerin Gehör. »Wißt ihr was? Wir sind doch alle überzeugt, daß Anton Pawlowitsch was wird, daß er sogar sehr schnell was wird ... Wißt ihr, was wir tun? ... Wir geben Aktien auf ihn aus! Jede Aktie zehn Mark, wer will mittun?«

Dieser Einfall war bestrickend. Anton Pawlowitsch konnte nichts verhindern, er war nur noch Spekulationsobjekt. In den nächsten Tagen verfertigte ein Maler und Graphiker sehr ansprechende Aktienscheine, und der Absatz war reißend. Über fünfhundert Mark kamen zusammen. Ganz entschieden wehrte sich Anton Pawlowitsch, die Summe anzunehmen, aber wir bedrängten ihn, wir zwangen ihn, indem wir ihm immer wieder allen Ernstes erklärten, daß es sich dabei keineswegs um ein Geschenk handle, daß wir alle sicher in allerkürzester Zeit ein unwahrscheinliches Steigen unserer Aktien erhofften. Die Mädchen und Frauen setzten dem Armen zu und wollten ihn aus seiner Lethargie reißen. Begeistert suchten sie eine schwerreiche Partie für ihn ausfindig zu machen, veranstalteten Einladungen, ersannen alle Listen, kuppelten und kuppelten. Vergeblich.

»Sport!« warf der quicklebendige Architekt Politz in die Debatte. »Sportberichterstatter wird Anton Pawlowitsch! ... In einem Jahr steht er an erster Stelle, garantiert!« Er war mit ihm bei einem Fußballspiel gewesen, und Anton Pawlowitsch hatte die Spielregeln sehr rasch begriffen und sehr verständige Urteile abgegeben. Politz kannte den Chef einer eben gegründeten Tageszeitung, die einen Sportberichterstatter suchte. Er beredete den Mann wie der gewiegteste Agent. Der erbat sich schließlich auch den baldigen Besuch des Empfohlenen, aber Anton Pawlowitsch ging nicht hin. Einige Schauspielerinnen wollten ihn fürs Theater gewinnen und sagten ihm eine rasche, erfolgreiche Karriere voraus. Nichts wurde daraus.

»Anton Pawlowitsch«, sagte ich einmal zu ihm, »das ist ja alles Unsinn, was die mit dir vorhaben! ... Ich hab' einmal, als ich zu schreiben angefangen habe, Gedichte geschrieben ... Du kennst sie ja ... Ein Professor und eine reiche Dame haben mir daraufhin zwei Jahre lang ein hübsches Stipendium gegeben ... Weißt du was? Ich habe noch eine Menge Gedichte geschrieben ... Sie sind nicht schlechter und nicht besser als die der anderen jetzigen Lyriker, bloß ich lege keinen Wert drauf … Anton Pawlowitsch, du bist ja doch insgeheim ein Dichter … Ich schreibe meine Verse zusammen und schenke sie dir … Du bist der Verfasser, verstehst du? … Ich geh zu meinem Verleger und empfehle dich als einen sehr hoffnungsvollen Menschen! Ich schreibe, meinetwegen, ein Vorwort dazu … So fängst du an und wirst sehn, es geht schnell weiter mit dir!«

Anton Pawlowitsch schüttelte nur lächelnd den Kopf und sagte wieder: »Aber Oskar, so laßt mich doch endlich zufrieden! Übertreibt doch den Ulk nicht gar so!« Er sprach davon, daß er sich schon jetzt den Kopf darüber zerbreche, wie er das viele Geld jemals zurückzahlen könnte. Ich beruhigte ihn in dieser Hinsicht und versuchte es ein letztes Mal. »Du fängst an als junger Lyriker … Man wird auf dich aufmerksam, du wirst in den Salons herumgereicht, ein reiches Mädchen heiratet dich! … Ist denn das gar so ausgeschlossen? Ist das nicht großartig!« wollte ich ihm alles einleuchtend machen.

»Oskar, bei mir brillierst du umsonst!« wehrte er erneut ab. »Laßt mich doch endlich in Ruh …« Er war nicht zu gewinnen. Etwas verstimmt zog er sich sogar von uns zurück. Da unser Ulk erfolglos blieb, wurde er langweilig. Wir vergaßen die Aktien, wir wollten unseren lieben Anton Pawlowitsch nicht verlieren und redeten nichts mehr von allem. Endlich tauchte er wieder auf.

Es waren damals die besten Jahre der Weimarer Republik. In dieser verhältnismäßigen Stabilität und Ruhe erwachte die Münchner Boheme noch einmal. Viele Ausländer kamen. Wir hielten ausgelassene Atelierfeste. Auf einem solchen Fest bei mir lernte Anton Pawlowitsch einen englischen Lord kennen, der – schon weil er nicht deutsch verstand – ziemlich unbehaglich dasaß. Er war überglücklich, auf einen Landsmann zu stoßen, fand ein ausnehmendes Gefallen an Anton Pawlowitsch und freundete sich rasch mit ihm an. Anton Pawlowitsch speiste täglich mit ihm, er zeigte ihm die Sehenswürdigkeiten der Stadt, ging mit ihm in die Theater und Konzerte, sie machten Autoreisen ins Gebirge, und wir freuten uns, obgleich wir unseren begehrten Freund kaum mehr oder höchstenfalls einmal flüchtig zu sehen bekamen. Es vergingen mehrere Monate darüber. An einem Vormittag klopfte es an meine Ateliertüre, und als ich öffnete, stand Anton Pawlowitsch da. Merkwürdig, er sah gesund und sonnverbrannt aus, trug einen gutgeschnittenen Anzug, er roch gleichsam nach Gutgehen, aber sein Gesicht war schrecklich verlegen und bedrückt.

»Was hast du denn? Du bist doch so verändert!« fragte ich nach der herzlichen Begrüßung. »Ist was mit deinem Lord?«

»Ja! ... Ja und nein, wie man's nimmt!« antwortete er und setzte sich leicht ächzend. Er starrte kurz vor sich hin, als überlege er sich einen Anfang. »Du weißt doch, er ist mein Mäzen«, fing er an. »Ich kann euch jetzt das Geld leicht zurückgeben, aber das ist's nicht –« Ich unterbrach ihn und bat ihn, doch die dumme Ulkerei mit den Aktien zu vergessen. Er nahm es auch so hin und redete wieder weiter: »Neinnein, das ist's ja auch nicht, es ist was viel Schrecklicheres!«

»Ja, um Gottes willen, Anton Pawlowitsch, was ist denn bloß passiert? ... Einen Mäzen hast du! Gut geht's dir –«, rief ich beunruhigt.

»Und richtig in der Tinte sitz ich!« unterbrach er mich und schaute mich hilflos an. Eine kurze Pause verstockte.

»Damals auf dem Atelierfest hat mich der gute Mann in einem fort gefragt und gefragt, was ich denn bin, ob ich studiere und so ... Na ja, und da hab ich ihm gesagt, ich bin Schriftsteller ... Nur so, verstehst du! Ganz leichtsinnig! ... Nur damit er endlich zufrieden war!« erzählte Anton Pawlowitsch.

Diese Mitteilung aber hatte auf den Lord erstaunlich gewirkt. Er begeisterte sich derart, daß er sich alsogleich als Förderer des jungen Talentes fühlte und Anton Pawlowitsch eine reichliche monatliche Summe zusicherte. Laufend und auf unbestimmte Zeit.

»Ich konnte gar nichts machen dagegen ... Ich konnte ihm doch jetzt nicht mehr sagen, daß ich ja gar kein Schriftsteller bin. Das geht bei einem Engländer einfach nicht, verstehst du?« klagte der glücklich-unglückliche Anton Pawlowitsch bewegt und schüttelte verzweifelt den Kopf. »Schändlich, widerlich! ... Und jetzt muß ich natürlich meine Rolle weiterspielen! Ich kann nichts mehr rückgängig machen! ... Ab und zu fragt er mich, was ich schreibe, und da hab ich Unglücksmensch gesagt, einen Roman! ... Er ist bezaubernd, er ist rührend, er fragt nicht weiter ...!«

»Herrgott! Herrgott!« stieß ich heraus und rannte ratlos im Atelier hin und her. »Warum hast du denn nicht gesagt, du bist Lyriker? ... Wie einfach wär das gewesen mit meinen Gedichten!« Ich erinnerte ihn an mein damaliges Angebot. Aber das Unglück war nun schon einmal geschehen. Anton Pawlowitsch wußte nicht mehr weiter, und mir fiel auch nichts ein. Wir hockten wieder eine Weile stumm nebeneinander.

»Hm«, meinte ich schließlich, »da kann dir wirklich kein Mensch helfen! Dumm das, sehr dumm!« Aber als ich ihn nun so sitzen sah, ganz gebrochen, verstört wie noch nie, da keimte das Mitleid in mir auf.

»Ach, weißt du, schließlich bringst du auch einen Roman fertig ... So schlimm ist das alles gar nicht! Vor allem hast du doch Zeit«, tröstete ich ihn und erinnerte ihn daran, daß doch schon Thackeray gesagt habe, er könne gar nicht verstehen, daß nicht jeder Mensch schriftstellere. Anton Pawlowitsch bat mich nur noch, von der ganzen Angelegenheit mit niemandem zu reden, und recht niedergedrückt gingen wir auseinander.

Der Lord, erfuhren wir, sei nach England zurückgereist. Von Anton Pawlowitsch sahen und hörten wir nichts mehr. Eine Bekannte, die bei seiner Logisfrau nach ihm fragte, brachte die Neuigkeit, daß er irgendwo ins Gebirge gefahren sei. »Jetzt schwitzt er sich eben irgendeinen Roman aus dem Hirn«, dachte ich und war gar nicht so ganz ohne Zuversicht. Aus den unmöglichsten Zufällen war schon oft ein ganz großes Werk entstanden! Es war Herbst. Der Winter verging. Jeder fragte nach unserem Freund. Keiner erfuhr etwas. Unverhofft tauchte Anton Pawlowitsch bei mir auf.

»Mann, du siehst ja aus wie zum Tod verurteilt!« rief ich bestürzt.

»Bin ich ja auch so halb und halb«, nickte er und ließ sich erschöpft auf die Chaiselongue fallen. Mit beiden Händen preßte er seinen schönen, schmalen Kopf zusammen und stöhnte.

»Was ist denn bloß? Gibt dir der Lord kein Geld mehr, oder hast du noch immer keinen Roman fertiggebracht?« forschte ich bekümmert. Er hob sein Gesicht, schaute mich völlig hoffnungslos an, und wie etwa ein Mörder, dem man endlich das Geständnis erpreßt hat, sagte er: »Du mußt mir helfen.«

»Helfen? ... Wie denn? Was denn?« stotterte ich verdutzt und dachte die unsinnigsten Möglichkeiten durch.

»Der Lord war da«, fing er endlich zu erzählen an. »Ich hab' ihm einen Roman gegeben. Er ist zu einem Berliner Verleger gefahren, den er sehr gut kennt ... Da, lies selber« – er gab mir einen Brief –, »der Verleger will das Zeug herausbringen ... Wahrscheinlich zahlt der Lord die ganzen Druckkosten.« Ich überflog den Brief. Alles stimmte.

Rätselhaft war nur, warum Anton Pawlowitsch in Anbetracht dieses unerwarteten Erfolges derart niedergeschlagen, ja geradezu zertrümmert war.

»Ja, das ist doch fabelhaft! Das ist ja glänzend! Du bist doch ein gemachter Mann! Das ist ja großartig!« wollte ich ihn aufmuntern, doch er war nicht umzustimmen. Wie ein Häuflein Elend saß er da. Er war mit einem Male kalkweiß geworden, der kalte Schweiß stand auf seiner Stirn.

»Aber Oskar? ... Oskar?!« seufzte er.

»Oskar!« fuhr er gleicherweise fort. »So versteh mich doch! Ich *kann* doch nicht dichten! Was will man denn von mir?!« Er schnaubte schwer und redete etwas schneller weiter: »Es ist doch ganz unmöglich, daß der Verleger den Roman herausbringt ... Unmöglich, verstehst du? ... Der Roman ist doch gar nicht von mir!

»Wa-was?! ... N-nicht von dir?!!« stotterte ich und brach jäh ab. Mir verschlug es das Lachen und die Sprache. Ich konnte mich minutenlang überhaupt nicht mehr von der Stelle bewegen.

Unter Weglassung der allzugroßen Breiten und unzeitgemäßen Stellen hatte Anton Pawlowitsch einen Roman von Friedrich Spielhagen abgeschrieben! Diesen stillen Menschen, der sich bis jetzt stets selbst genug war, hatten eine höfliche Notlüge und die Generosität eines spleenigen englischen Lords in eine Situation gebracht, die einfach unmöglich, unausdenkbar war!

»Ich weiß mir wirklich keinen Rat mehr! Ich möcht mich am liebsten aufhängen! ... Warum lassen mich denn bloß die Leute nicht in Frieden ... Ich will doch gar nichts!« preßte er aus sich heraus und fuhr sich ein ums andere Mal durch die Haare. Ich hatte ihn noch nie so gesehen.

»Du – nur du kannst mir noch helfen!« preßte er aus sich heraus und schluckte: »Du *mußt* mir helfen!«

Ich brauchte mehrere Tage und fand endlich einen Ausweg. Ich kannte einen der Hauptautoren des betreffenden Berliner Verlages sehr gut. Er war mit dem Verleger eng befreundet, lebte in München und mochte auch Anton Pawlowitsch gern. Er hatte Einsicht und Humor genug, und wir kamen überein. Er fuhr nach Berlin. Wir erfuhren, daß der Lord tatsächlich die Kosten für den Druck des Romans bezahlt hatte, der Verleger zerbarst fast vor Wut und warf zwei seiner Lektoren hinaus. Nach hartnäckigem Hin und Her bekam Anton

Pawlowitsch einen höflich vertröstenden Absagebrief, es wurde aber auch einer an den Lord nach London geschickt. Der war außer sich und wollte prozessieren. Er kam nach Berlin und besuchte Anton Pawlowitsch in München. Wie sollte sich dieser herausfinden aus der Bedrängnis? Jetzt war ihm schon alles gleichgültig.

»No! No, my dear!« rief er. »It is impossible!« Und damit nahm er – es sah so heroisch verzichtend aus, daß der Lord tief ergriffen war – das Manuskript und zerriß es vor seinen Augen. Um etwas wirklich Ordentliches zu schaffen, meinte Anton Pawlowitsch, dazu brauche es Geduld, die habe er. Der Lord ließ sich überzeugen, und – bei manchen Menschen benimmt sich das Glück wie eine Klette – er schickte weiter den monatlichen Scheck. Anton Pawlowitsch trank noch oft mit mir. Wir waren heiter wie immer. Kurz nach Ausbruch der Hitlerherrschaft schrieb er mir aus Südfrankreich: »Ich lebe hier mit dem entzückendsten Mädchen auf der Welt. Da kann man mit Geduld das tausendjährige Reich abwarten.«

Leider erreichte ihn mein Brief nicht mehr. Ich möchte ihn so gerne noch einmal um mich spüren und seine gute Stimme hören. Vielleicht kommt ihm dieser Gruß zu Gesicht …

# Nachwort

## Entstehung und Rezeption des Buches

Bevor die Erzählsammlung *Mitmenschen* im Jahr 1950 – damals nur für das Gebiet der DDR – erscheinen konnte, hatte sie einen langen und zeittypisch bewegten Vorlauf. Und auch bis zu dieser dritten Auflage des für den Autor wichtigen Buches vergingen mehr als 55 Jahre. Erst mit ihr kann man die Texte in der von Graf geplanten Zusammenstellung lesen – und diesmal in einem vereinten Deutschland.

An diesen Daten lässt sich erkennen, welche Spuren die deutsche Geschichte in der Biografie des Autors hinterließ; man könnte auch von Wunden sprechen, die gerade bei dem Band *Mitmenschen* Zeugnis davon ablegen, wie »gewaltsam er [der Autor] aus **seiner** Realität gerissen wurde«.[1]

Bereits im September 1937 schreibt Graf im Brünner Exil an seine russische Übersetzerin[2], er plane zwei Erzählungsbände: *Menschen der Heimat* und *Menschen in der Fremde.*

Unter den Exilierten war er nicht der Einzige, der sich die verlorene Heimat gleichsam wieder erschreiben wollte. »Heimat und Emigration charakterisieren« war zunächst sein Anliegen, wie man dem im Briefband nicht abgedruckten Teil des zitierten Schreibens entnehmen kann.[3]

In diesem Brief erwähnt der Autor auch, dass er glücklich sei, eine »lange, wunderschöne Erzählung von 32 Manuskriptseiten« abge-

[1] Jean Améry: *Auf der Suche nach der verlorenen Wirklichkeit. Zum Werk Oskar Maria Grafs*, in: *Oskar Maria Graf. Zum 10. Todestag des Dichters am 28. Juli 1977*, hg. von Hans Dollinger, München 1977, S. 17–21, hier S. 19; Hervorhebung in der Quelle.

[2] Vgl. Oskar Maria Graf an Isabella Grünberg vom 5. September 1937, in: *Oskar Maria Graf in seinen Briefen*, hg. von Gerhard Bauer und Helmut F. Pfanner, München 1984, S. 114f.

[3] Archiv der Akademie der Künste Berlin. Autogr. u selbst. Slgen Sign. 36/6.

schlossen zu haben – nach Meinung der Herausgeber der Briefausgabe kann man das auf *Der Quasterl*, einen der zentralen Texte des Bandes, beziehen. Denn bereits im November 1937 hatte die von Thomas Mann in Zürich herausgegebene Zeitschrift *Mass und Wert*[4] einen Teil dieser Erzählung unter dem Titel *Menschen der Heimat* abgedruckt; das scheint nicht nur den frühen Termin für den Abschluss zu bestätigen, die Herausgeber teilten sichtlich die besondere Wertschätzung des Textes durch seinen Autor.

Auch ordnen die familiengeschichtliche Einleitung den Text und die Widmung der Sammlung an die seit 1922 in USA lebende Schwester Nanndl *Mitmenschen* wie eine Nebenarbeit in die Planungs- oder Entstehungszeit von *Das Leben meiner Mutter* ein: In diesem Buch treten drei der *Mitmenschen* – Schmalzerhans, Jud Schlesinger aus *Des Pudels Kern* und Quasterl – mehrfach auf. Als ›Mitmensch‹ erhält jeder von ihnen sein eigenes Denkmal.

Der erste vollständige Einzelabdruck der Erzählung *Der Quasterl*, der für mich aufgrund der Entstehung und der weiteren Geschichte das Fundament von *Mitmenschen* bildet, erschien 1938 broschiert im kleinformatigen Sedez bei der Moskauer *Kleinen Volks-Bücherei* auf Deutsch und wurde ein Jahr später nachgedruckt.[5]

In New York – das ist nach der Abfassung in Brünn und den Druckorten Zürich und Moskau der vierte markante Exilort – erschien *Der Quasterl und andere Erzählungen* 1945 im Oktav-Format. Von den vier ergänzenden Texten standen dann drei im ersten Teil des Bandes *Mitmenschen*. Die Wahl des Titels für diesen Band, der in dem von prominenten Exilautoren gegründeten, nur kurzlebigen Aurora Verlag erschien, bestätigt noch einmal die Bedeutung gerade dieser Erzählung.

Mit dem Verlag Aurora, der 1947 auch noch Grafs *Unruhe um einen Friedfertigen* veröffentlichte, hatte »gleich nach 1945 der Berliner

[4] Oskar Maria Graf: *Menschen aus der Heimat*, in: *Mass und Wert*. Zweimonatsschrift für freie deutsche Kultur, hg. von Thomas Mann und Konrad Falke, 1. Jg. November/Dezember 1937, Heft 2, S. 292–309. Der Text beginnt mit »Das Nachfolgende ist nichts …«, in unserer Ausgabe S. 96, und endet mit S. 107, der Reaktion des Vaters auf die Verwandten.

[5] Vgl. Helmut F. Pfanner: *Oskar Maria Graf. Eine kritische Bibliographie*, Bern und München 1974, S. 52, Nr. 59. Der Nachdruck erschien mit neuem Impressum in der Reihe *Das Internationale Buch*.

Aufbau-Verlag einen Lizenzvertrag«[6] geschlossen. Graf bedauerte ausdrücklich, dass Ähnliches leider nicht mit dem westdeutschen Desch Verlag gelang, bei dem andere seiner Werke erschienen. Denn durch die Verbindung zu ›Aufbau‹ fühlte er sich »sozusagen als ›Kommunist‹ oder ›Sympathisierender mit den Roten‹ festgelegt«[7]. Wie viele Exilautoren war er ein Opfer der deutschen Teilung und ihrer kulturpolitischen Dogmen.

Als 1950 die *Mitmenschen*-Ausgabe im Aufbau-Verlag mit einer Auflage von 10000 verlegt wurde, wurde der 1937 gefasste Plan[8] endlich Wirklichkeit: Die vom Autor für besonders geglückt eingeschätzte Erzählung bekam den für sie vorgesehenen Rahmen. Allerdings ist die »Emigration« nun durch ›Stadt und weite Welt‹ ersetzt, und auf den Begriff »Heimat« verzichtet der Autor angesichts der deutschen Teilung.

Obwohl in dieser Ausgabe die Herausgeber des Aurora-Verlages aufgelistet werden, konnten diese heute prominentesten Namen Grafs Befürchtungen bezüglich seiner Rezeption in der BRD nicht widerlegen. Zwar druckte der Aufbau-Verlag im Jahr 1959 noch einmal 5000 Exemplare der Sammlung in neuem Drucksatz und in ›luxuriöserer‹[9] Ausstattung nach, allerdings ohne Bezug auf den Aurora-Verlag; das Buch erschien dennoch nicht in der BRD. Westdeutsche Leser mussten auf die Kontexte der im Exil verfassten und gesammelten, dem Autor besonders wichtigen Texte verzichten. Wesentliche Zusammenhänge gingen dabei verloren. Denn die Rezeption zentraler Graf-Werke setzte in der BRD verspätet ein: Einzelne *Mitmenschen* nahm der Autor bzw. sein Verlag erst in die posthumen Sammelbände des Süddeutschen Verlages *Kalendergeschichten* (1975) und *Jedermannsgeschichten* (1988) auf. Bei deren Lektüre ahnt man nichts von der existenziellen Spannung zwischen Heimat und Fremde.

[6] Oskar Maria Graf an Josef Felder vom 27. August 1953, in: Bauer/Pfanner (Hg): *Oskar Maria Graf in seinen Briefen*, S. 242.

[7] Ebd.

[8] Das Gewicht des für seine Exilsituation typischen Vorhabens bestätigt eine *Autobibliographie* Grafs in der Moskauer Exilzeitschrift *Internationale Literatur* 1938, die die Ankündigung aus dem Grünberg-Brief wiederholt. Vgl. Helmut F. Pfanner: *Oskar Maria Graf. Eine kritische Bibliographie*, S. 52 und S. 166, Nr. 59 und 1121.

[9] Ebd. S. 62 Nr. 76.

Auch gingen weitere intertextuelle Bezüge verloren. Zum Beispiel, dass Graf mit seinen durch Umfang wie Moral sehr unterschiedlich angelegten Texten die biografische Gattung erweiterte: Umfassende Lebensgeschichten stehen neben Episoden und Anekdoten; das Spektrum reicht vom kleinen Leben der entfernt Verwandten, das ganz Großes birgt, bis hin zum skurril naiven Künstlerfreund und ergibt eine nur durch Grafs individuelle Erfahrungen verbundene Textgruppe. Einerseits kann man Vorstudien zu *Das Leben meiner Mutter* darin sehen, andererseits beziehen sich drei gewichtige Texte des Buches *Mitmenschen* auf den Vater: Er ist Anlaufstelle für den *Schmalzerhans*, motiviert Handlung im *Lehrer Männer* und noch wesentlicher im *Quasterl*; die Geschichten über die Bäckergesellen sind ohne seinen Betrieb sowieso nicht denkbar. Außerdem geht die Sympathie für Otto Schönleber, wie immer wenn bei Graf der Krieg thematisiert wird, auf die Widerständigkeit des waldensisch geprägten Vaters zurück. Damit lässt sich das Buch, über die Schilderung diverser Zeitgenossen hinaus, auch als ein verstecktes Vater-Buch lesen.

## Zu den Erzählungen

Graf widmet die versammelten Texte einem sehr bunten Reigen der »wenigen Menschen, die mein Leben entscheidend mitgeformt hatten« (vgl. S. 192), aus seinen jungen Jahren – deswegen auch das frühe Graf-Porträt von Georg Schrimpf auf dem Titel: Vom »ersten Proletarier«, dem er begegnete, über ein Pädagogen-Vorbild aus der Schulzeit reicht die Reihe bis zu Gesellen aus der väterlichen Bäckerei und seinen Künstler-Freunden. Drei Rückgriffe auf Erzählungen aus den erfolgreichen *Kalendergeschichten* von 1929: *Schmalzerhans*, *Das unrechte Geld, Der unentwegte Zivilist* und weitere Texte aus anderen, sehr unterschiedlichen Zusammenhängen[10] zeigen – mit unterschied-

[10] *General Vogl* stand schon in *Dorfbanditen* (1932), *Ein Dichter wider Willen* im *Notizbuch des Provinzschriftstellers Oskar Maria Graf 1932* und *Mein furchtbarstes Erlebnis* bildete den zweiten Teil von *Peinliche Erlebnisse* in *Kalendergeschichten*, in denen auch *Der Hängstrick* schon einmal stand; *Aus unbekannten Motiven* hatte Graf in der Zeitschrift *Das Tagebuch* im Oktober 1927 veröffentlicht.

licher Intensität überarbeitet[11] – den leitenden Gattungszusammenhang, auf den das Buch abgestellt ist: Werkbeispiele aus der Gattung der in der Antike begründeten ›Charaktere‹. Allerdings nimmt Graf nur selten und sehr bedingt Rücksicht auf das Dogma, dass ›Charaktere‹ eigentlich Vorbildcharakter haben sollten.

»Sein Blick verlor sich nicht träumerisch in die Landschaft. Er sah Menschen – und es waren zumeist ›halt Leit‹, um es in seiner Sprache zu sagen, keine Brandmalerei-Bauern, sondern Kerle und Weibsbilder, die rechneten und feilschten, die neidisch waren, sich zankten und rauften, durchaus dabei auch gutmütig sein konnten, ›Leit halt‹, die allemal unter dem Gesetz standen, das Herkommen und gesellschaftliche Ordnung über sie verhängten. [ ...] Die spezifisch Graf'sche Realität blieb allemal die in frühen Tagen erlebte. Bayern war für Graf, was Danzig für Günter Grass und Dublin für Joyce war. Und es war die politische Tragik Oskar Maria Grafs, daß er aus **seiner** Realität gewaltsam gerissen wurde und somit gleichsam auf der Suche nicht nur nach der verlorenen Zeit, sondern nach der verlorenen Wirklichkeit war.« [12]

Als Graf den Erzählband plante, hatten ihn zeitgeschichtliche und politische Romane wie *Der Abgrund* (1936), *Sittinger* (1937) und *Einer gegen alle* (1932) berühmt gemacht. Während er mit ihnen ganz unmittelbar aktuelle Politik aufgriff und in seinen unvergleichlichen Darstellungen die Gegenwart kommentierte, sind *Mitmenschen* von derartiger Aktualität weit entfernt. Jahreszahlen kommen selten vor – wenn, dann bezeichnen sie ganz allgemein die Jahre der

11 Graf dämpft, analog zu dem für Exil-Publikationen geschriebenen, fast dialektfreien *Quasterl*-Text, bei den Übernahmen den Dialekt der früheren Fassungen und auch die Elemente mündlichen Erzählens – leider nicht immer ganz zum Vorteil des Leseeindrucks der frühen Fassungen.

12 Vgl. Améry: *Auf der Suche*, S. 18f. Unter dem Aspekt des von Améry formulierten Graf-Blicks auf die »Leit« kann man die Differenz zwischen den Büchern über die *Mitmenschen* und die *Wunderbaren Menschen* (1927) bestimmen: Die frühe Theaterchronik – eine Neuauflage erschien 2010 in der *edition monacensia* – gilt der bewunderten Solidarität der Arbeiterbühne, für die Graf als Dramaturg arbeitete. Bezeichnenderweise ist aus dieser nur der Heinrich Wollgast (»Aus unbekannten Motiven ...« S. 151–155) übernommen, dessen Bewerbung um ein Engagement damals abgewiesen wurde – er blieb außerhalb des ›Wunders‹ der Ensemble-Solidarität, aber als ein ›Mitmensch‹ einer Erzählung würdig.

Weimarer Republik, individuelle Ereignisse oder private Lebensabschnitte.

Hat der Erzähler Graf die Politik plötzlich satt? Nein, während der Jahre zwischen 1937 und 1950, von der geplanten bis zur abgeschlossenen (auf einen Band geschrumpften) Form des ursprünglich zweibändig geplanten Werkes, entstanden nicht nur der zeitgeschichtliche Roman *Unruhe um einen Friedfertigen*, sondern auch die postatomare Utopie *Eroberung der Welt*. Vor diesem Hintergrund erscheint *Mitmenschen* eben als jener Ausflug, bei dem Graf neben dem *Leben meiner Mutter* die »verlorene Wirklichkeit« sucht, von der der große Zeitdiagnostiker Jean Améry im zitierten Essay spricht.

Neben einer politikabstinenten Pause, die sich Graf damit gönnte, könnten auch werkgeschichtliche Zusammenhänge die Veränderung seiner Thematik begründen: Von den Erzählungen schätzt der Verfasser zwei besonders hoch. An den Germanistikprofessor einer amerikanischen Universität schrieb er selbstkritisch: »Wirklich geglückt halte ich wenig von mir: Den *Lehrer Männer*, den *Quasterl* – und, ja, *Das Leben meiner Mutter*, aber ich bin mir nicht ganz im klaren, ob es nicht irgendwas wie eine vernarrte Liebe ist, die mich unobjektiv macht.«[13] Das heißt, *Mitmenschen* enthält zwei für den Autor abgerundete Meisterwerke, zu denen ich – der Herausgeber hat Anspruch auf seine Wahl – unbedingt auch *Ein Denkmal für das Basl Marei* rechnen möchte: Das ist eine Art fassungslosen Eingeständnisses, dass »grad in diesem kleinen Leben das ganz Große …« liegt. Mit den drei Punkten, auf die – wie auch *Schmalzerhans* und andere Erzählungen – der Text ausklingt, delegiert der Erzähler die Sinn- und Wertungsfrage an den Leser. Was bei anderen Autoren oft genug das Pathos sprachloser Verlegenheit oder gar Überwältigung simuliert, steht hier am Schluss vollkommen gerundeter Texte als ein Eingeständnis des Erzählers, dass er nicht ganz fertig wird mit seinem Eindruck – er könne ja auch »unobjektiv« sein, wie er es im Brief gesteht. ›To tie up the loose ends‹ sagen Engländer zu einem Verfahren, die jeweils offenen Erzählschlüsse miteinander zu verflechten. Hier richten sich die offenen Enden wie Appell und Frage an die Leser: Was beeindruckt beim Lesen? Was lohnt die Lektüre eben dieses Bandes mit seinem ›mitmenschlichen‹ Leitthema?

[13] Oskar Maria Graf an Harry Zons vom 2. Februar 1952, in: Bauer/Pfanner: *Oskar Maria Graf in seinen Briefen*, S. 238.

Drei literaturgeschichtliche Antworten möchte ich anbieten: Eine reicht weit zurück in die Geschichte; sie stellt den Autor in die schon erwähnte eindrucksvolle Gattungstradition der ›Charaktere‹.

Die andere verweist auf einen Autor des 19. Jahrhunderts und die dritte beruft sich auf einen Paratext, eine Widmung dokumentiert die punktuelle Rezeption eines prominenten Lesers.

Zur zweiten meiner Antworten: Die im *Basl Marei* anklingende Paradoxie vom Großen im Kleinen verbinden deutsche Leser mit Adalbert Stifter(1805–1868), einen heute für quietistisch gehaltenen Autor. Graf und seine Generation erkannten seinen Wert. Sein großer Lehrer aus der Revolutionszeit, Gustav Landauer, dessen Ideen Graf »ein Leben lang begleiteten«[14], erörterte 1916 eben dieses Thema Groß / Klein anhand der Iphigenien-Frage »Was nennt man groß?«[15]. In einem durchaus politisch-revolutionär zu verstehenden Kontext diskutiert Landauer auch Stifters ›sanftes Gesetz‹ aus der Vorrede zu *Bunte Steine*[16]. Darin vergleicht Stifter unterschiedlichst dimensionierte Naturphänomene und nivelliert die Differenz zwischen überkochendem Teekessel und einem Vulkanausbruch mit dem Hinweis auf gleiche naturgesetzliche Wirkung.

In der Sammlung *Mitmenschen* selbst erscheint der Name Stifters bei einem anderen Textelement explizit: Von ihm übernimmt Graf das Motto zum *Lehrer Männer*, dem einzigen der Texte, dem er einen solchen Leitgedanken voranstellt, der aus Stifters *Nachsommer* stammt – dem großen pädagogischen Roman. Mit dem weiten Echoraum des Stifter-Buchs prägt er die dem Autor als besonders gelungen geltende Erzählung (übrigens ist es die einzige, die in der deutschen Literatur des 20. Jahrhunderts ein positives Lehrerbild entwirft).

Mir als einem langjährigen Stifter-Editor erscheint die Nennung der Quelle zum *Lehrer Männer* doppelt interessant: Zunächst weiß ich von Grafs Tochter (*1918), dass sie als junger Mensch auf Wunsch des Va-

[14] Gerhard Bauer: *Oskar Maria Graf*, München 1994 (dtv 30413), S. 61.

[15] Vgl. Gustav Landauer: *Ein Weg deutschen Geistes*, in: *Zeit und Geist.* Kulturkritische Schriften 1890–1919, hg. von Rolf Kauffeldt und Michael Matzigkeit, o. O. 1997, S. 242. Hervorhebung vom Herausgeber.

[16] Daraus zitiert Gustav Landauer auch ausführlich im *Ausruf zum Sozialismus.* 1919, S. 86f. – Und diese Schrift war für Graf, wie er im Kapitel *Auf der Suche* des ersten Teils seines *Gefangenen*-Romans schreibt, eine Art Initiationsschrift.

ters den ganzen *Nachsommer* bewältigte. Weiterhin bestätigt die Quellenangabe zum Zitat, dass Graf eine besondere Ausgabe gelesen haben muss: entweder eine dreibändige Erstausgabe (1857) oder – weil über 60 Jahre hinweg nur gekürzte Fassungen auf dem Markt waren – die 1918 von Max Stefl erstmals wieder vollständig vorgelegte *Nachsommer*-Ausgabe.

Anders als um die Natur bei Stifter geht es bei Graf – und hier ist noch einmal Jean Améry zu zitieren – um soziale Bedingungen, unter denen »d'Leit« leben. Wer abweicht von dem, was allgemein als wichtig gilt, bekommt bei Graf ein Denkmal gesetzt. Und eben durch diesen – ganz im Sinne seines Lehrers Landauer vollzogenen – Transfer erhalten Grafs Charaktere durchaus subversive Qualität. Für das Verhalten des Vaters in *Schmalzerhans* und für *Der unentwegte Zivilist* leuchtet das sofort ein. Es gilt aber auch für die Hauptfiguren in *Hängstrick* und *Aus unbekannten Motiven.* Diesen Selbstmördern und ihren Motiven für ein ›stolz verschlossenes‹ Ende (vgl. S. 155), gilt die Teilnahme des Erzählers.

Meinen dritten Hinweis beziehe ich aus einer persönlichen Widmung, die ich in einem antiquarisch erworbenen Exemplar des Buches fand: Der Widmende will durch das Buch die Beschenkte »mit meinen Freunden Carlo, Oskar Maria und Georg« bekanntmachen: Schöner als Leo Regener, der bedeutende Pädagoge und Verfasser dieser Widmung, vermag man kaum auf die von Graf beschriebenen Personen zu reagieren: Ein repräsentativer Leser fühlte sich durch *Mitmenschen* in einen Freundeskreis aufgenommen.

# Editorische Notiz

In diesem 12. Band der Reihe mit Neudrucken von den seit langer Zeit nicht greifbaren frühen Werken Oskar Maria Grafs folgen wir den in der *edition monacensia* bewährten Prinzipien: Wir halten uns bei dieser dritten Auflage der Sammlung *Mitmenschen* an die erste Ausgabe, die 1950 im Aufbau-Verlag Berlin erschien. Diese bietet größtenteils Neudrucke früher erschienener Texte (vgl. Fußnote 10 des Nachworts); deren Wortlaut wurde allenfalls zur Korrektur einzelner Druckfehler herangezogen.

Allein bei den wenigen vom Autor in Klammern gesetzten Übersetzungen von Dialektausdrücken übernehmen wir das Prinzip der 1959 erschienenen Zweitauflage, und liefern, statt eingeklammert in den Fließtext, in Fußnoten die hochdeutsche Äquivalente. –

Zur paradigmatischen Entstehungsgeschichte des Werkes vgl. das Nachwort.

Die besondere Bedeutung des Buches für Oskar Maria Graf bestätigt der erhaltene, auch von Graf versandte Bestellzettel, mit dem »Eine bedeutsame Neuerscheinung«: *Mitmenschen* in den USA für zwei Dollar – auf Wunsch vom Autor signiert – bei eben diesem erworben werden konnte.

*U. D.*

# Weitere Bände von Oskar Maria Graf in der edition monacensia:

**Der harte Handel. Ein bayerischer Bauernroman**
128 S., Paperback, ISBN 978-3-86906-012-5, € 14.90

**Notizbuch des Provinzschriftstellers Oskar Maria Graf 1932. Erlebnisse, Intimitäten, Meinungen**
164 S., Paperback, ISBN 978-3-86906-010-1, € 14,90

**Dorfbanditen. Erlebnisse aus meinen Schul- und Lehrlingsjahren**
124 S., Paperback, ISBN 978-3-86906-011-8, € 12.90

**Die Chronik von Flechting. Ein Dorfroman**
180 S., Paperback, ISBN 978-3-86906-006-4, € 16.90

**Finsternis. Sechs Dorfgeschichten**
164 S., Paperback, ISBN 978-3-86906-008-8, € 14,90

**Wunderbare Menschen. Heitere Chronik einer Arbeiterbühne nebst meinen drolligen und traurigen Erlebnissen dortselbst**
136 S., Paperback, ISBN 978-3-86906-009-5, € 12.90

**Gelächter von außen. Aus meinem Leben 1918–1933**
416 S., Paperback, ISBN 978-3-86906-007-1, € 28.00

**Zur freundlichen Erinnerung. Acht Erzählungen**
108 S., Paperback, ISBN 978-3-86906-004-0, € 12.90

**Bayrisches Lesebücherl. Weißblaue Kulturbilder**
124 S., Paperback, ISBN 978-3-86906-005-7, € 12.90

**Im Winkel des Lebens. Erzählungen**
152 S., Paperback, ISBN 978-3-86906-013-2, € 12.90

**Einer gegen alle. Roman**
172 S., Paperback, ISBN 978-3-86906-597-7, € 14.90